U0023785

思想觀念的帶動者
文化現象的觀察者
本土經驗的整理者
生命故事的關懷者

Master

對於人類心理現象的描述與詮釋
有著源遠流長的古典主張，有著速簡華麗的現代議題
構築一座探究心靈活動的殿堂
我們在文字與閱讀中，尋找那奠基的源頭

臨在與不死
Présence et Immortalité

馬賽爾（Gabriel Marcel）——著

陸達誠——譯

目次

【推薦序一】
在永恆的臨在中，你永遠不死

關永中（前臺灣大學哲學系教授）

馬賽爾四歲喪母，他日後對母親的音容雖已逐漸模糊過去，到底仍持續地體驗到慈親的臨在。[1]

馬賽爾五十八歲喪妻，夫妻間既已鶼鰈情深，以致他仍會藉戲劇的句語來詠懷——「去愛一個人，就等於對她說：你永遠不死。」[2]

《臨在與不死》，為馬賽爾而言，並非徒然是一個寫作的標題而已，它尚且是一份沉痛而湛深的「存在經驗」（Existential Experience）[3]，隱藏在「臨在」與「不死」的字裡行間——兒時的馬賽爾，雖然持續地體驗母親的臨在，到底總忘懷不了父親為亡母所立的墓誌銘：[4]

鮮花在夢裡園中被摘下，指尖尤晃動著愛意，倩影

1　Gabriel Marcel, *The Existential Background of Human Dignity*, Cambridge, Massachusetts: Harvard University Press, 1963, pp.23-25.

2　Gabriel Marcel, "Le mort de demain", in *Trois Pièces*, Paris: Plon, 1931, p.161.

3　Engelbert Van Croonenburg, *Gateway to Reality: An Introduction to Philosophy*, Pittsburgh: Duquesne University Press, 1967, p.14; pp.26-27. 「存在經驗」意謂超過「隔岸觀火」的冷漠，而進入「觸景傷情」的感通。

4　參 Gabriel Marcel, "An Autobiographical Essay", in *The Philosophy of Gabriel Marcel*, edited by Paul Schilpp and Lewis Hahn, La salle, Illinois: Open court, 1984, p.6.

消失得何其急遽，連帶著昔日的巧笑嫣然。彷若降凡自高天的百合，奈何釋出您輕柔的噓氣？難道我們再無緣吸納，那散發自峭壁的芬芳？唯願您至少醒悟追溯，那通往伊甸幽蔽的一隅，……可嘆我等雙眸終將垂下，困惑著淚痕的未乾。

及後，壯年期的馬賽爾，總喜歡在鋼琴前點板輕奏，有愛妻從旁傾聽，也為他的即興作速記，恩愛之情、溢於言表。愛妻仙逝，馬氏從此鮮在琴前譜曲；[5] 恰如子期之歿，伯牙從此絕弦一般。[6] 他對妻子的濃情，曾藉戲劇而表白說：[7]

> 你和我，我們不是二個，只是一個……。我對你的愛，不是我內心排列在別的東西旁邊的一樣東西，而是我的全部。想到有一天沒有你而活著……，譬如說，做你的未亡人……我不知道，這個思想會叫我發瘋。

誠然，馬賽爾以扣人心弦的筆鋒，來流露深厚的體認，讓人不單為其文句所觸動，且不得不停下來思量「臨在」與「不死」的底蘊。

馬氏曾分辨了肉體的「鄰接」與心靈的「臨在」二者：[8] 肉

5　參閱：項退結，《現代存在思想研究》，台北：現代學苑月刊社，1970，頁183。

6　《呂氏春秋·孝行覽·本味》。

7　Gabriel Marcel, *Le Cœur des autres*, Paris: B. Grasset,1921, pp.60-62. 中譯採自陸達誠，《馬賽爾》，台北：東大，1992，頁21。

8　Gabriel Marcel, *The Mystery of Being, Vol. I: Reflection and Mystery*, translated by G.

體上的臨接並不一定寓意著愛的臨現,人們可以處在一間很擠迫的房間內而彼此互不相識,他們也不必然會互相留下什麼深刻的印象。反之,愛者與被愛者可以分別身處不同的地域,卻非常接近對方的心靈,二人的生命已水乳交融、打成一片,不論天涯海角,也無從阻隔兩者在精神上的臨在,甚至連死亡也不能中止愛者們在心靈上的聯繫。

固然世間的痛苦莫過於愛者們的生離死別。「生離」是愛的試金石,愛可因長久的離別而被淡忘;可是,如果彼此間的愛是深厚的話,人仍能在某程度上克服淡忘的危機。馬賽爾曾與一位要好的舊同學失散了四十年之久;當他們一旦重逢,即使形貌已今非昔比,到底仍能馬上相認,並瞬間恢復往日的交情。[9]為此,馬賽爾引申說:假如自己也越過死亡的鴻溝而與死亡的愛者重逢,我仍會如同閃電一般地立刻把他辨認出來,恰如彼此未曾分離過一樣。[10]

在此值得一提的是:馬賽爾撰寫《形上日記·第三冊》,在內容上即使未必句句涉及「臨在」與「不死」,到底其思路總是與此二詞脫離不了關係,不論是在談論信、望、愛,或真、善、美,或生死、來生與不朽等議題,都和「臨在」與「不死」有著密切關連,以致可以名正言順地以《臨在與不死》作為其《形上日記·第三冊》的正標題。

再者,我們也絕對不能輕忽譯者陸達誠神父對摯友沈清松教授的懷念。此書譯文雖在清松兄仙遊以前已翻譯完成,到底好友

S. Fraser, Chicago: H. Regnery, 1950, p.205.

9 Ibid., pp.187-188.

10 Ibid., p.188.

先前的再三激勵，更成了陸神父著手翻譯馬氏《形上日記·第一冊》的原動力。我們也以熱切渴望的心情期待這艱鉅任務的實現。

【推薦序二】
祈遇馬賽爾

鄧元尉（輔仁大學宗教學系副教授）

在我手上，有一本陳舊的《臨在與不死》英譯本，原屬一位故人所有。故人離世後，我曾多次出於義務感來讀它，卻總是讀不了幾行就放下了。如今，有賴陸達誠神父的中譯本，我終於第一次完整讀過這部深邃的作品，掩卷遙想起許多往事。

當年，我跟著沈清松老師研究列維納斯（E. Lévinas, 1906-1995），故人跟著陸神父研究馬賽爾，我們常在一起讀書、討論，並約定好，等大家都完成學位論文的時候，我們要教對方列維納斯和馬賽爾的哲學，讓我們各自領會的大師思想彼此對話。隨著命運的推擠，人生沿著軌跡邁向下一個階段，學生時期的天真約定終究沒能實現。但當年故人每每談起馬賽爾時的飛颺神采，卻依然近在眼前。研讀馬賽爾是她苦悶人生中為數不多帶來真實喜樂的時光，我能想起當時的羨慕之情，羨慕她既能覓得一深受啟發的哲人、時常沐浴在愛智之學的春風中，又能找到深愛馬賽爾的師長（包括陸神父與關永中老師）帶領著在思想之路上前行。我從旁見證到的是，那是一種非常獨特的相遇經驗，足以橫跨時空與生死的距離。我相信馬賽爾的哲學肯定有種魅力，吸引著並召聚著某些人，以某種特殊的型態參與在彼此的生命造化之中。

馬賽爾的吸引力從何而來？我在故人身上看到的是，他表達

出一個普世人性的重大關切：摯愛者之死。這個關切的原初動力在於要肯定他人不死。這不是一種任性的斷言，它既出於真實的體會，也出於熱切的渴望與強烈的意志，並在馬賽爾的作品裡不斷取得哲學上的闡述。這個哲學工作並不容易，我們可以在這部日記體裁的《臨在與不死》中看到馬賽爾在追究愛者不死時，不時表現出猶豫與困惑，反覆調整所用上的概念、比喻、意象。但在來來回回的追究中，最教我印象深刻的是那份對「他人不死之緣由」鍥而不捨的執意追究本身；此處所體現的思想姿態已然暗示了：是這個哲人以及他所揭示的思想運動，而不只是他給出的答案，透露了回應他人之死的方向，也就是殷殷期待他人不死的希望。

這個希望並非寄託在某種客觀的實證性上。我們不能證明他者不死。誠然，面對亡者，生者有時的確想要獲得某種確定性，想要對「死亡」或「不死」有一種確實的把握：如果真有天堂，那就期待來日再相會；如果人死如燈滅，那就勉力承擔；無論如何，我們想要確定某種客觀的事態，不願讓一切揣想懸掛在無證無依的半空中。那些向靈媒求助之人，或許也是在尋找這種確定性。但這種對證據的要求卻有可能掩蓋了更應該盡力要求的事情。馬賽爾直言，他追究的是一種「無法實證者」，他要求的不是被佔有的確定性（客觀的確定性），而是存有化的確定性，這是一種界乎我與你之間的確定性，一種關乎「我們」的確定性。對無法實證者的追究，要求吾人用主體際性的臨在來改變慣常的客觀性思維。亡者之不死，取決於臨在，即亡者對生者生命有意義的持續參與。換言之，對他人不死的希望實乃寄託在自我身上，寄託於懷抱此一期待者。

　　此份牽繫對生者而言是否過於沉重？我們常聽到有人會安慰生者說亡者已矣、來者可追，人生道路總要繼續走下去，何苦把自己困在過往？此類說辭並非全錯，我們的確不應該把自己困在過去，但也不是就此放下亡者，把他遺留在記憶的深處。生者與死者的關係並不是誰先走、誰留下的問題。馬賽爾曾批判這種「行旅」的比喻，這比喻把亡者視為曾與生者同行一段時光，但在某一處停下來了，此後生者孑然一身地踽踽獨行。但馬賽爾直陳：當我們越看清楚自我時，就越不會把自我視為是在往某處前進。於是，看似先走的人，並未真正離去；反倒是看似留下的人，有可能因著仍停留在過往的美好時光而忽略了他所與亡者從死亡之日起便開展的另一種共存型態，從而把亡者固著在過去。就後者來說，實是生者離亡者而去，而非相反。

　　重點已很明顯：要讓自己成為這樣一個心繫亡者的主體，這是他人不死的關鍵。但要成為這樣的主體，於個人而言也許各有不同的功課。我之所以這樣認為，是因想起了列維納斯。我以列氏的政治思想為題撰寫博士論文，陸神父是我的口試委員之一，口試時我才知道，原來陸神父雖為列氏弟子，思想上卻格格不入。馬賽爾的哲學光輝燦爛，恰與列維納斯的陰鬱幽暗形成強烈對比。前者走向存有，那是籠罩萬有的奧祕大光；後者卻逃離存有，那是宛如深淵般吞噬萬有的 *il y a*。我總有一種感覺，無論是出於天性，或是出於恩寵，似乎那些純真明朗之人特別容易契入馬賽爾的思想。但對另一些人來說，如列維納斯，卻需要與自我的某種根深柢固的存在狀態進行長久的鬥爭，就像在泥沼中前行，每一步都極其艱難，而且必須恆常對抗那種將他往下拉的深淵力量。兩種主體觀帶來兩種與他人的關係。對列氏來說，自我

與他人間是絕對不對稱的關係，呈現為自我義無反顧地單向朝著他人而去的運動，這樣的主體有種「知其不可為而為之」的悲劇性格，承擔一種「愈盡愈多的責任」，在極端捨己中依稀懷有某種英雄氣慨。相較之下，馬賽爾的主體則更加謙遜而溫和，那不是英雄，而是一個把自己的人生委託於上主的虔信者，並在此般虔信中與他人共融共在，沉浸在互為主體的彼此相愛中，亦深知最終是由上主自己承擔他人之死，從而得以對死亡抱持質樸樂觀的態度。

在主體哲學上，馬賽爾與列維納斯誠不相容，但二人仍有共同點，在我看來，他們的哲學或許皆可視為是被他人之死召喚出來的一份證詞。列氏的證詞既有聖經箴言的語式、又有猶太法典反覆爭論的風格，讀者在聆聽神諭的同時被要求以守護弟兄為最高指導原則來和作者、乃至於和上主進行對質與爭辯。馬賽爾的證詞則像是在徘徊迂迴間透露出一條他所已然堅定走上的道路，並邀請讀者一起參與這個思想進程，一方面用我們自己的話語接續馬賽爾的話語，另一方面又一同沉浸在某種共享的榮光中，創造出互滲共存的共融。思想如是，生命亦如是。在閱讀馬賽爾的過程中，我體會到，如果只是把他的洞察簡化為幾個命題，非但難以契入其中，還會在與哲人失之交臂的同時亦與摯愛的逝者擦身而過；相反的，藉由與馬賽爾的真誠交流，讀者也獲得一個契機，得以不斷返回某個原初的「我們」，回到那連死亡也無法切斷的關聯，並得見逝者就在那裡守候著。謝謝陸神父帶給我們這份相遇的禮物。祈遇馬賽爾。

譯者序

　　1974 年我在法國撰寫哲學論文時，看了這本名為《臨在與不死》的書。記得有好多個黃昏，我在圖書館閱讀該書時，夕陽餘暉穿過厚實的牆面，映射包覆我身，使我沐浴在光中，身心內外透亮。啊！這光是我的「東風」。許多馬賽爾哲學的概念從平面躍為立體，使我的思想參預了「臨在」，而能對正在撰寫中的論文《意識與奧祕》[1] 充滿信心。從此，我決定有一天一定要把《臨在與不死》譯成中文，這是四十五年前暗暗許下的承諾了。

　　這本名為《臨在與不死》的書是馬賽爾的第三本《形上日記》。第一本出版於 1927 年，沒有副名；第二本出版於 1935年，名為《是與有》；第三本《形上日記》即本書，名為《臨在與不死》（1959 出版）。馬賽爾自稱是「新蘇格拉底主義」者，那是說，他不停地在尋覓、在吸收、在探索一些尚未發現或尚未明晰與釐清的現象及概念。這些蘊含於日記片段中的概念像似深埋地底的豐富礦藏，要探索者持之以恆、苦心孤詣地挖掘細察，才會稍顯其光芒。

　　大部分的哲學書是「探索成果」的記錄，日記不是。日記是「探索過程」的記錄。探索者尚未抵達終點站，故談不上成果，稱之為「成果之前導」還可以。它是得到成果前的「一鋤一

1　附筆者論文資料供同好參考：*Mystère et conscience, Essai sur la phénoménologie de l'immédiat existentiel chez GABRIEL MARCEL*, Par Bosco LU TA-CHENG, S.J.

鍬」。一鋤一鍬得到的不是「道」，而是靠近「道」之一步，它
不能養育及饜足求真之饑渴。因此追求速戰速決之讀者必會一無
所得，或會半途而廢。

讀馬賽爾的演講或論文比較輕而易舉，因為它們多少是研究
的成果，不是研究過程的記錄。它們是包裝好的水果，立刻可以
取食，而食之有味；但對摸索過程不得不產生的辛勞全無了解。
它們確是馬賽爾的思想，但只是他努力思考的成果。他「如何」
努力，讀者懵然無知。大部分的讀者既然坐收前人勞苦的果實，
自己就不再拚鬥，徒然拾人牙慧就行了。這些人只能算是馬賽爾
的讀者，不算是馬賽爾的研究者。

馬賽爾的研究者是分享過馬賽爾的「一鋤一鍬」的追隨者。
他們進入的是馬賽爾思想定型前的思想，他們得到的果實也有自
己培植及採擷的辛勞。定型後的馬賽爾可以「輕鬆易懂」，但其
日記迥然不同；只有下定決心要徹底認識馬賽爾的人會去嘗試一
下。

如果研究者把馬賽爾三本《形上日記》都仔細讀過，讀其演
講集和論文就會一目了然，知其來龍去脈，而能前後一貫地通敘
他所有的作品，不然只能說是認識了半個馬賽爾。

筆者遇過很多哲學同好，一聽說我的論文題目寫馬賽爾，都
無特殊反應，似乎不「屑」多談（他們不知道我研究的題目是
指導老師給我指定的）；相反，一聽說我的指導老師是列維納斯
時，全都肅然起敬。一方面因為列氏已成世界級大師，也因這些
同好只喝過「調了味的」馬賽爾，沒有品嚐過他的「原汁」。加
工後的馬賽爾為他們來說簡單易懂，最多只是幾個生活和生命的
概念而已。筆者可以肯定這些同好從來沒有念過第一和第三冊

《形上日記》，最多念過《是與有》而已。

筆者翻譯此書花費了不少歲月，現在終於告成，覺得寬慰，但心中並無哲學界「人手一冊」的綺想，因為往日和今日都少有願意研究「日記式哲學」的學者，他們樂意追逐的是已有成書的哲學作品。那麼讓這本書暫時置之高閣吧。等有緣人踮足碰觸到它時，大家再來切磋一番吧。

本書附錄是林靜宜為《臨在與不死》收錄之劇本《無底洞》所撰寫的導讀。林靜宜是筆者的助理，就讀輔大中文系博士班。六年來她修潤過我所有文章。她閱讀本書後，對《無底洞》一劇很感興趣，主動要求讓她試寫導讀。我讀畢她寫的兩篇文字，大為振奮：第一篇對劇本逐「場」詮釋，是很好的導讀（編按：本書附錄即此篇導讀）；第二篇內容是有關本書《臨在與不死》的釋義，也講了劇本。她以東方女性的心思，領略了許多西方人或男性讀者不易捉摸的細節，讀出劇中許多對話背後之意義。如果馬賽爾還在世，我會譯成法文呈他分享，相信如果馬氏本人能讀到這兩篇文字，必會使他大為欣慰。[2]

敬獻此譯本予好友沈清松教授（1949-2018），他於 1978 年自魯汶返國時曾邀筆者同譯馬賽爾的第一冊《形上日記》，可惜未成。2018 年三月我倆在香港機場偶遇，他知道第三冊《形上日記》的中文譯本可望出版，其心甚喜。料想他今日必會含笑於九泉，同馬賽爾一起「臨在與不死」。

2　編註：考量篇幅及整體內容結構，本書收錄第一篇劇本導讀全文。第二篇導讀，讀者可至本公司網站下載閱讀。（網址請見頁 334）

《臨在與不死》序 [1]

蕭沆 [2]

　　馬賽爾說：「我曾多次聚焦在二個詞彙：『我的系統』或
『我的哲學』，而在它們可笑的性格前感到無比的恐慌。」[3] 馬
氏的告白立即把他歸入齊克果習稱的「私人沉思者」（penseur
privé）範疇之中。齊克果用此詞來對比約伯和黑格爾。[4] 前者為
他來說是一位存在性的哲士，後者是重視客觀及御用的大師。對
「體系」的憎厭是真正的哲學的起點。馬賽爾又說：「我想，沒
有任何堪稱為『哲人』的人可以把他的理論視為其私人財產，除
非在他看到自己被挑戰、為此他必須像保衛自己生命那樣保衛自
己的情形中。但我們可問：如此這般把自己的作品看成是自己所
『擁有』的人，他的哲學的價值是否會直線掉落，是否要變成一
具屍體。」[5] 我們都看到馬賽爾排斥僵化的思想、反對把詢問封
閉而滿足於一成不變的答案的作法。他熱衷於問題，鍥而不捨地

1　譯註：此序為本書舊版所無（Flammarion, 1959），首次出現在新版中
　　（Association Présence de Gabriel Marcel, 2001）。
2　譯註：蕭沆（Emil Cioran, 1911-1995），羅馬尼亞文學家與哲學家，1945 年定
　　居法國巴黎，使用羅馬尼亞語及法語寫作。中文譯名另有「齊奧朗」、「西歐
　　宏」、「西歐洪」。
3　譯註：此段出處見日記「第一節　我的基本進言 1937」，本書頁 28。
4　譯註：《舊約‧約伯傳》中約伯體驗了孤獨，追問善人為何遭受苦難，而苦難在
　　馬賽爾哲學中是奧祕而非問題。馬賽爾對存在性孤獨的強烈敏感與深刻思考，可
　　參看陸達誠《馬賽爾》，台北：東大，1992，頁 5-8，頁 209-230。
5　譯註：此段出處見日記「第一節　我的基本進言 1937」，本書頁 28。

要澄清理論的糾葛。這不是為了好奇，卻是為獲知實況而有的焦急。他告訴我們：從一個固定的中心，一個要從掌握只有模糊表象的物體的需求中脫身而出的好奇心，常常移向邊界，在對中心的不確定和不安的情況下，竭盡心力地去尋覓、去鑑定事物的實況。這種好奇心被一個要素催促著，在不斷增多的步履中常忠於自己，忠於自己永不停止的尋覓。馬賽爾理會到他貼近一種神學。此神學的特色和使命是要把在素樸的信友及「私人沉思者」身上而有的不安加以懷疑及揭穿。出於氣質，他更像是一個異端者，而不像一個追查的法官。如果有一天，「真理」向他顯露出與這條或那條信理公式不相容的話，他毫無疑問會選擇「真理」。他的開闊的心智，使他適宜於做「重回蘇格拉底主義」的倡導者，那是說，為攻擊體系的僵硬——哲學的墳墓——，要重啟「詢問的機動性」和「永不枯竭的驚訝」的習慣。他偏愛用日記來記錄與自己的對話（本書是繼《形上日記》和《是與有》之第三本日記），[6] 都是要把所體會到的：為傳譯其探索經驗所得、初創的片刻及一個只藉其無限地超越自己時才能表達的思想潛質，需要加以詮釋而落筆。馬賽爾的思想更好說是要超越自己，轉向遠比「自我」更深邃的「他者」和「我們」。

我們難以想像一個哲學家在他研究生涯中不曾經歷過獨我主義的誘惑：譬如向一個客體，或向一些人拋擲一個挑戰，或固步自封，或把造物主棄之如遺。這種巨大且不健康的誘惑，馬賽爾

6　譯註：《形上日記》第一冊上半部從 1914 年一月一日至五月八日，下半部從 1915 年九月十五日至 1923 年三月十六日，正在進行中文翻譯。第二冊《是與有》從 1928 年十一月十日至 1933 年十月三十日，可參考陸達誠譯本（台北：臺灣商務印書館，1983；心靈工坊：2021）。

也經驗過，就像他作品中見證過的拒絕和對獨我主義的懼怕。就為了逃離「自我」，他像他屢次肯定過的，投入反省之徑；我要加一句說：他反省，是為了使自己擺脫把孤獨絕對化的危險。

他愈來愈堅持一個或許得自某種克勝自我而有的確定性上：這是「他者」的存在。他說：「對我而言，重要的是『我們』的不能摧毀性」[7]「如果他者不存在，我自己也不再存在。」[8]在一段超有啟示性的文字中，他甚至把失望與孤獨同化起來：「如果我們愈以自我為中心 —— 就像聚焦在一個器官的劇痛，譬如牙痛得難以忍受 —— 價值就愈消失無蹤。那是因為追究到底，失望與孤獨混為一談了。沒有共融之處，就沒有價值。」[9]用一個似乎是濫用的詮釋方式，我們或許可以主張說：為馬賽爾而言，分析到底，「存有」是可以還原到「存有者」（êtres）的。就在此處，我們應該尋找他那麼熱衷於戲劇的原因。[10]當我們為「具體」而戰，[11]當我們把實際經驗放在概念之上，還有，當我們視「他者」為最高實在之時，我們不能不把「體現」（incarnation）安置在優先於「抽象」、「人物」優先於「觀念」的次第上。儘管如此，假如劇作哲士是一個異類，我該說他還是個美麗的異類，一個劇評的哲學家只在人們假定從他身上找到愛德及屈順（resignation）的含量來自忖，一般說來，表演（spectacle）提供的只是真理的遺骸及終歸破損的問題，是幻影

7　譯註：此段出處見 1943 年八月六日的日記，本書頁 204。

8　譯註：此段出處見日記「第一節　我的基本進言1937」，本書頁 35。

9　譯註：此段出處見 1943 年五月四日的日記，本書頁 159。

10　譯註：戲劇與音樂是馬賽爾偏愛的存有媒體，可參看陸達誠《馬賽爾》，頁 50-61。

11　譯註：馬賽爾哲學探討奧祕的具體性，可參看陸達誠《馬賽爾》，頁 35-49。

及兼為艱辛和失信（demonetisees）的焦慮。[12]

---

12 譯註：蕭沆說劇作哲士是美麗的異類，而馬賽爾在《臨在與不死·前言》
說自己在日記中置放 1919 年所寫而從未付梓過的未完成劇本《無底洞》
（*L'Insondable*）可能引起讀者更大的驚奇。此劇展示馬賽爾劇本人物對話在舞
台上再現的「存有之具體真實」，其中的靈魂因無法與自己及別人溝通而痛苦且
孤獨，人物之間的矛盾、緊張、對立、衝突還在等待化解，甚至等待關係破裂後
的復合。

前言（1959）[1]

> 奧菲斯（Orphée）和尤莉迪斯（Eurydice）
> 的神話確實存在於我生命的中心。

　　或許在本書的開端先給讀者一些有關本書主旨的說明並不算是一件多餘的事。我曾想愈清楚愈好地釋出一個把不同的題材緊密地聯繫在一起的作品，它幾乎常可被認為是按著一個預定的目標而不是以其一致性寫成的。我們還須體認這個一致性不是輕易地可以獲得的。

　　本書大部分篇幅來自我的日記，那是在第二次世界大戰期間，我在科雷茲（Corrèze）鄉居時斷斷續續筆錄的。這本日記承接著前面二本，即 1927 年出版的《形上日記》和 1934 年出版的《是與有》上冊。

　　認真地讀過我的作品的朋友就知道，從 1925 年起我明快地決定不再書寫系統性的哲學文章。我的思想愈來愈像在尋找一條

1　編註：本書舊版（Flammarion, 1959）收錄馬賽爾未完成劇本《無底洞》，馬賽爾特於前言中解釋置放該劇本於書中的用意。新版（Association Présence de Gabriel Marcel, 2001）出於某些考量未收錄劇本，故而將馬賽爾前言中這段解釋刪去。由於《無底洞》一劇十分呼應本書題旨，心靈工坊獲得馬賽爾家族同意，仍將這齣劇的中譯收錄於本書，此處的前言也是 1959 年的未刪節完整版。

通道，有時頗為險峻，需要摸索，會走走停停，也會因懷疑此路不通繞道而行。出版《形上日記》時，我完全沒有把握有人會去讀它。經驗顯示了我的過慮是沒有根據的，因為很多國家有人表示願意陪我走這條頗似去發現「新大陸」的探險之旅。

第二次世界大戰結束後，我曾被邀請到許多國家去演講，不但在歐洲，也去過黎巴嫩、北非、加拿大、南美和日本。每一個演講都可看作是我的一個嘗試，聚焦在以前我寫日記時出現過的思想。讀者在本書中會看到二篇未曾出版過的演講稿：一篇是 1937 年原為給根特（Gand）大學演講用的，它未曾發表過；第二篇寫於 1951 年，我曾在摩洛哥的拉巴特（Rabat）、巴西的聖保羅和另一些南美都市中發表過。第一篇的筆法是完全一般性的，為那些對我的思想不熟悉的聽眾來說具有暖身作用。第二篇直捷了當地碰觸本書的核心問題：這是我在某些地方稱之為「不死的存在性前提」（Les Prémices Existentielles de l'Immortalité），它與傳統哲學的主流派截然不同，是以「他者之死」及「親愛者之死」的角度書寫的。此外，不言而喻的是：這個問題無法與我的「日記」內的形上思維分開而被理解。

然而可能會引起讀者更大驚奇的是：我在本書中置放了一個尚未完成的劇本《無底洞》（L'Insondable）。那是我在 1919 年所寫而從未付梓過的。

首先我要說的是，在我的哲學和劇本之間所特有的那種緊密關係從未被人充份地強調過。此外，該劇的第一幕，雖然它一直沒有寫完，對我來說卻有極大的重要性：在 1958 年末我重讀該劇時，清楚看到它對我即將付梓的「日記」有實質的增益作用。第一幕內的情節是針對在第一次世界大戰結束時發生的事。它提

供了一個見證，一面反映那時候法國人的心境，也極深度地刻劃出這個戰爭對我的敏感度及思想所帶來的衝擊。這個無法描述的衝擊無疑地滲透入我靈魂的深處，直到今日。

但還有別的。愛蒂特和塞衛雅克神父對話的一場戲，按我的想法，是我寫過的最有意義的篇幅。我在此後約十年才皈依天主教的，但我必須說：那位年輕女子焦急地詢問而神父尚無法了解的那些問題，我應當說，它到今天對我還具有完全的價值。很出奇的是，有關這個主題的問題，於 1919 年一些令我哀慟的喪事發生前已可見端倪，而三十年後我必須與若干教會的神學家——關於我為之寫序、德·朱文奈（Marcelle de Jouvenel）的書《天國的測音器》（*Le Diapason du Ciel*）——持相反的立場。說實話，在《無底洞》一劇中，那裡並沒有借助「自動書寫」而取得訊息的問題。但關於此岸與彼岸的生命間的交流問題上，從其本質上有提到過這類交流；就像稍後在我寫的《打破偶像者》（*L'Iconoclaste*）一劇時提及的，如果我沒有記錯，那該是在 1917 年戰況正烈期間的作品。

有些讀者或許會給我建議——在重構愛蒂特和塞衛雅克神父對話的一場戲時，刪除前面幾場。我覺得如此做會使讀者無法親臨其境，而使該劇的意義變得模糊。

我們是否應對該劇之未完成感到遺憾呢？略加反思之後，我並不如此想。就像一個朋友在念完了這一幕後，覺得他被牽引到一個懸崖的邊緣，真如劇名《無底洞》一辭所表達的那樣。我在 1919 年採用的劇名已不再叫我滿意。如果我以原定的想法繼續寫下去的話，我就會冒著減弱那種瀕臨懸崖感受的危險。那個感覺將會在這場及最後二場戲中喪失殆盡。

　　「深淵」兩字必須在此處加以強調。我想讀者如果一點都不懂他是在一個深淵的邊緣行走的話，會完全曲解我思想的特色，尤其是曲解我於科雷茲寫的這本「日記」中所要表達的思想。即使在我皈依之後，這也是千真萬確的。因為有人把信仰想成是一個護身符或吉祥物，把它變成一個十分貧乏及有諷刺含義的概念。但信仰實在是一個生命，那裡喜樂和痛苦不斷地此起彼落，連袂而生，這個生命一直到最後都脫不開唯一的一個誘惑的威脅，分析到底，這是我們應當小心翼翼防護自己陷入的誘惑，它名叫「失望」。

我的基本進言

（1937）

1937

　　數個月後，我將要去根特大學演講，這幾天我一直在思考的是：有關我的哲學的若干中心思想，希望能找到可以發揮的主題。但我突然體認到：這是一件令我非常困惑的事。因為我有許多不能不堅持的理由——為了堅持我的選擇。我想，任何願意把我的作品作一個總覽的人，包括我自己，都難免要碰到這類的困難。

　　第一個困難雖然看起來比較淺顯，但它有一個頗深的根在，我現在要說明一下，這個困難在於：我的哲學不可能與我的劇作分開。因為後者絕非只是我根據自己腦中原先就有的某些抽象的概念所作的素描或翻譯。說真的，就像一些最擅長詮釋我思想的學者都了解的那樣：我的劇作在我的作品中具有毫無爭議的優位。有多少次了，我在我的劇作中提前釋放出我直到以後在哲學作品中才會出現的觀點。最明顯的例子是《打破偶像者》一劇的末場，在那裡，「奧祕」的積極價值洞若觀火。

　　但有人會向我說：「沒有什麼大不了的；沒有什麼東西可以阻擋你——從那些源出於劇本脈絡而稍後加以萃取、抽離而出現的觀念，再將它們鑲嵌入你的哲學中，以純抽象的形式加以表達。」此處應當小心，在我寫過的最重要和最有意義的劇本，包括《四重奏》（Le Quatuor）、《打破偶像者》、《克利特之

路》（*Le Chemin de Crête*），尤其是《貪婪的心》（*Les Cœurs Avides*），它們都結束在一種不單純的協調中、在一個觀眾或讀者都被邀請投入的和諧氣氛中，但它不允許人將它改頭換面地化約成為一條一條的公式。就像《四重奏》中一個人物說的那樣：「『我們只是孤零零的』這個思想，會與這些文字同歸於盡嗎？」戲劇和音樂都有一個特色，即擺脫由狹義的推理而得的知識層面，轉而抵達一個更高的覺悟，藉此我們發現：自己的存有被引入一種完整的境域，並且超越純理性所作的抽象告白──超越那必須與「純理性」相伴隨方始滿足的「抽象告白」。

我的哲學思維是往和音（consonances）的方向而運作的。它基本上是多音部的，截然反對那些或多或少從十八世紀法國哲學流衍出來的一切意識形態。

但我還要說明一點：當我嘗試用我自己的方式進行，就像我在彙報別人的哲學那樣時，我覺得它不單是合法的，並且是值得推薦的那個時候，我面臨了極大的阻難。

當我回顧早期作品時，我可以清楚地看到十年來我想表達的思維線索。然而我用的話語完全不同了。我無法不問自己：是否我太任性地低估、拋擲了一些我在寫那些文字時它們起初並不具有的意義？這些想法使我對許多哲學史的價值抱懷疑的態度，正因為無法確定它們在經過多重詮釋後是否仍對原文忠實。

老實說，我原可把我早期的作品一掃而光地淨空，但我應當承認：我的麻煩會因此而變得更大。我想我無法提供一個展覽品或一群可與鄰近的理論靈巧地搭配的傀儡。真的，我不認為哲學研究和科學研究一樣，後者若有所獲，研究者便不再對它多予理會，反而是從此處出發，擴張其所欲攻克的新領土。

　　我比較相信：一個活潑潑的哲學思想，其本質是把其逐步獲得的結論一再地加以反思。我必須說，這種調調倏然聽到不但使人沮喪不已，還似乎給人澆一桶冷水。但我必須如此堅持。

　　我曾多次聚焦在二個詞彙：「我的系統」或「我的哲學」，而在它們可笑的性格前感到無比的恐慌。這種感覺會轉化成一種難以忍受的折磨。譬如說，有人請我用一段文字來說明「我的哲學」包含些什麼，這類訴求足以把我對它本有的意識夷為平地。我覺得，我常如此認為，雖然沒有用明確的文字把它寫出來：「哲學本質上不是，也不能是某種我們可以扣留或擁有的東西。」我想，沒有任何堪稱為「哲人」的人可以把他的理論視為其私人財產，除非在他看到自己被挑戰、為此他必須像保衛自己生命那樣保衛自己的情形中。但我們可問：如此這般把自己的作品看成是自己所「擁有」的人，他的哲學的價值是否會直線掉落，是否要變成一具屍體。這是一個不易回答的問題。

　　但是可能有人要以假設來詰難：「難道哲學研究的本質不是要把許多相關的、緊密聯繫的命題結合在一起，構成一個整體嗎？不這樣做，不是要把研究還原到只是一種形式遊戲，貧瘠的練習嗎？」哲學如果不是一個研究，就什麼也不是。但探究它是什麼，就是希望找到它，是趨向一個確定的東西。

　　為了避免誤會，我們更應該繼續深入其中涵義。

　　真的，哲學本質上是一個研究，而研究的目的是尋獲真理。但真理這個字的意義曖昧不明，我們有責任把它說明。從哲學角度來看，真理本身無法與一項一項的特殊真理等量齊觀，它只在長期探索後向苦學者呈現出來。了解箇中道理實在非常重要。

　　「特殊真理」（vérité particulière）不論它屬於那一類，其

特色是嚴格地、可以公式化的。這樣一個真理甚至可以危及它藉之表達之「名言」（énoncé），更確切地說，它對這個混淆不再抗拒，而那個混淆可能是一個修正。關鍵就在於以它本身而言，那是說把它與其所從出的詢問分開，它就趨向變成主體外面的東西。這裡潛存著科學主義的根源，要把它理解成「真正科學的崩塌（dégradation）」。哲學反省的角色就是要揭發一切特殊真理內含的謬誤，如果它被化約成一個與「認知」（savoir）可分離的成分的話。

我人還可以更深刻地指出，如果把「認知」看成一個可以被自己佔有的東西時，它會趨向「不知」（non-savoir），這是一種無法加以思索的降級，它不在「認知」的層次，卻在「瞭解」（comprendre）的層次上觀看。

我們再能看到——一切意見在此匯合起來——一個特殊真理是一個不具個性的真理。它在真理層次的價值與它的不具個性是不能分割的。如果我肯定我尋獲的結論是真的，我要說的是，任何一人在我的位置進行正確的探究的話，那是說，按照一種不涉及個性的邏輯運作，他也會得到與我相同的結果。我什麼也不算，我的個人特性完全不予思考。可能我在過程中受益於一個特恩式的直覺，但這個直覺之為我所見且有路可循，任何人都可以跟著我而上路的。分析到底，我尋獲此路的意外條件不重要，它們只會引起心理學家或歷史學家的興趣而已。這是我曾說過的：特殊真理導自康德義的「**一般性的思維**」（*la pensée en général*）。

有人或許會說：把此處談及的真理稱之為「一般真理」，更為貼切。但我們對此必須小心。

　　相當確定的是：如果所謂的「一般真理」是指某些從引導各種不同的科學紀律的「特殊真理」加以抽象化而得以擺脫其關係的話，一般說來，如同笛卡爾的樣式，它們是可以被稱為原則的。我可確定地說這些原則也是從一般性思想引伸出來的。但問題是要知道是否這類原則是哲學本位主張建立的原則。這裡出現的是一個定義的問題。但我與當代許多學者了解的是：這樣一個哲學，是邁向一些非常不同的目標的。

　　我首先要指出，哲學研究嚮往的**真理**是絕對無法成為一個被佔有的東西，它不能被視為一個「有」。

　　這是我在 1910 至 1914 年間願意說的話，那時我支持的是：形上學的要旨是一個「參與」（participation）的哲學。在 1953 年巴黎的哲學大會上，路易・拉維爾[1] 在與我的幾乎同樣意義下用了「參與」這個詞，結果是很不同於柏拉圖的意義。這是我們現在的問題，即「思想參與存有」的問題。是的，當「參與」這個字一出現，我就趨向於把「存有」取代「真理」。這裡我們仍要小心避免誤會。以前我曾太快地肯定存有超越真理。這是一個危險及不能接受的說法。今天我會說，存有與真理是等同的。但有一個條件，即如我上面所說過的，要分清「真理」及科學提供的有限的真理是不能通約的，這是說，清楚地體認對某一個真理藉以界定的求證方法，在這裡是無用的。存有的超越性，即真理的超越性，是針對著這些方法及這些特殊真理而言的。

　　現在我願意鑽研一些有關這個斷言的一些問題。這個斷言脫

1　編註：拉維爾（Louis Lavelle, 1883-1951），法國哲學家，公認為精神物理學運動的先驅，以為自我實現和終極自由是從尋求一個人的「內在」存在，並將之和絕對聯繫起來的。

離了實際的脈絡，有可能被認為幾乎是無法理解的。

如果我們對這個非常浮泛和多義的觀念用「**閱讀**」（lecture）二個字來代替，我們就會很快地了解如何一個為眾人而言是具有客觀資料的文本（texte），竟然可以隱藏著許多等級的意義，依次地啟示讀者，只要後者具有足夠讀懂此文本的智力。這樣說還太少，這裡牽涉到的是一個解讀的意志，它不滿足於一個膚淺的解釋，渴望找到更高的涵義。意義的本色是：它只向一個向它開放而願歡迎它的良知啟示自己。它可以說是：對某一個積極和堅持的期待（attente）的回應。這個期待更確切地可以說是一個「深沉的需求」（exigence）。意義的等級是這些需求的等級的功能。但是這是無誤的：對閱讀一個文本所講的幾乎完全可以適用到我所理解的哲學研究上。它實質上是一個像彈琴者的「讀譜」（déchiffrage musical）。我們要記住這個詞，因為它給我們提供一個很適當的比喻。這裡有一個琴譜（partition），上面的符號的價值，為那些了解音樂記號的彈奏者而言，是事先嚴格地規定好的。這樣一種閱讀符合我所謂的一般性的思想。但是對音樂家來說，不論是否在彈奏，解讀這些符號，從原來只是密碼的東西中發現其音樂的意義，那是說：他被樂譜邀請去進行一個真正的創造。有人會提醒我說，這不是創造，只是再造（récreation）而已。這話亦真亦假。為一個對此邀請不只願意接受且了解其意義的具有清楚意識的人來說，這裡的問題是「再造」或「複製」。但原則上對文本或樂譜並無預先知識的讀者或演奏者只能靠自己，靠自己既有的同情地直覺的能力。他應該對此奧祕投入、張開，儘管在他自己面前只有感覺和客觀性的微弱記號（la maigre trace sensible et objective）。但是

他追逐的創造性的解讀，確實是一個要真實參與作者原本靈感的意願。

這個比喻我賦予極大的重要性。因為它使人直接體認一個新世界，它就不單超越只屬於有效（valable）事物之世界，也超越只屬於主觀層面──指心理學及具否定性涵義──的世界。很明顯地我們可以舉例來說，舒曼和蕭邦的音樂中有某種質素（réalité），彈奏他們作品的人必須與作者的心靈相結合，主動地委身其中才能彈奏出他們的作品的精華，後者絕不會像可以翻譯的特殊真理那樣，能以某種公式加以處理的。然而這種質素有可以被人低估或拋棄的性格。我還要說，它的本質使它不會以一種無法抗拒的文本壓力或物理定律那樣強迫人就範。如果有人企圖把此質素化約為一個純主觀的狀態，或一個路過的心態，他將錯失一個偉大作品之份量和魅力（son poids, sa valeur, sa vertu）。

為知道某個「瞭解」（compréhension）能容許不同層次的深度，就要在瞭解中隱含地建立一種不以「合格」（valid）而以「存有」為準的體系。無疑地，為使大家更易聽懂我的想法，我對「合格」一概念的分析還可增加一些。它與「利用」的概念是二位一體的。我人可以輕易地指出實用主義只在混淆「真理」和「合格」的情形下才能取得功效。我相信為更好地澄清「合格」這概念的具體面相，我們可用下面的例子來說明：如合格的火車票或戲票。條件合格時，火車票或戲票給人搭火車或進入戲院看戲的權利。此種說法對科學的公式也能適用，雖然它的合格條件更為嚴密。合格性常預設驗證。我們要一些秘方，按秘方提示的方式，一按其鈕就得到了想要得到的效果。從前我已講過，現在

再說一次，這種知識只是等而下之的知識。但在此類狀況中，這種降級幾乎會無法避免地發生，只有運用反省，只有主體善用其自由時，才能有效地平衡、緩解那個——我們可稱之為「精神的硬化症」（sclérose spirituelle pure et simple）。

讓我們聚焦在「自由」及「反省」二個詞彙上吧！

先說自由。一個配被稱為哲學之學問，不能不是一個自由的哲學。我們從二個意義來申談之。

首先，哲學是思想集中在自由之謂，思想把自由給予自己作為內容。

另一方面，自由只能被自由思考。自由在思考自己時才創造自己和構成自己。這裡我們有一種藉反省而體認出來的循環，但這不是惡性循環。一個會顯示自己及我人能使它從辯證的決定論中解脫的自由概念，是一個假的概念，我們能藉反省將它的矛盾顯示出來。

我還要說，我認為有人願把存有的哲學與自由的哲學對立，這是行不通的。這種對立只在下面的情況中可以證成：如果當我們想像自己在體現存有時將它與實體等同，我們就會像贊同中世紀的次等哲學家（épigones de la philosophie médiévale），或其有偏見的對手所推動的看法一樣。一個真實的存有哲學不是一種東西的哲學，就像雷努維葉（Renouvier）想的那樣，它也不是如柏格森所想的那種靜態的哲學。存有對我來說，就像許多偉大的形上學家思考的那樣，是超越靜止與能動的對立的。

反省這個字眼更清楚地顯示在何處：我的思想和柏格森主義——或至少從一些普通歸於他的詮釋——分道揚鑣。我認為哲學方法首重反省。但我這裡講的反省是第二層次的反省

（réflexion du second degré），它極少在當下意識（la conscience immédiate）上操作，它操作在原初的媒介上，而經驗是由這些媒介構成的。

那麼如此思考的研究會有怎樣的出發點呢？這將是考慮我以為人的方式身處其中的基本處境——還不曾說以受造物的方式——只按我為人的條件。這裡立刻出現存在哲學與笛卡爾式哲學的對立——這種對立可能只在笛卡爾，而非在其追隨者身上，其中有些論點可以在笛卡爾的領域以外加以研討的。但是在笛卡爾的「我思」及稍後康德的「一般性思想」都剝去了人類學的指標。按照這種不具人格的思考，人的處境或條件只是一個思想的對象，就像一個他者：這個條件被思想看作不影響自己的東西，但這樣一來，這個思想跟著被消滅掉，不再有處境或條件的作用。這個「消滅」（suppression）是虛構的，它是一個抽象，藉之，思想被拒絕進入存有。這裡我無法不過份地強調我與海德格和雅斯培的共識，特別是雅斯培，他一而再地肯定「界限處境」（situations limites）的重要。如果我們把它們解釋看成「不是自己的他物」而演繹的話，界限處境只能被澄清，不能被證成或解釋。

我相信我現在要引用一個由來已久的「不安」（inquiétude）概念來澄清我思考的深意。

形而上的不安。我覺得如果一個形上學不能界定何謂「不安」，它就不值什麼，它會部分地或奇怪地遭消滅掉，至少被擱置一邊。不安：但哪一種不安？我對這字的理解不是好奇。好奇也哉，指從一個不動的中心出發，伸展出去，為捉獲一個對它只有模糊及簡略印象的客體。我會說一切好奇都趨向表面。不安現

象與此相反，它不清楚自己的中心在哪裡，它在尋找一個中心，為得到平衡。不論從哪一個角度看不安，這種說法都通得過。如果我為一個親人的健康感到不安，這是說我為之而起的疑惑和害怕會摧毀我內心的安寧。好奇的現象在我身上一下子變成一種不安，如果這個我關切的人愈來愈成我自己的一部分，愈來愈和我道德良知的寬慰（confort moral）緊密聯繫的話。（再者，今天我覺得「寬慰」這個字不足以表達我的意思。它牽涉到一個「缺了它我會失去自己」的層次。）另一方面，一種「直接地關聯到我、無法與之切割」及更深一層地說「使我失之，便會異化」的對象，若從來無此對象，我會消滅我自己的不安，則此對象愈有形上特性。我人真可斷言：形上學的唯一的問題是「我是什麼？」其他一切問題可以還原到這個問題，甚至包括他者的存在問題。有一種強有力及隱密的觀念叫我確信「**如果他者不存在，我自己也不再存在**」。我不能把一個他者沒有的存在歸存於我。此處之「**我不能把**」不指我沒有權利，而指「**這是我做不到的事**」。如果他者從我脫落，我也從我自己脫落，因為我的實體是由他們塑造的。

這個形而上的不安，我能否說：我感受到的是一種真實的常態嗎？我只想如此回答：一個令我意識不安的情況會出現，隨著反省，它顯得甚至無限地逸出這個情況；它給我人「它會恆持、不會消失」的印象，它不與這個或那個「現在」相聯。更有甚者，一旦它被表達了，它伸展到一切我能看作與我分受同類的經驗者。我不能不把他們看成原則上在忍受與我忍受的同樣的不安。

但是有人要反駁我說：不安不是在傳統上被稱為是一種相

反哲學的心靈狀況嗎？它不是與「寧靜」（sérénité）及「不動心」（ataraxie）極端相反的嗎？雖然後者被不同的哲學學派界定得極為不同。

我要如此回答：哲學的確把建立普遍的內心的平安和人間的和諧為己任，但這些善象不會在一開始就可獲得。一開始就有的是「渴望」（aspiration），這個渴望不能不被體驗成「懷鄉之情」（nostalgie），而這就是不安。現在唯一的問題是：知道人們是否認為應該強調這原初的懷鄉情緒。只要哲學愈有概念化的傾向，它的當務之急就只是從這些主觀事件中抽取有用的知性內容而已，視「不安」為不值一顧。但是反省之後，這個貌似不屑注意的事卻變成了不小的大問題，因為它危及的是價值，不論是正或負的價值，它將接上個人的福祉。以黑格爾的哲學而論，它把有關概念的內在辯證推至極點，會原則上視「個別的人」（la personne）只是偶爾出現在一個舞台上，而台上正在演出的是純辯證的大戲，這大戲中的個別的人所擁有之迴響，只被視為來自某個個別經驗主體之遭遇而加以抽象。這為那類的哲學而言是一個原則，但我在前面略為描繪過的那種哲學則要對此加以否定。

有不安感，是因為在尋找自己的中心。這些話已夠刻劃我思索的哲學是一種「進步」。它不只運作在一個被視為精神器官之主體內，而更在實際世界中。這個主體在那裡就像是一個目的，我甚至敢說是有關的，進步是一個賭注，因為我覺得它類似一場比賽或一齣戲劇。

說了這些，我覺得還不夠。主體這個詞彙的意義很不清楚。如果最後一些年代，位格（person）這個詞沒有被人不恰當地妄用的話，倒是較好的選擇。「位格」這個詞在與「個體」

（individu）一詞對立的情況下看，是更可取的。按我看來，最真實的哲學思想位於「自我」與「他者」的接頭處。我重複一次，有一些隱密的力量使我相信：如果他者不存在，我也不存在。誠然，這裡提出的明顯的見地，不但沒有被普遍地承認，並且還被某種唯心論排斥是事實。但我們還要考察一下：唯心論引用的假設有什麼依據。我在《是與有》（Être et Avoir）一書上曾訊問過：「把自我構成為自我之行動，看成原則上比自我核定他者之存在更具優位之假設，可以成立嗎？」我想這個優位只能在一個康德已覺察的混淆中被肯定。

趁此機會，我要指出：沒有一本哲學書能像美國哲學家霍金（W. E. Hocking）之《上帝在人類經驗中的意義》（The Meaning of God in Human Experience）[2] 那麼強烈地震撼過我，他在該書中認為：我們實際上無法對他者有所了解，除非我們依據了我們對自己的了解，而正是這個了解把人性的份量賦與我們的經驗。

當我提到自我與他者接頭的問題時，我們必須防止任何不適當的「空間」聯想，我們一分鐘也不可花在「假定在自我及他者的領域間有界線或縫隙之存在」。哲學史和文學作品單就它會對人的知識有所貢獻的角度上來看，他者之世界被一道愈來愈強烈的光所照明，就在於自我愈來愈多英雄式地驅除自己的黑暗時。

一個強勢的哲學傳統，今日可說由列昂‧布朗希維克[3]為代

2　編註：Flammarion 1959 年的初版將此書名誤作 The Meaning of Good in Human Experience（人之經驗中善的意義），英文版又沿用錯誤書名。2001 年 Association Présence de Gabriel Marcel 的新版已經更正。

3　編註：列昂‧布朗希維克（Léon Brunschvicg, 1869-1944），法國觀念論哲學

表，傾向在那些我們中每人所有及屬於大家共有的事物間建立一個基本的區別。他們這樣做呈現了一個理性的特性。我不想說這類區別並非不能做，但我擔心這樣做會導致貧瘠的結果，我喜歡用「膚淺的心理學」稱之，這種心理學擅長忽略精神生命的維度：深度（La profondeur）。

這裡我們再次找到我以前講過的意義和需求。我們或他者具有的獨一無二性，能被隨意地貼上「怪物」（bizarrerie）的標籤，而被丟棄到垃圾桶內；但它也能向我們懇訴要對它有更親密的了解和交流；它也隱約地邀請我們更新及重組我們的範疇。另一方面，就因為共同的和一般性的性質是如此這般而易於讓人辨認、分類、歸類，而使最習慣的操作發動；結果是給我們的知性最少的進補。我略作觀察就看到我這種談吐非常切合紀德（André Gide）的深刻批判，它也在我所有的劇本的核心思想之中。

從以上一連串的反省，我們整理出以下的結論：我們愈努力與自己溝通——我指與某些在我們內起初顯得對一個要深入理解它的頭腦非常頑抗的東西——我們愈能自救於一種因判斷僵化而生的自動的反應性；此外，隨著我們放棄這種自動反應的程度，他者停止被我領會若一個他者，它不再只是一堆我們無法與之有活潑交流的抽象物的拼湊。但這種無法交流的現象給我們留下一個非常沉重的贖價；它屢次以一種難於覺察的失落來表達自己，它載負著某種幅射性格，使它的臨在與否立即被直覺獲知。

家，巴黎（索邦）大學教授，新康德主義代表人物。他亦是巴斯卡《思想錄》（Pensées）編者，十九世紀以來已有多種巴斯卡著作編註，咸以為布朗希維克本最為精審。

　　或許有人會向我挑戰，指出一個事實：有些非常質樸的人無法透悟自己內心的黑暗——假定有這樣的人——，但卻是最能與他者溝通的人。我同意。但他們不在我討論的範疇中，因為他們完全免除了我們習慣稱呼的「優越感」，即英語稱之為「自我意識」（self-conscious）的貶義。無法與人溝通是與自我意識相聯的，或更確切地說，那是一種緊繃而捲縮的病態。如此我們可以看到二種有真實交流的層次，其一是質樸心靈的層次，那是在有自我意識前的幼兒的特徵；其二，遠高於前者，指已達克勝自我意識的層次。

　　哲學從其本質而言，已把樂園拋得老遠。（兒童的天真自然使他們毫無困難地一蹴可幾他者的邊岸。）他們不會夢想回到自我意識的此岸，只能用高空飛越的方式希望重建已多少堵塞的交流大道。他們應該隨著渴望而採用一種探索之途，另外更堅定志意開向「具體思想」（pensée concrète）的世界，放下身段，與近人相處，那時他們將在淨化的光輝中看到在日常生活的微光中難於使人辨認的出路。

　　我認為我們尚未細談的「哲學投身」（engagement philsophique），其方位正在此處。當代不少思想家無法避免、而詩人中頗為興盛的隱居愛好恰恰相反，我會說，我希望見到的哲學家是竭盡全力推動交流的志士。但要有效地實施交流需要有一種迂迴。從哲學角度看，把我導向他者之途徑是經過我自己的深度。但這不是說，這些深度可只藉內視（introspection）自己的資源達到。我們甚至可以說：在這個範圍內，內視能有的貢獻相當微小。而大有攸關的是廣義的經驗；那是說，自我接觸到的生命體驗；這種體驗會激發出極為殊異、有時極為令人困惑的模

式。對我而言,這類的體驗是以戲劇創作的形式迸現的。雖然我的劇中人像由某種超意識的想像力咒召而來的主要試劑,為讓我最深邃的思想能結晶成為文字,這種成果若靠自我一己的資源絕無可能獲得的。這樣說來,我在此文前面所建立的在我的劇作和我狹義的哲學探索間的聯繫,就愈顯明晰了。

形上日記
（1938-1943）

敬獻給深深懷念的雅格・杜龍（Jacques Duron）

G・馬賽爾

巴黎，1938 年一月

我在此處要反思的是：當我人說一個深邃的觀念（idée profonde）或一個深厚的情感（sentiment profond）時，我們自然的反應是什麼。

「一個深邃的觀念」，我們能否立即聯想到此詞的內容？「一個深邃的觀念」針對的該是一個隱藏的事物，不只是一個表象而已。但這種解釋並不能使我們深入領會很多。首先，因為表象和實物（réalité）的區分對物品或對已清楚地劃分過的領域來說，不一定適用。我們可以詢問那個我們稱之為「實物」者，如果處在另一情境，加上另一些條件，是否顯得像似只是一個表象而已呢？

下面我要採取現象學的立場來討論下去，我要問：當一個觀念或一個思想以深邃的身分向我呈顯——那是說，它具有當下流行、通用的觀念所缺乏的特色，而後者卻是我每天習用的觀念。我人必須陳述：「深邃的觀念」並非像少見（insolite）的觀念那樣向我呈顯，如果「少見」意味古怪（bizarre）的話。更精確地，我們或許可以說：「古怪」不足以規範「深邃」這個觀念。在精神的世界裡倒可說有一種古怪的東西，它能與一種心情的古怪作比較，像一簇暫時聚在一起的浮雲那樣。這種古怪感往往在許多偶然及不安定的因素組合中發生。有一些思想就是這樣產生

的：我想到某些弔詭，它們在我們接觸王爾德（Oscar Wilde）時就會浮現出來。我們還須注意，這種古怪特色具有欺騙性。這是怎麼一回事呢？很明顯的，這是出於一種透視的效果；關鍵就在於這個古怪的思想像在一片平原上隆起的一座小丘那樣出現，似乎要把我們領到別處去，或迫使我人走另一條路。這樣，經驗常如同一個在運作的試驗。不單不以業餘的方式去觀察此思想，反而主動地把它當作跳板重新出發，為了解它是否真的具有推動的能力。我也要細察它：在我接觸它時，它是否還會擴展與進步？或相反的，它只是曇花一現、貧乏、無創意的一個裝飾品而已？

從現在起，我們可以看到一個觀念以「深邃」的樣式呈現給我，就要看它是否有疏通、導向「彼界」（un au-delà）的功能。嚴格地說，「彼界」本質上是無法給與我人的，也無法加以推理，而只能被暗示，它不由邏輯推算出來，而是由預期而認定的。我思想中出現一個適合的比喻是「航道」（chenal）：航道不乏轉彎抹角、曲曲折折之處，但最後通往一個只能藉臆測而肯定其「有之」的康莊大道。這樣一想，沿路的風景叫我大為亢奮。我在想的是：當我們航近科楚拉（Corçula）海時，我們知道拉古薩（Raguse）已近在眼前了。[1]

由此，我會訊問：「深度」的經驗是否與一個朦朧地窺見什麼而有之承諾（promesse）相關。

這個分析我們應該繼續做下去。

只說一個讓我們體認有深度感的思想會給我們開出一個遠

1　編註：科楚拉與拉古薩都是克羅埃西亞的地名。拉古薩是古稱，今名杜布羅夫尼克（Dubrovnik）。

方（un lointain）的前景，是不夠的。我們還該訊問：這個「遠方」是什麼？這裡我們不應被純空間的圖象束縛住。我們還須加以強調和說明。歸根結蒂，「此界」與「彼界」之區分在此消失了。更確切地說，它們是顛倒過來了。這怎麼可能呢？這個「遠方」向我們顯出是內在某個範圍的東西，我把它稱為「**我們的懷鄉之情的核心**」（*nostalgiquement nôtre*）。我相信我們真的應當求援於「流放」（l'exil）的神話來思考這個處境。如果僅用空間的邏輯來看這個處境，它是一個講不通的矛盾。因此我們應當聚焦於一個感到無法與自己的「此地」（son lieu）配合之人的條件，或他經驗自己的場所的非必然性（contingent）——相對於一個真是他的位置的某個中心，但那個中心，在他現在堪能忍受的實際條件下來看，只能被想成一個「彼界」，如同一個被懷念的家鄉。

參考童年的經驗對我們有用，它們提供許多有情趣的想像。它們會把我拉入潛意識的暗域、神祕的園林等處。我曾用形上學的言語稱之為「絕對的**此地**」（un *ici* absolu），它同時是「**彼處**」（*là-bas*）。這類經驗自然可以讓精神分析學的詮釋來加以考核。然而，姑且把這個詮釋暫置一旁吧！因為我對它能有效協助我們了解「深度」的情緒極為懷疑。

或許有人要反詰說：我們的討論一直停留在「空間」的層次，這是說在「比喻」的層次。如果我們無法完全達到「去空間化」（déspatialiser），就無法澄清「深度」的情緒。但我注意到：就在我們倒反、翻轉「此處」與「彼處」的標準關係的多寡之時，我們在「這裡」已完成了同等比例的去空間化。我們會說：一個與「我的相對此處」（mon *ici* contingent）不重疊合之

「絕對此地」，確實存在於空間之中，雖然看起來不像在其中。
〔此外，我非常懷疑我們能把去空間化的過程推到極點。或許我
們應當回到柏格森從前建立的對立。我確切相信閔可夫斯基[2]引
入及加工的「**生命空間**」（*espace vécu*）這一觀念，在這裡有了
重要的進步，這是柏格森原來的思想中所沒有的，我覺得這是一
個大躍進。或許有人在柏格森的思想中發現一些可往這個方向發
展的蛛絲馬跡，但我覺得柏氏沒有充份地推演下去。〕[3]

　　另一個可以說是很有趣的研究，是探索為了解「深度」在
「時間的記錄」（le registre temporel）中是否有類同的弔詭。深
邃的觀念走得很遠：這是說它指出一條只能在時間中行進的路。
它像一個只能靠「持續」（la durée）才能作直觀式的潛入和加
以研究的東西。然而我們無法分析一個跡象——這是我一再強
調的事——一個深刻的思想就像我們對未來所作的投資。更有
甚者，在這裡有一個提前出現的「將來」，它絕不會像一個對我
們實際所有過的經驗完全不同那樣的被呼喚回來。我覺得「將
來」好像與最遙遠的「過去」奇妙地銜接在一起；我要說它是同
最深邃的過去互相銜接。在「過去」與「深度」之間確實有某種
親和性（affinité）。我們真的可以說，雖然這樣一個概念模糊不
清，「過去」與「將來」在「深度」的懷抱內融合在一個我稱之

2　編註：尤金·閔可夫斯基（Eugène Minkowski, 1885-1972），法國公認最具原
　　創性的現象學家和精神病學家，以探索「生命時間」（le temps vécu）的概念聞
　　名。他和雅斯培（Karl Jaspers）、賓斯旺格（Ludwig Binswanger）共同奠定精
　　神病學中的現象學進路，主張精神疾病是人類存在的變異模式，而精神科醫生應
　　當運用現象學直觀方法去認識患者的異常經驗結構。
3　原註：上述引號中的話，是馬賽爾在 1945 年重讀此段文字後為補充及澄清而附
　　加的。

為「現在」的地區，就像「絕對現在」和「相對現在」的關係一樣。而在此地區，「**現在**」與「**那時**」（le *alors*）混同起來，就像不久前我們講的「近」與「遠」之混同一樣，無疑地，這就是我們稱之為「永恆」者。從這個角度來看，雖然像似虛構的，並且難以用理性加以證成，我會嘗試說，尼采的「永恆回歸」（retour éternel）不單含有意義，並且多多少少給我們指出有關「深度」的音域（diapason）。

現在我們應當詢問的是：上述見解能被有關深度情緒的分析支持及補充嗎？

一般人都會想：一個情緒的深度就在於它的抵抗能力。這個能力是以表現在能夠抵抗邏輯上似乎使它必然消散之狀況的抵抗力來判斷的（如有關愛情的分離，或一個基督徒活在全無此信仰的地區）。但以上這二個例子，對於我們有關「深度」的理解方面，只能提供間接的及不很有力的說明。

首先，我人看到一個在趨向可稱為「有深度」的過程中，並不給當下的意識（conscience immédiate）一個深度的感覺，只是在事後加以反省時，才意識到其「實在有深度」，並把它看成好像不是自己的那樣（en tant qu'autre）。原則上，當我感受一個有深度的情緒，正因為我不拒絕它，或者我投入其中，我並不把它想成是一個有深度的東西，我並不予以評價，我甚至視它不足為奇。然而可能發生這樣的狀況：我應當自省「**此處與此時**」（*hic et nunc*）有關我所體認的情緒的深度（如果只因為：我為了做一個決定，先要有因深度情緒而得到「這決定做得對」的保證）。上述的反省在這裡與一個對我切身的未來有預測的能力聯繫在一起。其先決條件是我多多少少與我的「現在」保持距

離。這樣我們立即可以看到「深度」與「時間」有密切的關係。我們可用債務人的**面額**（*surface*）來做比較，即靠該人之信用（credit）額度來予以貸款。但問題並未因之而解決：至多我們能夠核算資料。但什麼是我們藉之而可考核信用的判準——假定此判準是有路可循，足以指認的——我非常懷疑。這個判準是一清二楚的嗎？一定不是。那麼我們要放棄討論判準的題旨嗎？我們不是要探討這個情緒的命名，而是要確定一個關係，更好說，一個在這個情緒和自我之間的私密的親和感（affinité secrète）嗎？但這種做法是否會叫我們陷入抽象的險境呢？正因為這個情緒是如此深邃，它就不讓自己與我們內在的自我解體，自我與此情緒已合而為一，不必用相同於「和諧」或「自然而然」（facilité）的意識來談它：我們只能在絕望及悲劇中找到自我。

我們走到這裡，多少窺見了所謂深邃的情緒的本質，是指完全的投入（engagement）。然而這個說法仍很模糊，曖昧不清。

大概而論，我們可以承認：如果一個深邃的情緒能突然冒現，它之浮出至少已具有過去階段的種種準備。但這基本上是一個先入之見；它至少告訴我們：這樣一個斷言有其「內心的深沉需求」（exigence）。許多人基本上假定：如果我們的情緒是深邃的，它必定是從一個遙遠的根子裡蹦跳出來的，即使我們承認有一個新陳代謝的作用，它還使這個根深柢固的情緒能以不同的樣態逐步展現出來。這個深邃的情緒在這裡被解釋成按照其原始傾向而運作，而它的真正特性不易決定。我覺得一切自然主義對「深度」的解釋都是如此這般的，他們要把「深度」泡沫化，說它根本不是一個價值，除非因由一個也很任性的規定；有人一反前說，認為原始的自我呈顯一個內在的價值，它與一切偶發因素

和隨著演化而有之重疊的限定（déterminations）相反。這樣的界定，我們可以稱之為有關初性的「**托名神祕學**」（或譯：「**偽神祕學**」，pseudo-mystique de *l'Ursprünglichkeit*）。但它似乎連一秒鐘站穩在反省前之可能也沒有。事實上，沒有理由設想人之本質在其伊始已被給予。而很可能在起初，人的本質，狹義地說，是無法識別的，而原初的限定是最不主要的一些，雖然或可把它們想成具有「種子價值」（valeur séminale）。〔如果種子不等同於深度，這或許因為它在自己面前有一個「未來」，它屬於「機會」的範疇，或是一個純粹的可能性。但這樣一個如此這般的可能性不能被分判為深的或淺的。深度屬於另一範疇。但我不是指它「一定存在」。更好說，它是在不存在的「彼界」，而可能性是在「此界」內。既然它處在存在之彼界，它就難以避免給人**激發**一種不真實的感覺。從深度的角度看，那些「只是存在而已」的東西，幾乎是不存在的。〕[4]

有人可能會問：如果你這套言論開向一種任何描述都無濟於事的東西，是否還能刻劃一個本質的形上學呢？他又問道：就算你講得對，但明顯的是，這個隱藏的本質（essence cachée）似乎播射出斷斷續續的微光，一點都不像傳統哲學背書的那種本質。我們只靠「抽象」之功（託「抽象」之福）才能接觸到它。此外，「接觸」一詞在此處用得並不適當，我會（並非毫無遲疑地）說：本質的照亮能力，遠高過於它能被照亮，更非被人描述。隱藏的本質是光源（foyer），正因為它是光源，所以它自現於意識，後者才能把自己看成是一個光源，並且從這個角度來

4　譯註：引號中的一段話是馬賽爾在 1945 年重讀時加上去的。

看，我們才能明顯地看到本質和價值是可以調和，甚至等同。但我們必須徹底地、刻意地拒絕把二者轉換成「可理解性的事物」（objets intelligibles），即所謂的「所知」（noèta）。一切此類的作為，都會否定及破壞它原本企圖建立的東西。

　　然而從這個觀點看，或許它能澄清一個在「深度」核心肯定「遠」、「近」同一的弔詭。「近」之本質在於：它流出一種能見度（clarté），不然，它對我而言什麼也不是。它又是無限的遙「遠」，在於我無法走近它，這是說若你要趨近它，它就會泡沫化。尤莉迪斯（Eurydice）的神話[5]在此大有啟發性。

5　編註：尤莉迪斯是希臘神話中詩人奧菲斯（法文 Orphée，英文 Orpheus）之妻，她意外身故，奧菲斯哀痛逾恆，親赴陰間向冥王求情；冥王黑帝斯（Hades）為其癡情感動，同意讓尤莉迪斯返回人間，惟要求奧菲斯抵達人間之前不能回頭看亡妻。就在抵達地面之時，奧菲斯忍不住回頭看尤莉迪斯是否跟上，轉瞬間尤莉迪斯消失在無盡的黑暗裡。

巴黎，1939 年四月二十四日

今天早晨我清楚地看到我稱之為「**我的生命**」（*ma vie*）者，意義非常模糊，我或把它看成片刻或事件的後續（suite），或某樣能被授與、放棄、丟失的東西。或許只在第二個意義下我們可以給不死的觀念一個涵義。

我的生命，首先呈現的好像是局限在二個日期中的東西，好像它只提供了一個年表。有時候它對我來說，顯得非常外在，如果我真的從外面看我的生命的話，譬如說，一想到我生命中有的事件太少而感到傷心。我把我生命中的事件看成一個個彼此連不起來的島嶼。如果我用同一看法去看我的未來的話，在未來的歲月中，我要遭遇的事件一定比我在過去歲月中所經歷過的為少。就在我退出我自己而從我外面看我自己時，我要說：後者就變成了一個沒有生氣的屍體。「我的生命」好像從這個「我所退出的」生命中退出去了。

如果現在我像收回自己的住宅那樣，收回「我的生命」的話，我發現：我又投「**入**」（engagé *dans*）、並且有一個展「**向**」（tendu *vers*）。投「**入**」什麼？又展「**向**」什麼呢？要回答這樣的問題，必須有一個先決條件，即我正在從事一個有創造性的工作，而這個工作對我來說，我是具有不可或缺的責任的。這個工作可以呈現為很多不同的形式。

但我們必須看到的是，這個工作最後可能以二種方式向下沉淪：

1. 日復一日機械化地幹活。
2. 對事件的興趣就像看連環圖畫或章回小說那樣：把世界看成一場電影。

這裡也好，那裡也好，當我們體認自己的生命一無用處、不真實或「不在」（absente）時，我們與失望之間只有一層「薄膜」之隔（par une cloison pelliculaire）。除非我們在感覺失望時還能深刻地捫心自問，才能使它轉化成一個重振（récupération）的方法。當我們體認到這個「不在」時，才多少能夠將它轉變成「在」。

然而重新整合（réintégrer）我的生命，就是說再次體會「充實飽滿」的感覺（plénitude）：消極地說，這是指我不再把它看成一連串我多少可以忽略的插曲。如果我現在要回憶這個或那個插曲的話，按它所能配合前述的「充實飽滿」的經驗程度，可以成為一個有「深邃及厚實」度（épaisseur）的價值。那是說，我不再把我的生命與另一個看來更幸運及更充實的生命作比較了。「充實飽滿」是無可比擬的。

然而這個充實飽滿感與獻身（consécration）的聯結不是洞若觀火嗎？一個生命之所以有創造力，不正是因為它是有奉獻的精神而有的嗎？另一方面，正因為有了獻身，我的生命才可能成為一個禮物。因為這個禮物——從另一個角度看可能顯得是矛盾和愚蠢的——只是在獻身的道路上向前邁進了一步。在某些極端

的情景中，拒絕付出我的生命不是維護它，而是毀損它。這就像犧牲是它的完成，「失去它」在此處反而是救援它的方法。

然而，我們在這裡應該預料到一個純粹批判性反省的反擊：我們固然看到充實飽和感在它完全投入它所事奉者的利益時，抵達了自己的高峰，但是否能說，（不以言語遊戲的方式講），它正好救得了它以為自己已失去的東西？那個充實飽和的高峰經驗（surélévation）會不會只是一個最終將與死亡同歸於盡的主觀感受？

「我為……犧牲我的生命」，對這樣一個斷言，我們應該予以嚴格的反省。這樣一種表達實在很不足夠。它試圖建立或似乎要假定在我及我的生命間有一個幾乎無法理解的關係，因為我的生命似乎與一個我要丟棄的「所有」（un avoir）同一。這裡我們有的是第二手的、偶發性的和走樣的（déformant）表象模式。在這個行動（acte）中，我的生命的確是主體：它藉犧牲自己而祝聖自己。我們還應當觀察的是——這很重要——就在於它被反省愈多，愈會改變其本色。絕對的犧牲極少意識到自己。更確切地說，意識自己會使人趨向採用一種會改變自己的文字來解釋。

此處與別處，真實的哲學反省應該再次發現那個在茁長中恐怕會遮蔽自身的行動。

我們還可以說，當我說我犧牲我的生命，並不是說我放棄它為了得到一些別的東西。它恰好與這個或那個東西相反。它是全部（tout），它自呈的是全部。這裡出現了一個矛盾（antinomie），就是在這全部之外必須還有某樣東西，一樣值得我不惜代價要去保衛的東西：不然的話，這個犧牲變成缺乏內容

的行為。這個「某樣東西」為我而言是絕對真實的。它的真實性是可以從我為了使它被保全而接受的犧牲幅度來衡量的。這個犧牲變成了一個我奉獻給那個獨立於我的實存（réalité）的見證。這是我作見證的方式。死亡在此處取了一個意義或確定了它的意義，它被視為絕對的，就因為它不能為了那個它無法取消之實存的利益而否定自己。在這個絕對犧牲的根源處，我們找到的不只是「我死」，而且是「你啊！你不會死」，或更確切地說：「我的死將增加的是你活下去的機運」。很肯定地，我們可以說，犧牲只在與一個可以受到威脅的實存有關係時才顯出其意義；那是說，對一個歷史性存在之物，也因此它可以說暴露在一個對一切存在者能施展其破壞作用的威力之下。

這裡，那個相反主觀主義的詰難再次要求我們細察一番。它要說：犧牲作證的只是主體自己把價值置放於某樣它本身可能不存在的東西。就像愛國情操並不證明祖國的實際存在那樣。

此處我們碰撞到一群不易解決的難題。因為無疑的，英雄行動趨向創造或在存有內肯定支持它的力量何在（可與教會歷史中的殉道者作一比較）。

巴黎，1939 年四月二十五日

這裡我們要喘息一下，要對一個硬性及不複雜的「客觀存在」之觀念作一反省。它完全不需要我們的介入，只要我們知道它就夠了。

更有趣的是，從某一角度，我們看到：絕對的犧牲不可能

顯得像一個欺騙的行為。我如何能不注意到：我所提及的實況
（réalité）之所以是這樣，只因為它與一個配合我生命的評估基
礎有關；當我去世時，它也要隨之消失嗎？結果是，潛伏在犧牲
的基礎之處的幻覺，表現在忘記這個隸屬性上，而把它看成是自
存的，實際上它之所以如此，完全因為與我有關。「**我的生命**」
在這裡可以看成一盞魔燈，它照亮一些已無色彩及裝飾的形象。
我們可以確定地說，如果我把自己看成是一個景象的製造者，宣
稱把我取消為使此景象續存的說法，是荒謬的。

　　從而犧牲能夠達成，只在於：依照意識「停止自認為照明中
心」的程度而定。

　　我謀求解決的問題是詢問：究竟能否把死亡看成絕對的現象
學表象，而可以與「不死」的超現象學立場並存？後者明顯地
包含了「恩寵」（Grâce）的肯定，那是說，肯定自己是被歡迎
的、被召喚的和被復活了的。之所以把那個立場弄得如此尖銳，
是因為死亡這一嚴肅的絕對（le sérieux absolu）顯得像是自獻事
業（Cause）的最高保證。為了維護這個嚴肅的絕對，我至少必
須承認：對於在我身上能夠在此澈底考驗後倖存之物，我一無所
知，甚至可能一切我所引以為榮，和不捨之物，都注定要失落，
永不回復。以現象學口吻宣稱死亡應被處理成一個絕對，即否認
我能看入超越死亡的彼界，及預期一個沒有明天（隧道之出口）
的空無。這是由於我的死亡不能被我看成是一個事件。它只能被
別人這樣看，看成「**他者**」之死，不是我之死。如果我相信死亡
可以預期，只有一個先決條件，即想像與另一個「把『我之死』
看成『**別人**之死』」的他者同一。

巴黎，1939 年四月二十六日

犧牲是估量的量器，這是說它帶給其所測量的事物以它的份量。

把我的生命看成是現象學的絕對，但它與我保持著一個本質上的曖昧關係。因為只有當它不再佔有我時，我才佔有它。在懷鄉、後悔、或貪婪時，我任由我的生命擺佈著。

另一方面，我們應該考察：一切考驗既使表面看來是我所忍受著的，譬如疾病，如何能夠轉變成一個犧牲？這是說，如果把它奉獻的話。這些思想還應挖深考量，不要滿足於某種有教益（édifiant）的及現成的解釋。

同樣的，我們要對在「絕對」這一概念（notion）之核心加以辯證思考的作法加以收斂。「概念」一詞在此處是不適合的。我的生命本質上給我顯得是一個絕對：它是徹底的自私（égoïsme）的基礎，是活生生的獨我主義。這是別人對我都有這種感受，而我自己卻沒有，或只把它看成與我實際經驗的苦樂相反的幻覺。

巴黎，1939 年四月三十日

重讀本月初（四月二十四日）的日記，我覺得還得要把「**我的生命**」這個比較曖昧的說辭增添一些說明。如果我從我的生命退出，為了思考它，我不能不把它看成注定最後要流失到死亡中的一條河川。從這個角度思考，一切為我顯得好像都已經丟失

了。這是一個令我頭暈的現象，有關它，我在 1937 年的國際哲學大會中曾提及。我發現面前有一樣讓自己被擺佈的東西，極似被重力吸引而下墜之物，或似一根被風吹著的羽毛。與此相反的是，所有的工作，不論它們是那一種，一切努力都朝著與上述相反的方向引進著。一切工作沿著一條斜坡上進，但都能半途而廢，這是說：我們可能會洗手不幹了。這裡是說，我們不知不覺地與柏格森的思想合夥了。我們不能不看到：只有由此一方向思考，「不死」的神妙概念（mystérieuse notion）才能**顯出其意義**。

里昂，1940 年十二月十日

　　如果我沒有搞錯的話，1939 年四月至今一年半多，我未留下片言隻語，那是因為法國參加了戰爭的緣故。[6] 從今天起，我恢復哲學書寫。在我的思想中，有關「時間」與「永恆」的問題，我思索了很久。現在，我要再一次詢問：「我」與「我之過去」，二者間有什麼關係。

　　首先要問的是「什麼是『我的過去』（mon passé）？」今日叫我吃驚的是：「我的過去」實際上不是我的一個「與件」（donée）。當我說出 mon passé 這二個字時，「我的過去」的一致性只能在我的思想中存在。「我的過去」給我的印象只是一些「破布片」（我不確定這個譬喻會被大眾接受）或某種特性，一個無法界定的跡象。關於此點我還應當仔細推敲一下。

　　說實話，當我說「我的過去」時，我對它並未多作反思，我假設……，我確實地假設了什麼？我的假設似乎只能藉著一種逐漸褪色到模糊不清的形象而結晶，譬如對一整束記憶或活過的經驗來說。我們暫時不討論記憶或活過的經驗，究竟真能集合成束與否的棘手問題。無論如何，當我說「我的過去」時，我暗示在

6　原註：有些讀者會很合理地對我有關 1939 年以來發生的事跡一字不提感到驚訝。對這些朋友我要說，最後五年中，我有另一本鉅細靡遺的日記，那裡我只寫每天發生的事。但我很懷疑那本日記值得公開與否。

我身上發生的一切構成了一個可以隨著活著的我而增添的整體。在我身上發生過許多事，將來還會有。但我可以確定，在我不知不覺之刻，我在引用我的存在之若干可能史跡。同我的過去有關的片段，必會進入這個歷史中，被看成是真實的與齊全的片段。從而我們可以詢問，一個對「我的過去」的嚴格的反省，是否應該假定一個事先的考察：何謂歷史？何謂敘述？以及為了建立歷史或敘述，應具備什麼條件？或許還應引入編年（Chronique）的概念，它像在時間中前仆後繼一系列排開的事件的記錄。我遭遇了某事，後來別的接著發生。此處就我們所可以回憶的，像佩皮斯的日記[7]那樣，一切事故都寧「濫」毋缺，一切都要攤開，擺放在同一個平面上。我們可以毫無疑問地說，每個生命，包括我的生命，不管我是怎樣的，都能變成一本類同的日記的資源。**「緊湊」**（*compact*）、**「濃密」**（*dense*）之語能把描述同類概念的的印象充份地表述出來。但我必須指出：重複記述生理或心理的生命事件（la vie organique ou organo-psychique）會叫人失望。**那是一種只是表面看來很豐富，實際上空虛得一無所有。**

　　（我明晰地指出：我刻意地批判柏格森有關一個「過去」完整無缺地呈現在「現在」的想法，我覺得這種想法絕不可取。）

　　我 們 現 在 要 進 入 一 個 我 不 斷 在 思 考 的「取 代」（remplacement）的概念中。通常，我才吃完的一頓飯，或我正要去吃的一頓飯，在我的思維中，會取代我昨天吃過的一頓飯或

7　編註：《佩皮斯日記》是十七世紀英國作家、政治家塞繆爾‧佩皮斯（Samuel Pepys, 1633-1703）從 1660 年到 1669 年的日記。日記中大至倫敦大火、瘟疫等重大事件，小至蛋糕配方，凡每日見聞事無鉅細都詳實紀錄，是十七世紀最豐富的生活文獻。因內容詳實有趣，為人視作最佳床邊讀物。

八天前吃過的一頓飯，或者可以更好的說，取代我十八年前吃過的一頓飯。（這頓飯是不同尋常的，譬如說，其中一頓對我來說是有「歷史」意義的，因為它有與眾不同的美餚，或害我生了病，或我與一個特殊的人一起用餐。）我要說的是：編年式的紀錄是相反自然的，因為它要儘可能地並列（juxtaposition）那個絕對不應並列的東西。我不應該在我眼前，即在我的意識範圍中，同時有這些飯局及對我大有攸關的事故。這一切除非被我**前前後後連續的**經歷了，才具有意義，而不至於因攤示它（étalé）而使它失去其本質特性。編年的特色卻恰好是多多少少為了攤開示眾（étalement）。

總之，以上這些都是為了說明：生命本質上是無法讓自己攤示的（我心中想到的「攤示」是攤開一塊**摺起來的**布或一張**摺著的紙**）。這可以使敘述者或歷史家對其勉為其難地作出之選擇加以辯護。由此我們也可以對厭倦（fastidieux）加以反省。藉著「摺疊」（plissement）生命擺脫厭煩，但無可否認的，這個「摺疊」的空間式比喻在某種意義上來說是不精確的。我們必須詢問：它到底是怎麼強置入我的腦海中的。它是與遠景（perspective）的某種效果相關的。摺疊是與周期性（périodicité）相連的，我覺得我們常會把它過度的抽象化。

里昂，1940 年十二月十一日

我要重拾昨天思索的主線，它極易失去或模糊起來。

我曾經想說，我的過去像一個「全部」（intégralité），只

有在根據一個把它假定為無遺漏的年代表時，我才能面對它。這個編年史，只有在將它編寫及把「連續」轉換成「同時」的情況下，我才能想像它。但如果有人要把在一個存在中實現的如此這般的「連續」**同時化**（*simultanéisée*）的話，就難以避免地要遺失它的特性和意義。

我們還能針對上面的思考這樣解釋說：生命內所包含的極大部分已經被消耗掉了。即使敘述者對敘述的事物肯定的是純理念的東西，那裡有一個不論怎樣得以倖存的餘生（survie）都無法配合的成分。

（這樣說來，有人會徹底拒絕一個姑且稱之為稀釋的「不死」概念，它原則上屬於一切生活過的部分：「不死」只有在它聚焦於幾個核心、在幾個具有穩定性及抗壓性的核心觀念上，才能被人思考，它與吸收和再吸收之流變及更迭的觀念恰好相反。）

這些思緒與把「過去」看成一個人人可來汲水的水庫的觀念背道而馳。後者是非常執著的。或許為了驅除此類邪見，必須懂得：除非在容器和所容物之間有差異的條件下，才有水庫之說的可能。而這個差異在此處顯得毫無意義。

然而，讓我們回到那個詰難吧：我是否應當思考在我身上發生過的，被我活過的某種「整體」（somme）之存在與否的問題。

我想，就在「整體」這個概念上，我應當予以反擊。「整體」之可能假定有許多已有的、並以能追加的方式保存著，而從昨天到今天，我的反省恰好在批判這種想法是不可思議的。消耗掉與發散掉的東面與保存的觀念正好相反。

　　這等於說：在一個生命中，在我的生命中，有一個基本的狀況，即它**無法化入整體**（non totalisable），或許這個「出狀況」（dissipation）恰好為構成一個存有提供了真正的條件。分析到底，「出狀況」與「無價值之物」（insignifiant）攸關。這個看來「不重要」的事故，我們除了以抽象及任性的原則之名拒絕收容它為自己的經驗之外，我們無法否定它的存在。承認這個「不重要的事物」存在，確是一個實際的解放，或許更好的是在這裡不用「存在」一詞，因為這個「不重要的東西」本質上會泡沫化。但由於我們能夠專注，我們可以遏止它消失，把它穩定下來而變成一個真正的價值。

　　雖然前面有些正面的思考，但我們難以避免地看到：如此估量「不重要的東西」，我們是否在冒把我們自己看成泡沫或正在消失的東西的危險。這裡真有如此的一個誘惑。我們可以採納赫拉克利圖主義（l'héraclitéisme）嗎？問題就在這裡。換一種話來說，不把「我的過去」看成一個「整體」（un tout），我能否由此推理它什麼也不是了。我想這個結論非常荒謬。當我說「我的過去」，是對準「某物」而說的。我的反省向我指出：這裡有一個使此「某物」錯誤的解釋和表象。

　　當我說「我的過去」時，我究竟要說什麼呢？這個問題非常不易被我明說。事實上，如果我回答，合理的說法是：它常涉及一個被「我的活著的現在」（mon présent vécu）制約的某種「觀點」（perspective），我會無法拒絕地設想這個觀點相對於一個「在己」（en-soi），它可以比照一個固體式的客體，而我除了從某一個角度與它略有接觸以外，幾乎對它一無所知。如今，在思考這個「在己」時，我是否又在以「整體」（totalité）

來重建「我的過去」之概念呢？說實話，我不確定。就拿夏特大教堂（Cathédrale de Chartres）而言，我絕對無法把它看成我對它有的許多印象，或它顯示的各個角度，或別人對它所能做的評估的總和（la somme）。它超越這一切，而要積極地說明超越之意義，則又難之尤難焉。

但讓我們靠近一些以察其差異，它頗有啟發性。對在讚賞該大教堂的筆者來說，這教堂是一存有，或如您所願，是一個世界，我們面對它時，**只在某些關係中**被我人視為一個思想具體化的表達。

我也可以從外面被人考慮，譬如說被一個研究我的作品的人，或一個要寫我傳記的人。更有進者，我能到某一個程度上把評析我者或為我寫傳記者的看法視為己出。但當我談及「我的過去」，就在這個節骨眼上，**我不把我自己置放在某處**，或更好的說，我是否在活我之過去及省視此過去之間，採取了一個中間的、但靠不住的位置？關於這一點，我還要加深思考。今晚我累了，我怕如果我勉為其難再寫下去，我會搞糊我的思緒的。

是的，我覺得當我談到「我的過去」時，我搖身一變，變成了一個回憶錄的作者，卻沒有剪斷把我聯繫到我回憶之事的臍帶。

我應當把這些思考配合下面的問題一起來看。這個問題是要知道：當我勉力追憶及描寫某某人在一個確定的時期，究竟發生了什麼？我是否意圖把這個**某某人**復活起來？面對這個某某人我是誰？我前面寫的一些想法能否有助於澄清？我現在還不甚清楚。

位於科雷茲省（Corrèze）利涅拉克（Ligneyrac）的 Peuch 城堡，馬賽爾和他的妻子賈克琳（Jacqueline）二戰期間在此生活

馬賽爾與妻子賈克琳在 Peuch 城堡露台上，約於 1942 年

馬賽爾在巴黎家中即興彈奏鋼琴，賈克琳速記抄錄成樂譜

里昂，1940 年十二月十二日

　　舉例來說，我結婚時「曾是」的那個人，我今日只能用某些因素加以重組。我無法在記憶中獲得自己的一致性。另一方面，我曾是的那個「我」，不是一個人物（personnage），他後來之所以能**變成**人物，在於他把他從自己解開，或我能把他看成是一個與他自己解開的存有。此外，我們不應懷疑這裡有一個視覺上的幻象。這個解開並非絕對的；要我能把那時之我看成**可特徵化**（caractérisable）的人物，這真的需有技巧才行呢。

　　有關以上的反省，我好像走入了一條死胡同。它們似乎無法把我領入新的發現或誘我進入更深的研究，至少對我此刻而言，是這樣的。

　　昨天晚上我記錄的觀察是蠻有趣的。回憶「我的過去」的整體，是採取一個混合的態度，我觀望我活過的一大段生活，但沒有決定要停止活它。我們可以說，這種態度雖然相對於一個傾向把我自己多少從我的生命拉回來（me retirer）的動作，似乎是矛盾的。有關這個退回來的行為（retrait），我還要再三思索。

　　我又覺得「從自己的生命退回來」這句話是有意義的，但其意義不易界定。我還要探索實存於自己的生命之內或之外的問題。即使這是一個不很適合的比喻？

蒙塔納（Montana），
1940 年十二月二十一日

　　我重讀我寫的札記，發現它們給我勾劃了一個有趣的思考啟點。然而我應當將這些從初級的反省中得到的問題予以分門別類。其中最重要的步驟之一是追問：何謂與「消失」（dissiper）相反之「保存」（retenir）和「讓它失去」（laisser se perdre）的意義。我們不要受騙於心理學的流行名詞，如潛意識的或無意識的專注，也不要傾向於神話式的解釋。

　　當我靜思我童年的一些片段，譬如回到富瓦將軍路（rue du Général-Foy），在黃昏前（我大約還不到三歲），我會想那時一方面產生了一個最早的圖像（出乎意料的與否：我們必須先詢問一下此處何謂「出乎意料的」〔fortuite〕）；然後，另一方面接踵而來的是老套的印象（clichage）。在第二種情況中，「保存」（retenir）一辭含有「予以固定」（fixer）之義。如果同一個字可以適用到第一種情況的話，它是否有同樣的意義？很可能其答案是否定的。這對我來說是頗重要的。

　　我們能否以假設的方式及不深入地接納此說：某些經驗有倖存的能力，或更確切地說，把自己強加於意識，而後者為回應此類情形一再發生，逐漸把它們固定下來，而有所謂「圖式化」（schématisation）的效應（*Das fixierte Erlebnis wird leblos*：**固定的經驗變得毫無生命氣息**）？更可追問的是：我們應否使這個倖存之物被人理解，甚或我們可問：到什麼程度上我們應該如此做？（如果，譬如說，我們對可理解性的要求是否在此處含有意圖——把一個只在某領域有意義的東西任性地轉延到另一個領

域。）我們可以，譬如說，想像每一個**經驗**不均勻地被「**停泊**」在（amarré à）我們不確當地稱為「瞬間」（l'instant）之處，就在那裡，這個經驗按其時空坐標及其「此處此刻」（hic et nunc）之情況而發生了。我前面指稱的「倖存」之物，實際上只是屬於我們談及的某經驗的飄浮和鬆弛的性質（qualité flottante, relâchée）而已。

我們應當考察這種可能性。它真有什麼意義嗎？我們能否認為這種「停泊」能允許有不同的等級？這個音階（gamme）能和什麼東西符合呢？

總而言之，完美地「停泊」的經驗（我暫時假定此字有意義）是那個絕對無法倖存的經驗。

此處略作反省就可發現一個矛盾。我無法不根據一個不變的因素或如此看待的東西而說「停泊」。但在我們討論的個案中，誰扮演著「不變者」之角色呢？

（用另一言語講，我們可以提問說，何謂「此時此地」呢？那種說法能含有對一個地方有聯繫或缺乏聯繫嗎？）

如果這類反省不給問題帶來任何解答，我們似乎必須放棄這類的嘗試。[8] 矛盾在於當一個經驗無法倖存或重新活到一個新的脈絡裡去時，它顯得不能被思考成與一個固定的因素聯繫在一起的。

還有，有關「固定」（fixité）的觀念，我們必須還加以反省。（這個從純物質世界借來的比喻，是否適合使用於非物質世

8　原註：我不經心的注意到我的研究方法似乎由一種探究與反省的交替中組成。這個方法用原初的探究分析及批判所得的與件。

界的東西呢？）

　　此刻我想這個思索是否可以聯上我最近在有關「**發生在**」
（*l'arriver à*）這一主題的反省。我覺得有些事情（此詞之義頗
含糊，但避免不了）我無法按字義地說發生在我身上。這是指
那些不會倖存或我絕對無法將之述說的事情。（不能說成是一
個事件的死亡可以歸入此類，我對它只能用否定的方式予以界
定。）[9]

　　我非常清楚地看到在我上述一連串的話語和我在里昂作的反
省間有密切的聯繫。「我的過去」無法被我看待為一個集合體，
除非我把它看成許多僵化的、固定的及被貼上標籤的元素的集合
體。我去南斯拉夫的旅行，就在於我敘述它，既使對我自己而
言，還原成一堆可以量計的成分。但同時我清楚意識到：「我
的過去」並不被這一堆成分耗盡、殆竭。這些成分為我顯得——
如果我反省得好——就像局部的、碎片般的結晶，我也會把它
想成是被一種液體凝固之後圍繞及浸透的東西；但這些流動的
成分要泡沫化，或當我敘述這次旅行，尤其在我重複敘述時，
它們逐漸變得面目模糊起來（請參閱我的劇本《破碎的世界》
〔*Le Monde Cassé*〕中亨利的話）。[10] 相關地，我們發現這些成

9　原註：此處我們討論的是我的死亡，而不是別人的死亡。後者理所當然的顯得像
　　一個事件。（1958 年補充的思想。）

10　原註：「我要告訴你，這個記敘我已同你講了十一次。它把我的記憶完全耗
　　盡了，但我忘掉我所看到的一切。」（編按：《破碎的世界》中譯可見呂格爾
　　〔Paul Ricœur〕著，陸達誠譯，《呂格爾六訪馬賽爾》，台北：台灣基督教文
　　藝出版社，2015，附錄部分。另參〈馬賽爾的劇本《破碎的世界》——一個存
　　在性的詮釋〉，收錄於《存有的光環：馬賽爾思想研究》，台北：心靈工坊，
　　2020。）

分愈來愈非人性化；我敘述的角色可由一個第三者取代。從而第一人稱的話語變成了出自第三者口中的話語。「加百列[11]上船往蘇撒克（Sussak），某日動身，乘坐某船。他先在拉拔（Rab）著陸等等。」對我來說，我親身活過的過去就在我以這個方式敘述時，完全失去了個人的性格（可想像一條開始時是我獨自走的路，慢慢地變成一條眾人可走的路，一條眾人可隨行的路。）在把「我的過去」社會化的時刻，我對我自己而言變成了一個陌生人，我被磨損得平庸無奇，我退到了幕後。可是只要一個「偶然」（hasard），一口生氣，就能使我重活這個過去像「我的過去」一樣，而媒介卻是那個歪曲過它的敘述，好像我再度把它緊緊抱住了，那是在前面我提到時曾否定過的東西。

如果我回到去南斯拉夫旅行的例子，我必須說，在我列舉的往事浮沉其中的流動因素，可以親密地（intimement）稱為是「**我們的**」（*nôtre*）的經驗，此指我的夫人與我。此點我還得加深反省。然而我的思想馬上超越了面前這個特殊的例子，而詢問有關「我們的」這個意識是否——客觀地說——即使只有我單獨一人時也會發生。這是可能的，如果我徹底的及經常的為自己成為一個「你」，我在我的內心建立一個決不讓自己還原到膚淺的主體性的團體。

我感到只有藉著這個在我內的一個「你」的臨在，我才能說明親密與隱秘的性質。它影響了我的過去。（我自然還要加一些想法：在這個幾乎無法掌控、無法客觀化的「你」和所有的曾是我的「親愛的你」的人之間，有一種緊密的聯繫。可惜的是法文

11　編註：加百列（Gabriel）是馬賽爾的名字。

為表達如此重要的真理缺乏適當的詞彙，使我不得下用「**親愛的**」三個字。）

從這裡我們應當回到今天午後我提出的問題，那是有關一個似乎讓我經驗中不漂浮的與件得以不可摧毀地停泊其上的固定因素，那些無法進入一個集體的成分。

我還這樣寫過，我較早談過倖存。這種說法會否在這裡顛倒了整個討論？從有一個固著的情況（fixation）開始，就沒有也不能有倖存（survie），只有「壞死」（mortification），像一塊皮膚之壞死那樣。在這裡「醃」（conservé）的說法或可適用，就像把蔬菜醃了保存起來那樣。就我們藉著記憶知道某個生命，某個真正的倖存，我們應該似是而非地說，我只記得我不記得的東面。從這裡我們可以通到普魯斯特（Proust）的思路裡去。這個真正的倖存只能以一種閃爍的、消逝式的方式被我人察覺，並且它必在一切將它「製成刻版」的東西（clichage）之前。

蒙塔納，1940 年十二月二十三日

我對前天所寫的篇幅非常不滿意。都未切中要旨。我寫的有關在「我」內之「你」，令人無法卒讀。我應努力澄清我模糊地看到的東西。

我想那裡有一個從我的童年起就有的一種經驗的抽象表達，那是我與我自己的對話。它可能與哲學家間主體與客體間的關係全然不同。相反的，它直接傳播我在〈隸屬與可全在性〉（Appartenance et Disponibilité）一文中所表達的思想。我們可

以探索一個集體的「我」之概念嗎？那是說一個團體中的我，從之而有的經驗與件在無法估計的許多「成分」（此詞不適當）之中，結果這些與件很不均勻地可以被人格化嗎？

首先有人會問我如何可以談及一個其成分無法估計的團體。實因此團體無法以眾多並列的單位的模樣置於我前面。把它設想為一個眾多的東西，就把它變成一個在我之外的東西，這就把在它與我之間的親密關係破裂掉了。而此刻我的要務即為說明這個親密關係。就在於它不能有眾多的問題，就在於它不能有成分的問題。

按其無「多樣性」討論的程度，「要素」被思考的可能性亦同樣程度地受限制。我承認我在玩有矛盾的遊戲，因為我說過「分佈**在**」（distribution *entre*）。這種說法的確在假定有可計算的成分，或可標示的區塊。

以上的思維似乎在把我驅向採納一個不適合的比喻來解釋一個我只能「**意向**」（*viser*）的實況；然後我或轉向它或迴避它，為了識破它的不適性。這裡我還在霧裡看花。我們回到「**從……**」（*a partir de*）。那麼似乎是「從」某些已被接觸到或已擁有之物，而不是「從」只被我意向之物（*visé*）。

此刻叫我吃驚的是：我辛苦地試圖澄清的理念，卻非常配合一個拉丁字 *conscius*（**同覺**），從其詞源來看的話。與別人相聯、相契的意識是出於我的本質。

蒙塔納，1940 年聖誕節

今天早晨，我的思想一直繞著「紀念」（commémoration）的行動在運轉。我們應當思考一下「紀念」一詞表達的內涵是否有夠模糊。相當肯定地，我們可以說它不只涉及一個主觀的回憶，而且是一個再造（re-création），一個復興（renouvellement）。為宗教節日來說，這是毫無疑問的；為民間節日而言，它們只用在與宗教節日類比的情況下而得以有如此稱呼。讀者會再次發覺並證實我在前二、三天寫過的關於「週期性」的看法。阿蘭[12] 看到了這點，但可能看得並不徹底。人的條件是無法思考的，除非能週期性地在自己內或在自己外循環地復現（recurrence）。但同時通過這個復現，有不可逆的事物（l'irreversible）發生。我們應當把聯繫起復現與不可逆者之關係加以說明。這裡究竟有一個單純的對立嗎？我不相信有。這裡出現一個為思考不死者而言是的重要問題。週期性針對著一樣超越它的東西，為我們顯得不再是絕對的；可是或許這裡有一個為使受造物領會自己是一個受造物所必需的表象？關於這點，我並不十分清楚，但我感覺此處有路可循。

12　編註：阿蘭（Alain, 1868-1951），法國哲學家、教育家。原名埃米爾・沙爾捷（Émile Chartier），以筆名阿蘭聞名於世，擔任高中哲學教師四十年，作育英才無算。

蒙塔納，1940 年十二月三十一日

星期五我意外地接到蒙佩里耶（Montpellier）中學教職的聘書，這個消息要使我的理性癱瘓，還要多久呢？

昨天我的腦海中出現了一個念頭：尼采也好、馬勒侯[13]也好，他們相信人一旦從上帝解放出來，就會急速成長，有更廣闊的空間。一切事物在告訴我：事實不是這樣。關於現世生命和彼界的關係我也有同樣看法。相信當人死後在墳墓另一邊，現世生命還會擴大，是痴心幻想。人及生命在彼界不但不會擴張，還可憐地要卷縮。我們必須追問為什麼。說到底，我們應當再次採用尼采的話，他說：「人是一種必須被超越的存有。」但問題在於：把他在《查拉圖斯特拉》（Zarathoustra）中的一句斷言以粗糙的時間意義加以詮釋時，就曲解了它，最後也取消了它。在更適當的時刻我還要繼續討論這個看法。[14]

13　編註：安德列・馬勒侯（André Malraux, 1901-1976），法國當代著名作家、藝評家、社會活動者、政治家。曾擔任法國總統府國務部長兼任文化部長。

14　原註：這些話在今日看來是完全有爭議性的。我們可以問對尼采而言，超人之光臨是否恰好相反地應用非時間的方式來思考。（1956 年加上的小註）

里昂，1941 年一月二日，傍晚

我計劃要去蒙佩里耶教授一個從心理學、倫理學和形上學的角度探討「善與惡」的課程。

蒙佩里耶（Montpellier），
1941 年一月二十二日

我不和道我能寫下什麼想法。上課使我精疲力竭，更好說，像吸血鬼那樣把我吸吮得乾乾淨淨。

蒙佩里耶，1941 年二月二十五日

我願探索「判斷的權利」（le droit de juger）的問題。我之所以有此需求，是緣自於我對上課時所發生的一場「輕蔑現象」（mépris）而作的反省。

首先，我假定「判斷的權利」一詞之意義是毫不混淆的。要判斷一個我對其上下文和條件一無所知的行動，別人和我自己都會否定我有此權利。還有，我支持一項原則，即我不能把我放到

彼得（Pierre）的方位，而被要求對他作一個判斷。根據法律，我無法如此做。反之，如果我真有可能（？）立足於彼得的方位，我似乎可以判斷他，判斷他的行為。這個可能性究竟是什麼？這個判斷究竟指的是什麼？

這個可能性基於我對彼得擁有的情報成分及對他身處其中的情境的了解。我同意：如果我在這些成分之加持下出發，我可以在理念上把他取而代之（將心比心、感同身受）；若然，某種實驗有了出發的基礎。現在我們要來界定此實驗的本質。那就是我理念上取消在我內有關彼得的行為的外在性（extériorité）。它為我排除對他行為之譴責的可能性。（讓我強調一下，它的確是有關譴責，而不是贊同）。我承認這個外在性——類比於我們比較二個表象——是真實地被取消掉了。

假設現在我承認：如果我處於彼得的方位的話（易地而處），我會有與彼得同樣的反應（設身處地的換位思考的同理心）。由此，我會做出結論，說我沒有譴責他的權利。但如果相反的，我確定（？）如果我處於他的狀況之下，我會有不同的做法，我十分可能「自以為是」的自忖我有判斷他的權利。

我這樣運思推理究竟有什麼價值嗎？（我注意到我們恰好不懂什麼是「判斷別人的權利」，這個權利有時我擅用之，有時我拒用之。）

最簡單的反省都向我指出它一無價值。

1. 在他的方位上，我也會像他同樣地做：或許因為我在自己身上看到與在他者身上同樣的弱點。本來我被帶往一個簡單的考察（一個對可能性事物的考察，雖然看來非常突

兀）。我會有同樣的動作，但我知道或許我做錯了。換言之，我對自己（一如對那個他者，我在觀念上與他是混而為一的）保留判斷的自由。把自己放到與彼得同樣的處境，我可以確定我會同他一樣地做，在我眼中並不構成一個合格的理由來免除我如此做而應受到的處分（其情可憫，但其心當誅）。

2. 在他的方位上，我不會同他一樣地做。略為思索就可看出：這樣的肯定是有風險（hasardeux）的。「在他的方位上」指的是什麼？是否我在不適當地把一些條件——這些條件只有在把一個處身其中的存有加以抽象才能分離的——客觀化了？我假定或承認「留在自己的原地」，我將仍為我自己像我所認識的自己那樣；但問題不是就在於此嗎？把我放到他的位置上，是否應當進入他整個的過去，與他的生命曲線重疊？但如果我真能做到這樣，我還是我嗎？

　　結論是什麼？簡單地說，我要知道的是：在思想中我取代另一人（將心比心），為了解身處其境時，我會有與他同樣的作為與否（「易地而處」之後是否能「感同身受」），會影響我對此行動的判斷嗎？因為這種經驗分析到底顯得是行不通的；也因為我本質上是一個有思想的存有，故能對我的行動採取一個純粹客觀的態度。

　　然而在我內心深處，我對我給我的理性判斷一個行動的合格與否的能力頗感懷疑，不論這個行動是出於我或出於另一人，而不在乎到底它真是我的行動與否，尤其在我的判斷與行動間產生

不協調的時候。我不贊成我的理性對我的真實行為採用不予考慮的簡便作為。我反對的意義值得再加思索。我可否大體上用下面的方式來解釋它嗎？我的理性，幾乎就是我自己；它不是最高法院，但不知為何及如何，它竟然坐在我的座位上或在有需要時以「我」之名予以判決，雖然這個判決在我的所做和所是上完全沒有任何改變。

蒙佩里耶，1941 年二月二十七日

　　或許這些討論可以藉一個頗接近的例子「**抱怨的權利**」來加以澄清。我租給人一個房屋，租戶向我申訴說：屋頂太破舊了，下次颱起狂風暴雨時，必會釀成大禍。果真如此，房間積滿了水，我置放的傢俱將全部毀壞，……。你會向我說，我無權抱怨我的損失，因為我被租戶告知過。是我決定要去碰這個危險。但屋主不應當忍受任何責備。（或許在他聽到警告時可以修補他的屋頂，可是他沒有這樣做，這是他的錯，然而我已同意了不回到這個可能的疏忽的話題上去。）我的抱怨在此處會是完成一個決定的行為。隨之而來的可能是租戶會為其損失提出訴訟。就是這個行動讓我提前放棄要進行的「抱怨」的權利。相反地，我保留「判斷」的權利——此語有確定的意義嗎？——去嚴格地判斷屋主（我）顯出的疏忽，或許也有我自己（屋主靠良知正在反省）的不細心。但是這個判斷本質上是柏拉圖式的，它不影響真實世界，它留在純粹的理念層次。以某種的意義來說，它就像它不是那樣。我無法想像有人要取締我做這個反省的權利（？）。但此

處「反省」一詞帶來了一些照明。沒有一樣東西，沒有一個人在這個世界上能夠剝奪我做反省的權利，正因為這個權利是絕對的，並且是不受時效約束的，這或許根本不是一個權利。實際上，權利的本質是能被體認及從外面加以保護的。此處沒有相似的東西。……一切在我身上之物，在我的不可侵犯的場域內，這並非指人家不能把我置入一個無法反省的情境中。

1958 年十二月加寫的註

我頗擔心對上面寫的保留想法並未足夠衡量，那是在 1941 年寫的。不幸的是，我們看得愈來愈清楚：人有實際的能力來廢除良知（le for intérieiur）。然而上面提到的區分仍有一些價值，但其價值不是絕對的。

「判斷」的悲劇在於：它一方面包涵著一個**牽強**（*protension*）的想法：「如果我真的判斷，這不再是我在判斷。」但另一方面，由於判斷是一個作為（act），它牽涉到我，所以我必須對它負責任。

　　我們在下文要討論的問題是縈繞在我心中很久的問題。在討論前我先澄清一下有關的術語應是頗有益的。現象學家，如海德格、沙特，名詩人里爾克（Rainer Maria Rilke）關心的焦點在了解主體與其個人死亡間的密切關係。海德格尤為特殊，他把在《馬爾特手記》（*Cahiers de Malte Laurids Brigge*）[15] 中出色地討論的主題轉延到哲學的層面，他相信可以把人的條件用一個常數（invariant）來界定，他稱之為「向死存有」（l'être-pour-la-mort）；那是指人的命運多少可說是與我們每一個人的死亡密切聯結的。沙特在其《有與無》（*l'Etre et le Néant*）一書中對此觀點做了中肯的批判。但這二位哲學家似乎都未嚴謹地關切、探索「親人之死」（la mort de l'être aimé）能夠如何形上地殃及被此死蹂躪的未亡人（也就是「不勝其慟」的「傷逝」）。我們可以深入地探討這二位思想家：雖然他們依附著他們對現實主義的信仰，但是否足夠地聚焦在聯結愛者與被愛者間之關係的本質？以及是否他們還是拘束在具破壞性的唯心主義的囚牢裡？雖然理論上他們已是解脫了的。

　　我們現在要圍繞著「親人之死」及其連帶的種種問題來運作

15　編註：《馬爾特手記》是里爾克的筆記體小說，全書無貫穿始終的情節，由七十一篇看似各自獨立的片段式隨想拼綴而成，卻以共同主題——愛、孤獨、恐懼、疾病、死亡、上帝、創造……反映了作者對種種精神問題的終生關懷與反思。

下面的反省。

Le Peuch，1942 年五月十九日

在過去一段日子裡，更確切地說，我一直盤旋在一些難以捉摸的概念裡；而我渴望把它們講清楚、說明白。我想只有在我實現這個願望時，我才算完成了我在世的使命。

倖存（survivre à）……。在什麼意義下我能說我對「某一位」來說是一個倖存者呢？如此這般的斷言要對我會顯得有意義的話，必須借用一個行旅（parcours）的比喻。這「某一位」與我同行直到某個時刻，那是說，直到某個地點。以後我要孑然一身，踽踽獨行了。上述的「某一位」到了某個地點之後就不再與我同行了。「倖存」指在行旅中我接著走的路途超過了與我同行過的那一位。對我過去的一生，我用肉眼回顧一下的話，這條在我面前展開的我已走過的路，我可以計算，一個又一個的同行者安靜地躺著，他們先我而去了，而我是倖存者，我越過了他們。將來有一天我自己也會追隨他們而停止我的行旅。

然而我應該把我的思緒停留在這個「不動」（immobilisation）的現象上。說這些亡者至少從前，或許同現在的我一樣是活的，而他們如今在這些地方動彈不得，這種說法是不正確的。事實上，是我以出於想像而無法壓制的措施把他們固定下來，尤其是對我而言關係最親密的人。這就是為什麼那些人對我的最後一次注視，和最後一次同我的談話給我留下的印象特別深刻。他們對我最後一次的注視和談話同以前的注視與談話

不同。它們會向我呈現具有宣佈「要結束了」的真正能力，它們會在我的思想上賦予一層關於某物的封閉的黑幕。我撞著它們就像我撞了一扇掩著的門一樣。儘管如此，我重覆一次，在反省中我看到：就在這裡有一個出自這個反省內具有的想像力的效果，也許是一種高級的想像力，要協助我從我自己中解放出來。

基本上，我從一個幾乎無法陳述的假定（postulat）出發。這個假定是這樣的：我的朋友就像我看到他時那樣躺在醫院的床上，在那裡我竊聞到加重他垂死痛苦的低語，就像我能回答下列問題似的：你把你的伴侶留在哪裡了？當他放棄這個行旅時他在哪裡？我可能會回答說：他在小樹林的一角，他那麼累，應當還留在那邊。

我要問的問題是：要知道是否一個生命——我朋友的或我的——真的可以相似於一次行旅嗎？

如果我思考我的朋友像一個在空間佔有一個位置的物體（corps），談相似性（assimilation）還有意義；那是說，這個物體的位置有移動時，它被移動到這裡或那裡，然而它要接受極多的內在的改變。我的身體也是這樣，我們每人要完成一個狹義的空間行旅，這是真的。我最後一次看到他是在醫院的病房裡，這也是真的。我能說這以後在墳地的那個物體不再是他了嗎？我能說我的旅伴在此處倒了下去，而我能常在此處看到他嗎？在這樣的思考中，我清楚地指出：我不可能把我的旅伴與此身體想成是同樣的東西。我之所以如此想，是因為當生命從我的旅伴退出時，它對我來說只像是一個裡面空無一物的信封而已。〔此類敘述會帶來某種不便，似乎有二元主義的口吻，為描寫人的實際經驗來說有所不足。我們應該扣緊的是我的伴侶的歷史——更精確

地說，他的可見的歷史——在其物體發展的這一面來說是終止了，因為它只針對有物體性格的東西來加以言說。〕

就像我前面說的，我愈愛某一個人，我對他／她愈無法擺脫那種對他／她最後印象的思慮。更好說，見他最後一面或那個見面的場所引發的魅力（fascination）本身是一種深愛的顯象，它的特色我以後還要加以細說。

但同時——此處有一個弔詭，我要集中我的思想來談論它——多少可以衡量我的友誼及我的親密因素的是一個有深度的過去，它有足夠的能力取締這些最後的記憶。因為如果我本著善意而又沉著的話，我要在這些資料中找到一個取消的，而不是一個臨在的見證。從而那個讓我的痛苦黏著的記憶，就像它留住了一個亡者最寶貴的片段，對於這個弔詭我不能不承認：在這裡他完全無法被體認出來，他變成了一個他自己的陌生人。

還有，當我用自我催眠的方法去看走過的路程（parcours）或中斷的行程，我會把「他者」看成就在我已經達到的某個目的地的這一邊，或我自己仍存著希望和野心要達到我要去的地方。但是這樣想，是我不適當地給「他者」的生命定一個可能是我自己的標準——我仍不確定——，但這個生命肯定地是不允許的。如何證明呢？看來無法否定的是：我愈看清自己時，我愈存在，我愈是我（我愈意識到我的存在），而我愈少地會看自己是在往**某處行進**（*en route vers*）。[16]「走一段路程」只是一個借用的表象，為說明生命中最主要和最徹底活過的部分，它並不感到需要，或許也不體認在自己面前將它再次表象的可能。

16　原註：這個斷言還須委婉解釋。

Le Peuch，1942 年五月二十日

反省對「他者」的最後印象給我的魅力時，我理會了它確實來自「**還在**」（l'*encore*）和「**已不再**」（le *ne plus*）二種因素的混合到不分的地步：他還在那裡，然而他已不在了，就像相反這個存有的臨在，我把要成為他的「不在」（absence）倒翻過來。我要知道是否幽靈（fantôme）的本質存在於這個不在的身體內，後者的「在」已僅為一個表象而已。幽靈有的不變性是：它不能再變，就因為它是一個純不在之純型式（pur aspect d'une absence pure）。

然而，我要小心述說：幽靈不是別的，只是這個最後的圖像（image）。我相信我能分辨的是：我的經驗至少給我提供了一個副本，或許是其源頭呢！這裡出現了一個不易回答的問題：要了解為何一個幽靈能使許多意識感應它，而不是只針對一個。我們是否應當承認：這是從主觀的角度來考量這個最後的知見（vision），對一切看到它的人（指倖存者所看到的），而不只對它之所以呈顯自己者（指臨終時的人所看到的），具有一種強迫性的固定能力。這個說法頗為模糊；我無法清楚地陳述二種圖像間的區別，其一是被一個要去世的人看到的圖像，其二是它自己給予那些要在他去世後倖存之人看到的圖像。

Le Peuch，1942 年五月三十一日

我才念了上面的記錄，我覺得似乎有一種初生的思想在悸動

著。可以確定的是：我沒有寫出比經驗更沉重的東西。

我常要回到「路程」這個比喻。也就是在這個觀點下，「失去」（perdre）一詞才具有它的意義。我們本來在一起，我失去了他。（就像我們在人群中丟失一個小孩）。他走失了⋯⋯。

Le Peuch，1942 年六月一日

走失了？⋯⋯但是怎麼走失的？在何處？同什麼？這裡確實有些模稜兩可。事實上，我傾向於稱之為存有的形體成分（éléments physiques）的散佈。

> 他們都化入濃厚的空無裡；
> 紅色土壤飲盡白色品種。[17]

但我強烈地感到在那裡有一個誘惑：這些成分沒有從那位先我而去而我為之悲傷的存有保存什麼。叔本華稱之為 *excreta*（排泄物）。從某種意義來看，他沒有錯。如果我們相信肉身之復活，我們應當超越這種想法。但在這個分析階段，此信念不宜干預我們的思考。

我想我們對「此存有」（cet être）、「這個你」（ce toi）及「我自己」間之關係應予以更多關注。這是一個武裝自己攻克

17　編註：保羅・梵樂希（Paul Valéry, 1871-1945）長詩〈海濱墓園〉（Le cimetière marin）中的句子。譯文引自莫渝，《香水與香頌：法國詩歌欣賞》，台北：書林，1997。

「客體化」（objectiver）誘惑的工具，問及何物變成了「這樣東西」。（因為只在這樣的問題及只針對它時，才有如此答覆：它已分解了，它已熔化掉了。）那位現在留在我的思想裡，留在我的心裡，留在我內心的視域（vision）中的存有，絕不會熔化。在事物的圖像之可變性，與該存有從內根植於其神妙的恆常性二者之間，實有天壤之別。我很驚奇如何人們會輕易地解決或相信可以解決這個矛盾，他們又如何可以執持此解答而把它所從出之假設予以強化。前幾天我給 P. H. 寫信，有關於他太太逝世週年的事，我說：「我愈來愈清楚地看到『失去』（perdu）這個字毫無意義。」那是關及我對持續地臨在的經驗的思考。但有另一個危險，我多次提到過，是催眠的危險，對一個圖像執著和被它套牢的危險。今天早晨我領會到：我與「他者」的關係應當超克這個執著；因為究竟它涉及的是「**這個關係的生命**」。我也看到「關係」一字用在這裡或許並不恰當，因為我用「關係」來講以前以不同方式活過的、來講交流、來講活生生的溝通。留下來要問的是：我們是否可以用一種方式，在這個交流之外，碰觸到他者的「**在己**」（l'en soi）呢？

但我在表明我記得一個關係的生命時，我完全排斥有關記憶的唯物傾向的表象。在我們每一個人心裡，有一個幾乎無法克服的傾向——把對「他者」的記憶同化成一些安放在我的照相薄內的照片，我可三不五時地翻閱一番。「我想及」（Je pense à）可指：我用手拿起其中一張照片，從這個角度看，與某人有過一個活生生的關係的觀念，完全失去其意義。五月十九日我寫下的反省，讓大家看到對於去世的人我能採取許多非常不同的態度，我甚至能對他發生內心的互通（agir intérieur）。我要提倡的一

種研究方法是：要去問我們能否讓這種互通達到「與……交流（communiquer avec）」，或更確切地說，要問的是：在什麼條件下，這個轉伸（passage）可以被理解。這些研究能有意義並成為可能，只有一個必要條件：那是要知道「他者」在這裡絕無可能還原成一個圖像，一個我可以佔而有之、我可以隨意處理的塑像（effigie），而在我手中變成一個完全被動的東西。如果實情真是如此，那麼交流（communication）的觀念在此處應當被合理地視為毫無意義的講法。這裡我要打開一個括弧：我覺得毫無爭議的是，某些通靈人士能藉某張已往生者的照片或畫像之媒介與他交流。他們中有些人甚至具有無法解釋的能力，宣稱只要這張照片或畫像一出現，他就能知道照片或畫像中的人物是否還活著或已作古。這個令人困惑及怪異的事故叫飽學之士和哲學大師本能地棄之不顧（se détourner），因為它會擊破他們所有的經驗及理性知識的範疇。而我卻認為這種棄之不顧（refus）的做法構成一種哲學罪孽。相反的，我們卻應該詢問：在什麼條件下這種意識會產生，這是大有攸關的事。我們應當承認，那個事故雖然很弔詭，此指那幅人像或照片及其他的東西居然可以被視為不只是一個分開的客體，並且還能是由它表象的某人有密合的關係，就像完全參與他的生命一樣。通靈者的特權是在於把握由這個圖像顯現的非客體的存有。後者不是以一個無生氣的物件、而是以一個主動的活力中心（foyer actif）的方式與他來往。

　　我毫無疑惑地知道我的思考極具危險的成分，並把人帶向令人眩暈的迷宮。但我認為：在我們每天困在其中而幾乎要窒息的理性甲冑上打開一個洞，是為大家很有益的進言。我也不想掩飾一個我剛才刻劃過的假設能顯得出自一種前邏輯（prélogique）

的思維，就像列維-布留爾 [18] 和他的弟子描寫的那樣。但是我們能夠詢問這些社會學家：是否從未懷疑過把存在如此思考背後的形上學問題？因為重要的是要知道從這種想法和範疇中獲得解放，雖然只是局部的，但尺碼不小，我們人類對某些使我們賴以生存的世界的基本要素，會變得愈來愈看不清楚嗎？柏格森窺見的可能性，依我看來似乎沒有被他的徒弟嚴格地探索過，其原因不難測出。探索（recherche）一字在這裡有洞窟學（spéléological）的涵義。它意指在一個反省的閃爍之微光中，要開闢一條通往深淵底層的路程。這個反省在它每前行一步時，都應該再問：每日知識依賴的原則究竟是什麼？

這裡我無法在此思路上繼續行進：我會滿足於說，即使一個膚淺的觀察，也可發現在存有及圖像間的直率關係，但後者或許覆蓋著存有與存有間具有的無限倍更隱密的關係。

我們還應留心一事，反省在此處可被一個唯物論的想像投射（projection）所僵化。我是否實際上在不顧安危地擅於把「他者」表象為一個東西，在它分化（se dissoudre）之前，讓它浸透（imprégné）在一種有神祕色彩的表達中，而使它在分化後還有一段時間可以倖存？但是這種想法明顯地是一種荒謬。如果如此這般的一個浸潤（imprégnation）可以為吾人想像，只在它施工於一個物體上。而現在此處要談的不是一個作為物體的圖像

18　編註：呂西安・列維-布留爾（Lucien Lévy-Bruhl, 1857-1939），法國社會學家、哲學家、民族學家。1905年左右因閱讀漢學家沙畹（Edouard Chavannes）的《史記》譯本，對「非西方思維」大感震驚，從此對人類學產生濃厚的興趣，尤其關注世界各地「原始人」的思維模式。著有《原始思維》（*How Natives Think*）等書。其作品影響了心理學家卡爾・榮格（Carl Gustav Jung, 1875-1961）。

（那是說，譬如把照片看成一個客體時，看它多大，多厚，有什麼質料）。但這一切思維都是把它看成象徵（figurative）才有的。我們幾乎可以說：問題之關鍵所在不是圖像的「肉體面」（corps），而是其靈魂本色。

所以我必須盡力抵制把一個屬於完全不同本質的參與（participation）看成只有質料性改變的誘惑。我看得很清楚，如果我企圖把這個參與表象化，我立刻把它物質化，而掉入一個我才譴責過的錯誤裡去。這些話多少可以說明：如果我們想那個我們稱之為照片的東西（指對「他者」的記憶），只在被一道「**內在的**」光芒照亮時，才顯出它是有生命的實在。這道光能使那在它本身原只是一小撮的有色的斑駁（tache colorée），卻得以顯像為一個面容（visage）或存有。這二個要聯結的選項（termes）絕非二樣東西，其一是某存有，其二是其圖像；藉著聯結，此存有得以一面維護自己在存有中，另一面使一個在外面觀察它的主體透過圖像而可以理解它，有如一個可見及可辨識的個體的精神力量。雖然不容易，我們仍必須在細察此個體時，藉助某個氛圍和某個媒介，不論哪一種，我把該存有的內在力量多少變成我的一部分。實情是這樣，隨著某一遠景在我們前面呈現的「我對某物的理解或領悟」，隨從另一個有補足性的遠景照明之下，能被視為是其顯現（apparition）和自我贈與。此種說法用「畫像」來講，比一張簡單的「照片」說明更為容易。模特兒之所以能把自己真實地呈獻給畫家，在於後者是一個真實的畫家，畫家不只是尋找一個助他勾勒形式的模型（prétexte）而已。這樣，畫家要給模特兒畫出一個相似和極具意義的圖像的話，他必須盡其可能地同情模特兒，並持續地從內鞭策自己，藉

著同情與鞭策，使「他者」向他的肖像提供一個可見的自己，而非別人。但很明顯地可以說：把畫布想像成被一種無以名之的來自原品的流溢而有的浸淫，是毫無意義的。

但是一個巨大的困難還存在著，這是需要極大的誠實才能承認的。這是有關這個神視者（voyant），他宣稱知道畫像的模特兒是否活著。我們如何設想，那個使自己就緒在通過圖像的媒介而被召喚的不在場者的內在變化（devenir）的核心的神視者，他能知道這個「期間」（durée）是當下的或已過去的。或許這個困難的要點在於，我們把這個具體的期間想像成一個超越時間的情境中所掌握的本質。但如果所探討的確實是有關一個「期間」的話，我們可以思考：那位神視者在他本有的確實的「期間」和他對這個陌生的「期間」所有之「知覺」（conscience）間，在協調或不協調的情緒中，或許還有空間。

一幅圖像出現了，如果它被採用作為澄清的方法，其後果是適得其反，這樣做給我們目前的思路反而倍增麻煩。這是一個旋律的圖像，我通過了抄寫或印刻的樂譜而發現了它。我把它收為己有，我少不了它了。但是非常清楚的是，對它我無法提出有關它與時間的關係，因為它是處於一切可以指定的時間的參照之外的。為了使這個參照可以介入，就需要一個全然不同層次的神化性的（divinatrice）同情進入其中運作。此外，我們注意到在出發點我用之樂譜是外在於要評估的旋律（mélodie notée）之作法。相反，一幅畫像，就像我們前面談過的，能以某種程度被視為躬身為畫家作模特兒者的存有模式。從樂譜開始，我建構一種形式，我使它存在。但這裡全然不同，「預見」（voyance）就在於它全然不同於如此這般的建構，因為它的特色在於讓自己足

夠開放（disponible），使自己被某一臨在（présence）所磁引，或深挖自己為能接受某種要輸入的東西。進入我們思維的圖像是一種泛濫或潮汐的圖像。但我們如何了解，為一個神視者在一個實際的延續之泛濫，及一個已結束的延續間，能體會二者性質的差異？這不是語彙間的矛盾嗎：如何已存在者能夠侵襲我們呢？但這裡涉及的是存在之二種不可還原的模式，或許我們可以說涉及一種是停頓的存在，另一種是還在進展中的存在。或許更好用「侵襲」來取代「泛濫」：一個港口可被冰雪侵襲。

雖然這些言談顯得非常模糊和不確定，以及它們要澄清的可能性頗可懷疑，我覺得它們為強迫我們與有關生死的一切客觀（更好說客觀化〔objectivante〕）表象徹底斷絕方面，建了大功。亡者的生命不再被看成一個瓦解的物體，或一台報廢的機器。取用一個「吊銷」（suspens）的存在的概念，我對被吊銷的存在已進入一個更具體及更形上的思考中，雖然對這個吊銷我完全無法宣稱它要告訴我們什麼或可能提供什麼。但它可以使我想像：在這個層面，我如何能藉著某種逆覺體證（recueillement）或嚴肅誠敬之真情（attention fervente）——它可能已是一個祈禱的起步——與這個在等待中的存在**暗度陳倉**（*conspirer* avec）式的進行交流。

然而我們不可低估我們如此表達引發的異議的價值。他們會問：一物之靜止存在（l'existenc arrêtée）不是對照著該物之演進中之存在（l'existence en cours）而言，而成為一個客體的嗎？從而要把吊銷、昏睡、甚至把為變形而做最後努力的蛹追加於它的作為，不是頗有欺騙的意味嗎？答案應是：神視（voyance）之生，必須在互為主體的情況下才能發生，並且物之為物本身，無

法掀起——或僅就容許而言——此類現象之發生。為充分了解此說，讀者宜參考我在《形上日記》中勾勒的有關心理測量的一些試作。

簡言之，我們要通過這些迂迴及探險的路徑來勘察及清掃一片土地，為在其上把涉及「他者」之死亡有關的奧祕能夠——如果我不說澄清——但至少可以正面對視之。我們無法足夠地說這個開墾是免不了的，為我們這些已習於從科技世界借取圖像來了解真諦的囚犯，只有藉著繞道和權宜的措施，身為初學者的我們才能試圖逃出佈滿失望危角的囚房。

在什麼條件之下，我們能夠想：我失去的一個存有，或我想像如此，或我被看作有如此想法者，此存有同「我」和同「我的生命」還有份呢？

我失去了的存有：但我們失去的只是我們擁有的東西。這個「他者」是**屬於我的**嗎？怎麼說呢？我的伴侶是我的嗎？他同我在一起，那是說他存在的方式是這樣。如果真的可以說我擁有他，現在我可以確實地說我沒有他了？或者相反，是否是我的想像力作祟，對我惡作劇而叫我如此思量？很明顯的，是「在己性」（ipséité）這個可怕的問題一直籠罩在這一連串的研究之上。應告訴某些讀者，哲學家們已把這個問題以概括的方式保留到思考上帝的專論裡去了。

第一個研究應當指向「真實失去」的觀念上。或許——這裡只有小光——這個觀念如果更嚴格地用在被擁有者身上更適合。我擁有的東西，我的確可說我能失去它。這個我拿著的手錶，我感覺到它是屬於我的，它不在了。它掉在地上或被人佔為己有

了，我失去了它。從而我們得到一個結論（快了一些，但不能不指出來）：就在於我認為我擁有一個「他」到什麼程度時，我乃真能體會到「我失去了他」。按此例，我人經常會說某某先生失去了他的孩子。但立刻有一個困境跳了出來：那個我沒有擁有過的東西，為我而言只是異物（étranger），我不會失去那從來不曾是我擁有過的東西。從而我們要探討這個我稱之為「同」（l'avec）的中央地帶（沙特莫名其妙地誤解此辭之意）。

我此刻看到我以前關於「糾纏」（hantise）所寫的觀點實與「擁有」相聯。我讓自己被他最後的情境或圖像糾纏不清，我把我愛的存有轉變成一樣確定被證實為丟失的東西。與這個東西，我無法與它組成一個真正的「我們」。如果說人際關係有「不可摧毀性」（indestructibilité）的話，只有從「**我們**」出發加以思考，我才能對它有所理解。

然而這只是一個起爆點。現在我們應當指出：在「有」的層次，圖像與原物（*res ipsa*）的對立才成如此尖銳。原物消逝的強調更形明顯，是在該物愈被我感受到、並被追討（revendiquée）若我之所有物的時候。那物已不在。這裡真有一個在實在（réalité）與主體性之間的張力：我要說，那個消逝的事物的實在，會更傷悲地被我感受及記得，就在於那物曾是否更深刻地與我結合過，而我是否也更急切地要把它歸於我的程度。傷悲（douleur）一詞在這裡有「損害」（lesion）之最強烈的含義。我為我及在我內傷悲。但痛苦和愛本身一樣有另外一個極（pôle），就在於他為「他者」，這是只為對方而忍受的痛苦。[19]

19　譯註：此「極」指「我之為之受苦或愛之對象亦像我一樣可以對我有難受及

　　這裡我們或能窺知，逝去之存有愈被我人真正的視為存有（但恰好可問此指什麼？），它愈不會被我看成是一個佔有，從而它之消逝，愈不會被我看成是一個失去。〔偏巧我們的情緒都是有佔有性的，直接影響了目前觀察的具體效果。〕

　　在更深入的探討之前，我要再一次提醒讀者，在這個層次，內在的態度是有決定性的，它深邃地回應那個我們錯誤地稱之為「客體」的東西；它絕不像對付被動地被命運擺佈的東西那樣地可有可無（contingente）。我因而有權，至少原則上，可以推定：我的內在態度對那個不再在我面前的對象能有作用（就在於他同我保持著密切關係的情況下，但如果這個「他者」真的「**同**」我在一起，這個關係是構成性的，而不是外在的）。這樣，我迷戀它到像一件遺失之物與否，為我就不是漠不關心的事了。如果我這樣想，我就出賣它了。〔我要說的是，我不再把它看成是存有，而是一個客體了。〕在出賣（trahison）的情勢中有一個辯證。我彷彿覺得：幾時我擺脫、不想他最後的狀況，就是我正在出賣他，譬如他在忍受酷刑之後夭折了。我就讓我跌入一種想法，認為這樣的擺脫是出自漠不關心。然而只有藉著愛他，促使我應當解脫這種頑念，我不應當用頑念把他綁住，如此從頑念擺脫才不否定他是存有及是一個生命。

　　我還看到，一般性地說，當我混淆一個存有與我對他所有的記憶，而把後者視為沒有實體的影像（idole），或如果你願意，

愛」。意思是說，那個看不到的存有會對我有的遭遇有感覺。他是我的「極」，我是他的「極」，二者是同一情緒的二端，或二極。同一種情緒牽連著生者亡者，如同唐君毅所說「真情通幽冥」：我雖看不到對方，但此情把二者牽連，因此對方還存在著。他者之「他者」即「我」。

把它看成是遺跡（reliques），把這些記憶轉到我對這個存有所有的崇敬（culte）上。這裡及往往是，有一個超越性該保留。這究竟指什麼呢？

　　依我看來，當一個存有愈以其身為存有地被我認定時，我就愈無法讓我按周圍環境要我想他的方式來思考他。事實上，我愈能肯定他的價值，那是說，那個只能在經驗內加以描寫的事物，但它無限地超越對它的描寫，我稱之為「價值」。用另一種話說，它可以視為「本質」。無論如何，我們要小心地避免把它客體化的誘惑。我們最好記住：此處我們涉及的是關於一個關係的生命。我們要注意的是：知道在他者與我之間曾有過怎樣的關聯，而這個關聯是怎樣構成的。〔今天我還是要更強烈地強調「當日我同他默契的程度是多少」，此謂基於引發我與他產生希望的程度如何——一個不停地在推動我與他有愈來愈深的共融的希望。〕

　　或許這樣說可使大家容易了解一些我要講的：該位存有的隱沒給我帶來的深邃的難過，是一個必要的片刻，正因為我有了應當克勝的事務（就像希望克勝失望，或更確切地說，克勝失望的誘惑）。此外，我在此處還該小心避免作一個錯誤的聯結。這個難過並不來自我曾稱之為「**我自己**」（le *moi je*）者，因為它並不牽連任何要求；但真的它本質上是有肉體性的。就在於我們是有肉體的存有，我們不能，甚至不應期望不舒服可以被除去。我相信，這確實是在生者與死者間，為一個更高級的關係之唯一真實基礎。總之，我似乎欠了他一筆債，在於我不能陷入一種執著，它要把我們二人同時沉沒在遺忘的國度裡。一切變故之發生，好像是他者之能夠超升，在於我首先獲得了超升。但不能不

說，我之所以能超升，就在於我對他的愛。在這種情緒和一個努力轉移焦點來克勝悲傷者的自我主義（égoïsme）間，絕無相同之處。他者是臨在在我的解放中——當我把自己不是從他，而是從一個我用來取代他，並使他不再有靈動性的幻象（idole）中，解放出來。

　　但我們又碰到了「自我性」的問題。當我肯定我對他者有臨在感，而說：「這確實是他」，我究竟要說什麼，並且我如何有權作此斷言？我不能不澄清，這樣的思考模式實因我們拘限自己在有形的世界（ordre physique）中，去思索溝通的觀念（idée d'une communication）而呈現的，就像電話二端的關係那樣。這時「與我同在的真是他本人？」的問題以下面的方式出現了：「這會不會是另一位？」或「分析到底，根本沒有任何人，只是一些現象如此這般的出現，叫我們誤以為有某人臨在著？」此處我必須指出我常會有的一種想法：我們發明的詞彙顯得要我們提供愈來愈精確的隱喻，來協助大家懂得那些無法用一般的隱喻和技巧說明的東西。「自我性」的問題不能真的與另一個問題分開，使我們感到：要把那個問題用抽象（intelligibles）的語言來詮釋，絕非易事。我們會問：「那邊有什麼人在嗎？誰在那裡？」但何謂「在那裡」？這個「在那裡」的問題不會允許人家把其從「**另一處**」（un *ailleurs*）來的問題分開的。「親自」（en personne）指不讓自己與一個可能的委託（délégation）的觀念拆開。他不是自己來，但遣使某人以他的名義而來。以常識撐腰的現實主義會立刻起來批鬥所有支持招魂術（spiritisme）的嚴謹的研究，認為亡者已消失無跡，因為「他」不再存在。針對現實主義的詰難，我必須回答：我處心積慮要求問的是，其臨在為

我而言，是不可或缺的存有，這個「**他**」實際上是一個與「**他**」迴異的「**你**」，「**他**」只是一種會分化和消失的物件。我們討論的經驗只能以「是你啊」，一個「你在」，一個「真是你嗎？」來翻譯，而這個經驗，不管其表象如何，是在一切可以用物件來看待的世界之外之處。

Le Peuch，1943 年一月二十三日

這是我第一次撰寫有關「父道」（paternité）的隨筆。
它來自里昂的朋友的要求

「父道」作為一個專題（rubrique）來看，是把它看成一個令人振奮的價值，譬如當一個人說：「我是父親了！」……這話語包含一種自豪（fierté）的心情。

此外，一面談「領養」（adoption），另一面談喪失「父道」（déchéance），為了顯出把「父道」簡化為一種純生理的範疇是不可能的事，然而它也確實與生理、與肉體有關。領養是一種接枝（greffe）。

生殖（engendrer）是什麼？給予（donner）及產生（produire）是有差異的。由此觀點，我們能夠了解：「父道」為何不能簡化到因果的思維中去。

Le Peuch，1943 年一月二十四日

惡與死亡之間有對稱的關聯，就在於死亡被我看成是我的生命的結束與否。如果如此，則沒有彼界（l'au-delà），也沒有超

越可談。這樣一來，死亡就成了惡。「被思考的死亡」與「被感受到的死亡」不可同日而語。前者是可以立刻被超越的，這是說，它是能消失無蹤的。我們需要第三個立場——這為惡來說也一樣。

悲觀主義適用於把死亡看成是一個過程的世界。但從獻牲（sacrifice）的角度看死亡，死亡一點都不像是一個過程。

不死（immortalité）能被理解，只在於一個不單可能有，而且確實有獻牲的世界中。這裡有從一個觀念過渡到另一觀念的通道。

Le Peuch，1943 年二月十七日

繼續談「父道」

只當二個存有間有親子關係時，「父道」的意義才得以顯示。但這種看法假定他們的關係是理所當然的。我卻要說這樣一種「父道」的觀點缺乏真實性。我們愈堅持把「父道」看成二個分開的存有間的關係，我們愈無法正確地了解其真諦。

Le Peuch，二月十八日

昨天我想是否可以思考父親權威的形上基礎：查考在什麼條件之下，在什麼脈絡中，「**不信**」（*dé-croyance*）能被磨滅掉，

（這是由侯貝・德・塔茲〔Robert de Traz〕的傑出小說《陰影與太陽》〔*L'ombre et le soleil*〕啟發的思考），父子關係不按造物主與受造物的關係的角度去解釋時就會蕩然無存。

在「父道」中「作什麼」和「忍受什麼」有不可分隔的關係。

兒子在父親面前及父親在兒子面前有不太舒服的感覺。這是什麼因素引發的呢？我想那可能是母親與幼童的親密關係遭到侵入性的感覺引發的。（我們不必在此引入佛洛伊德的理論。）

「父權」與「意識到一個責任」是相關的。這一個和那一個同時退隱。這裡或許有一個解惑之道。因為或者由於偶然，或者由於慾情的突發和延續，在有生育發生之刻，責任感就消失無蹤了。另一方面，它不能是，也不應是一個人精打細算的後果或效果。

我常回到活得充分而引發「傾瀉」（effusion）的現象：這裡有與婚姻的真實意義間的密切聯繫。

簡言之，從分析父親在小孩面前的生活處境，去看這個處境能如何地受到扭曲（因為我意識到我對這個孩子來到這世界並無貢獻，或相反，我把他看成是我意志行為的成果）。這二種情形都把一個極難把握的關係扭曲了，這個關係本質上包含著一個「召喚」（appel）。

Le Peuch，二月十九日

　　總之，我們必須完整地懂得這個處境，包括它可能含有，但不必然含有的價值。「父道」實是一種「臨在」。

　　有人會說：總而言之，這裡有一個可以加以證實的關係，某種應當能夠被證明或被否證的東西。這是絕對肯定的，但這種關係按其真實及完整的意義來看，不足以界定「父道」。就像常會做的，它需要**戲劇化的包裝一下**；我在一個嬰孩前面，我知道他是我的孩子，或者更精確地說，我可以說從一切的或然率來考量都趨向「他是我的孩子」的結論。我承認我在沒有任何情緒因素的情況下有這個意識。我**知道**這個說法在此對我有意義：我是這個嬰孩的父親。然而這個確定性在我身上並未喚起任何回應。我並不感覺我是父親。我體認對這個小生命我有許多責任，因為這為一個做父親的來說是很正常的事等等，此外，沒有什麼了。也可以發生下列的想法，或者這個幼兒依我看來像是一個入侵者（intrus），好像一個不速之客擾亂了我的生活，或我們的生活，或者我轉到他的位置，而哀嘆他的處境說：「如果我沒有生下來，留在「靈薄獄」（Limbes）中或許為我更好。」這些思想在聖龕（sanctuaire）外面徘徊，而「父道」一辭卻在其內才真有意義。這是些世俗的思想，但只在我進入此聖龕後才會有如此的體會。這是一個適合的表達，因為「父道」是一種虔敬，是父慈（piété paternelle）子孝（piété filiale）的虔敬。

　　此刻我進入了聖龕，處境是如何改變的？這裡我必須重提昨天所說的話。消極地說，讓我說這個幼兒不再為我顯得像我自己或像一個陌生人（一個不受歡迎者，這是純出於誤會，是一個妄

用信任的表達，他的生命將烙上傷害過我的愆咎）。首先是尊重。當我面對一個我不認識、叫我眩暈且不隸屬於我的存有，我會產生一種強烈的情緒。但這種我感到的情緒能在我遇到任何幼兒時發生。但這裡有多一些，這個嬰兒是我的。這裡的所有格指什麼？當然，它能指他屬於我。但反省一下就會發覺，這些話實為謬誤，因為不具什麼意義。更真實地說，它賦予我一筆巨大的債權（créance infinie）；我愈意識到存在的悲劇和深奧的性格時，我愈體認它的真實性；就像他在同我說：「你有什麼權利把我從深夜中拖曳出來，促醒我進入這個可怕的世界？」說實話，我只能如此回應那個控訴說：「我並無意如此，你之『出生』不由於我，不由於我們。我們在不清不楚的情況下做了什麼，我們被推入一個生命的陷阱中。在這種情形下，我們只能盡力而為解脫困境，找到一個對你及對我們都不太沉重的折衷方案。」我這樣思索時，注意到這類思考只在男人身上行得通，對女人是絕對不行的。然而當女人配合男人的過份強烈的抗議時，把自己原本的立場顛倒過來也是可能的。但這一切情形只在聖龕之外才有可能。在聖龕中幼兒對我之要求絕對不會引發我的恨意，相反，它會激起我的愛。「我愛你，因為你希望著從我得到一切。」這裡有一個新的顛倒產生了：我有危險——變成太黏著你，以致於我會盡力投身於使你成長而要經過的一切苦難——這裡是有如此的危險的。

說實在，沒有塑造一個你的問題，只有讓你成為「你之為你」的問題。而這個工程恰好與「我之為我」不可同日而語。如果我更精確地評估我的才氣的貧乏，我的缺點，我會更體認這個想法。此處有一個新的陷阱等著我：同你、藉著你，得到靠我自

己無法獲得的東西。

　　這個聖龕首先是忘掉我自己，忘掉我是什麼，忘掉我不是什麼，忘掉我完成的，及我無法達成的東西。

　　但一個新的危險窺伺著我：在你面前，我全然消失了。這樣一來，我有把你變成一個自負者的危險。為了你的利益我不顧一切地讓你知道你欠我什麼。

Le Peuch，二月二十日

　　必須留意到在「父權危機」的根源處有的某種紊亂。此危機的起因與「出生危機」的起因根本上是類同的。我回到去年我表達過的男人的聯姻與生命的關係。生命為我們顯得愈不像一個禮物，危機性就愈加重。我有什麼權利將生命強加於這個並未要求存在於世的存有？或許我應該說明為何這個問題為女人並不用同樣的詞句出現，她以某種程度來說也是一個犧牲品；她受苦，她的痛苦在她和嬰孩之間製造一種在她與男人間不存在的聯繫。當女人激烈反抗並宣示不接受她的命運時，這個痛苦更會劇增。但往往女人會調和這個緊張關係，就在於她感覺到活在她身體內而原本她可能會驅除的小生命愈來愈真實地同她在一起。

　　禮物的概念同價值的概念相偕。生命越被視為存在的一種「完全沒有內在價值、可有可無」的模式，它越無法被體認為禮物。如此一來，身體的快感就成為使生命出現的唯一的理由。這種想法能產生二種後果：或是把嬰兒視為使人憎惡的討厭鬼，或由於同情把嬰兒看成一個終於會一起退化的勞役夥伴。二例對締

結一個生命共同體（société）的概念完全無用。我相信從我的現象學角度看，我們無法在這個層面給社會學的建構提供最小的實質與件。

總之，我的研究將按下面的方向進行：紊亂消除合法權威的意識；這個權威只在一個「生活過的經驗」的基礎上行使，然而它能被概念化而被出賣，就像某個傳統主義做的那樣。這個「生活過的經驗」無法不在發現某些假說（postulations）的情況下予以真確地反省。我們必須詳加注意這些假定，由於它們的協助才能升起某個把生命看成「真實的及有價值的」的斷語。

本來，要思考及根除的不是別的，而是某種虛無主義，它以無政府式的個人主義呈現出來，或以極權主義的面貌呈現，它給予個體為忘掉或逃避自己的虛無感一個借鏡。它以反證的方式指出「父道」在這一個或那一個的情況中都會消失無蹤。我還可以加一句說明：這裡有一種在母子關係中更為脆弱的因素。「父道」本質上是不堪一擊的。它的存有能內在地被侵襲：父對子可能有憤恨，子對父有激怒和反抗。

Le Peuch，二月二十二日

順上所述，人們能完全曲解實在，如果他們把它區分為一種可以稱為「父道」的客觀素質（substrat）及一種主觀的態度。後者為意識針對素質所採用，而它把素質予以抽象不能說是不合法的作為。問題在於這種態度有決定性的後果：我們在這裡愈強調生物學與件及思考，我們愈會抹煞人身上有「父道」的真諦。

關於這點，生物學的進步能代表人類要面臨的可怕的危險。我們可以說：過去對這個範圍的認知之無知，正可以說是人類的一個祝福（bénédiction）。舉例來說，控制後代的性別能為人類構成無法估計的巨大危害。

Le Peuch，二月二十三日

今天在去貢德雷（Gondres）的路上，我思索那個——我會樂意地稱之為「反向目的論」（téléologique à rebours），此謂有一種趨向毀滅一切積極目的的原則，而人們對它的本質一無所知，把它看成只是純機械性的事故。我會想：是否有某種事故在沒有這類不祥的原則干預的情形下，得以發生。

本來，這不祥的因素是在我人身上，但它在我人之外應當也有，因為我們毫無理由假設自然在我們身上或在事物上施力有所不同。我們應該以某種引人反感的假設之名來尋找這個相似性，或其同一性，甚至大幅降低或否認這個不祥的因素。這些反省都須再加以思考以拓深其義。同時我們必須繼續探索：在什麼條件之下，這個「反向目的論」可以不依附一個有機械性格的形上學而被加以接受。

Le Peuch，二月二十四日

今天下午我在卡瓦尼亞克（Cavagnac）散步時，昨天的觀念

變得非常模糊。我相信我看到的是現代思潮面對一個「惡性」
（un mal radical）的觀念必須說清楚、講明白。我覺得是針對著
態度，而不是針對著原則，我必須思索。

Le Peuch，三月三日

M 神父要我與他分享：當天主教教義遭蒙泰朗[20]和帕蒂讓
（Petitjean）等作家對它的抨擊而變得有些不知所措時，我們該
如何應對，尤其是「罪」的概念所引發的負面思考。

我認為活力的衰退首先要從「『冒險』（risque）之義的衰
退」，及「都市（cité）之義的遺忘」來看。（這二個現象間有
關聯嗎？）我覺得我們應該查看是哪一種有關「罪」的意義的
改變模式促使這個衰退發生。首先我人不難看到的是：我愈把
「罪」依據「我之為我」的個人觀點去察看，我愈會難免於把我
自己從團體中孤立：這將是一個錯誤的擺脫。我們必須意識到：
在「罪」中我們與一切人是休戚相關的。把「罪」的概念看成共
融的原則。

「罪」的意義與「不完美」（imperfection）的感觸迥然不
同。它與神的愛絕對相聯著。

「不完美」的感觸——其本質尚需澄清——之含義是曖昧

---

20 編註：亨利・德・蒙泰朗（Henry de Montherlant, 1896-1972），法國散文家、小
說家、劇作家，1960 年獲選法蘭西學院院士，1972 年自殺身亡。提倡剛強的道
德，不教自我侷限在一種品格之內，而應有所交替：刻苦和享樂相互交替，剛毅
自持與放任自流兩不相礙。

的：我的不完美是否源自一個內在的不良品質，或因對構成「我
之為我」的因素未作妥善整理？或相反，我對我有此不完美有不
可推託的責任嗎？我的罪跟「我的不完美」不一樣，它之所以成
為罪，之所以成為我的罪，除非因為我真實地投入過。然而我們
不能說它是我的作為（œuvre），因為它與真正的作為的關係就
像死亡與生命的關係一樣。如果我說它是死亡的一個作為，我就
把它說成含有內在的二律背反（antinomie）的句子了。

　　我覺得：只有在我醒悟到自己被無限的愛觸及時，我的罪的
實況才真相大白。倒過來說也一樣，如果我對神的愛毫無感覺，
我無法意識到我有「罪」。

　　我注意到：這個罪不單指「我」的罪，更指「我們的」罪。
我無法像法利賽人一樣，指責別人，自承清白。如果別人有罪，
我應當肯認：此罪我也有份。或許這個間接的方式能助我更了解
「罪」的概念，譬如當我察覺別人的罪在我身上引發的衝擊：仇
恨、報復、或妒意時。在這種意義下有了共融。如果我並不意識
到在「罪」中與別人共融，我不能希望與他們在走向救恩之道的
經驗中共融。這些反省都非常重要。

　　明天我要反省罪與生命的關係，特別是與肉體有關聯的思
考。要把「假的」與「真的」苦修主義（ascétisme）分別開來。
我認為只有藉著這類的研究，我人才有回答 M 神父所提的問題
的希望。

　　嚴格地說，我人有沒有「不完美」的感受？我認識自己，
我判斷自己有不完美，但這個判斷是基於何種經驗我才能如此
自評？或許有人會嘗試說：我靠著某種我多懂一些的觀念論
（idéalisme）在面對我自己。但這個解釋是否正確頗值得懷疑。

我覺得「我的不完美」好像是個禁忌（inhibition）。我感覺這條路我走不過去了。在某些情形中我對這條路有明晰的印象，在其他的情形中我只能給自己呈現一個我該那樣做而做不到的特殊作法（acte）：我最近收到的一筆款項，我應當把它交給 N……，他非常需要它，但我沒有勇氣去給，因為給了別人，我就不能買一本我要看的書，或者為我的一趟旅行存錢。

但是我要說明一下，發現自己中止某個作為並不必然會移入對自己有不完美的判斷，我常常會尋找一個理由來說明為何我沒有做一件好事。決定性的時刻在於看透它並除去這個似是而非的詭證。我很想把這筆錢給 N……，但我無法毅然決然地做到；我承認在這種情況中，我對我應該做的事失誤了。是否藉著歸納法我才體認我的一般性的不完美？說實在的，通過殊相有一掌握共相之徑。為我在這個特殊的情況中要有如此這般的舉止，我應當……。我從我之「有為」或「無為」看到我自己。但這個「不完美」尚未被我領會到是一個「罪」。它為我顯得像一個弱點（infirmité），或像一個缺陷（déficience），有點像生理上的無力感，無力長時間背一個重物，或做某種運動等……。

Le Peuch，三月五日

為了使「我的不完美」被我看成「罪」—— 但這是不夠的——我應當體認我有責任。這個說法還不夠：首先這個「不完美」在我個人的意志內確實進駐過，雖然在我看來它不是一個徹底的惡，至少有分裂的效果。但這只是一個先決條件而已。「我

看到及贊成的更好的做法，我不做，卻追隨較差的去做」的說法，還不足以表達「罪」的特殊經驗，它只是一個察覺而已。而我很明晰地感受到的，雖然還有些模糊，真的「罪」不是可以確切地被察覺的。「罪」不是一個事實（fait），如果它是一個與件（donnée），我們必須分別事實和與件的不同。我相信靠著這個分辨我們才能把「罪」的意義加以界定。

我們在談的「與件」，若把它與一個多少領略到的大愛分割，會使想要了解它的人恍然若失，而它的主體變成了任務（œuvre）或客體；或至少，在這個大愛的意義還不能被清楚領會之處，仍然對自己有某種立場，稱它為靈魂，還有一種與自己的關係，而這就是虔誠（piété）的本質。在面對自己的虔誠全然消失時，對「罪」的意義之體認也隨之消失。這個虔誠很難加以界定。但我覺得它包含一個對超越界（transcendance）的肯定。一位老婦人向 J 談及 E 之去世時說：「我們生來不是為這個世界的。」這是一種質樸的，但非常真實的對這個超越界的肯定。就在於我想自己只是大自然的碎塊的樣子，我就完全無法體認虔誠的感受了。然而，在宣稱我不屬於這個現世世界時，我是在否定現世的生命嗎？這樣一來，「罪」的意識與對自然生命的非難被混為一談了？我們當然承認有這樣的一個可能性，有這樣一個誘惑；但我想這裡有的只是一個頗難避免的偏差。從哪裡偏？正確的立場是什麼？我自認我還看不清楚。

Le Peuch，三月六日

回想昨天我寫的日記，我的要旨在思考包含在「罪的感受」中的超越概念。但誰的超越，或超越什麼？這個超越首先是指我不屬於我自己。在狹義的單子哲學的倫理中，假定它是可能的，我在其中看不到容納「罪」的空間：為「錯誤」（faute）則有。此處它們的差異就顯露出來了。

Le Peuch，三月七日

我也應當開始為葛尼耶[21]先生要求我寫的形上學文章收集一些筆記，我要用 1939 年四月寫的日記。

關於現實界的問題，我從「斷言」開始談。我們如何可能作一個斷言？對於我給自己作一個斷言的權利是否有爭議性，問這樣的問題有意義嗎？斷言的定位在它與生命的關聯。

另一方面，我要從它和「自由」及「不死」的關係來申述我的想法。對於這些主題，我尚未思索清楚。就像我常會做的那樣，我有一種令我不悅的印象，即我必須一再從頭開始組織我的思維。

---

21 編註：讓‧葛尼耶（Jean Grenier, 1898-1971），法國作家、哲學家。曾在阿爾及爾教書，教過年輕的卡繆（Albert Camus），對後者影響很大。

Le Peuch，三月八日

　　對關及人的最私密的生命部分不做任何斷言是不陷於險境的作法，但思考最近幾年來「罪」的意識被愈來愈淡化，甚至到完全消失的地步，並不像是冒失的作為，這種現象在那些自承還是基督徒的人身上發生。誠然，可能幾乎沒有人在確定的情境中不會忍受那種因聽到一個人自承「**我犯了罪**」（peccavi）而有的震驚，哪怕事後此人把這個情緒歸咎於一個已廢棄的信仰遺跡或其哄人的遙遠回響。事實上，這裡我們涉及的絕不是瞬間的狀況，而是一種恆常的秉性（disposition），而構成我們內在生命持續之底基因素的就是這個秉性。秉性二字在這裡還能誤導我們。我們現在談的是一個時而模糊時而清楚的斷言：我是一個罪人，或者更清楚更深刻地說：我們都是罪人。

　　如果我們理會到自二戰以來在極可疑的條件下一直在攻擊基督徒的視野和倫理的控告，我們不會驚訝；然而它大概而論啟發了一種強勁的人文主義。從而我們可以發現，一個尼采標榜的頗陳舊的論點，即對有關「罪」的信仰在年輕人的良知形成過程中所發揮的微弱的作用。對這樣一個觀點我們可以直捷地回答：特別在我們的國家中，最缺乏抵抗力的因素常是那些不單受庸俗主義（laïcisme），也受在心靈深處日積月累「貪便易」（facilité）心態的影響。這一連串思考還不包括一切。說實話，這些思考與基督徒的認真要求（exigence）頗不相合，這是以後者的廣度及它在反省層面亦應被肯定的角度來看。基督徒從這類解脫罪責的思考中得不到什麼靈性的營養。我覺得更可取的是坦誠地詢問：當「罪」不再受到堅實且廣覆性的信理思維（pensée dogmatique）修正之刻，「罪」的思想能啟迪何種偏差和謬誤。

此處有個一般性的意見引發我人的關注。我對「我的罪」有的「感覺」愈強烈的趨向簡化為一種不守規及不盡責的怕懼，從而在總結人的行為的估計時被認為有過錯，我愈有危險把我封閉在一個對我有強制性的系統內，而我處在此系統的中心，它卻在對我得救或喪亡多少有概念的圖像周邊旋轉著。但就依照我留在個人中心主義理念內、像其囚犯般地度日（drame personel）及修持（la vie spirituelle）的程度，我可以詢問：是否我這樣做，就是把我置身於基督信仰所有之「永恆真理」之外了。

我同時不能不加說一句，我幾乎會把生活的方式不是轉移到倫理，而是到宗教的層面。這就包含了一個萬分謹慎地使自己內心最珍惜的目標得以完成而須採用的感覺、思考和行動的方式。這就假定了他對救恩的關切是真實的，而不是徒有虛飾外表地把個人喜好當成律法而隨心所欲者。

我想無人會抗議下面的想法：我們不難找到世上有為數頗巨的好漢天真地贊成潛伏於身為有限存有的我們心底之一種個人主義。並且人們毫不疑惑地相信在人類發展的某一階段確有一種觀點，認為這個階段是必需的，為了使人解脫，我不說那是一種從其自我中心主義而出的愚盲，而說是一種阻礙他超越各種當下的操心而能高瞻遠矚地看到視域邊際遙遠目標的愚盲。

在「非推測地」之範圍內，我們可以希望瞥見的是神的教育方法——它在人類智慧的歷史中一直運作著——，在祂的一般的企劃中，個人得救的觀念——從其各式各樣的表達中加以考慮——曾扮演過一個主要的角色。而當我們以某種內在的光去考慮它的時候，這個觀念不單不充實，還無法配合基督信仰中最原

創和最純粹的祈嚮（aspiration），這種想法一點不亞於上述的看法。不消說的是，此處在「罪」和「救恩」的概念間有非常密切的關聯。用一個我常用的術語來說，在以「**有**」為主的思考模式中這些基本的概念是無法說清楚的。我要說的是，我們或許在彎曲我們在這裡討論的關係，為了獲取可以抵銷我們犯過的罪，我們每一人可以以「**功**」（mérites）代「過」（tare），甚至可以**超量地**補償。暫且不管這種說法的可怕但很豐饒的曖昧，這裡出現了一個必將導引我們思考的有關生與死的觀念。我們每一個人是罪人，由於他曾參與過一個在此生做了及當過幫手的死亡工程，或許藉著我們的遲鈍（inertie）及瞎盲（aveuglement），我們做了一個具體的、積極的罪惡行為。

Le Peuch，1943 年三月十二日

剛才我重念了去年三月的筆記。我想我沒有寫過更重要的筆記了。但是我無法把這些筆記──不知道是否可以──從中挈取足夠的資料，為說明生命猶如一個旅程（parcours）。

或者我們把一個他者──亡者──加以凍結，把他看成在旅程的某一點停留下來，或者我們設想亡者繼續在走一條與我們並行但我們無法看到的路。我們絕不應該排斥第二個假設。然而我覺得我們應該越過「停留」和「繼續行進」的對立上，而要設想死亡不能還原到二者之一。如果我們堅持把它拉到我們自己身上，我們會更不易思考下去，而如果我們能夠在它的實況下修復它的本質，我們進行思考會容易得多。

攸關的唯一問題是知道：在什麼條件下我可以不再是囚禁我自己的監獄。而在「存有」的問題和「自由」的問題交叉點，出現了「救恩」的問題。

Le Peuch，三月十三日

罪的意義和後果。「罪的意義」的說法肯定是不完善的。這裡講的「意義」與講倫理的意義和真理的意義沒有差異，沒有情緒的含義。這是有關贊同（adhésion）或拒絕的本有能力。但在「罪」的個案上，還有別的因素。看不到「罪的意義」指隨著某個靈性向度無法領悟自己的實況。或許自然的理性真的無法做到。這裡出現了我在前幾天（三月 4、5 日）強調過的有關「不完美的意識」和「罪的意識」間的區別。我能夠體認我的限制，甚至為之受苦不少，但我並不因此而會體認到自己是罪人。有關我的限制，我不會想我有責任。但我們要小心：要明辨罪的意識是否與責任的意識混淆了。我幾乎可以立即回答說：不。相反，我愈強調我的責任，我愈會冒不認識罪的意識的危險。這些說法還不夠清楚。

這是我要講的：面對著一個失敗，一個不幸，這會引發對別人甚至比對我自己構成更大災難的事，反省之後，我發現我是這個失敗或事故的罪魁禍首，譬如我忽略了採用警戒的態度所致。這是說，我本來應該，我本來能夠預估這個事故的發生，所以我有過失。在這個例子中，沒有與罪的意識關聯。事實上，我可以從這個失誤的經驗直接獲得一個教訓，可以避免一錯再錯，就像

一個計算錯誤的工程師在後來的運算中得以免蹈覆轍一樣。如果我意識到自己有罪，那是說，我意識到我是一個罪人，我不會只是妄想自己犯了一個錯而已。我知道如果只靠我自己，在下次機會中我還是會重蹈覆轍的——至少不是我單獨的——但我必須期待神的加持來助我免蹈覆轍。這樣，罪的意識給我打開一道意識到「必需的外援」（recours nécessaire）的門。但這又可能引發二種危險：一是我能躲在我犯罪意志的觀念後面，為了陷入一種宿命主義的漩渦裡（「總括一句，我無法不做！」）。另一是完全依賴不是我的陌生意志。我不再有所作為，但全讓別人做。

我覺得這是二個常被舉發為偏差的錯誤。我們可以聲稱如果用這個觀點來考慮，人的生命要變得很貧乏。我們沒有權利為自己的利益去探究死亡的事實。這樣做，我們會否定死亡，而證實我們不相信它。

當我們不了解「罪」的本質時，它能使我們孤立起來；反之，它能變成共融的原則。

Le Peuch，三月十四日

最後幾句話攸關重大。我不必從我是罪人的身分中引伸出一個論據或藉口說：我不應該盡力地活好。我們可以簡而言之，與傳統的好的常識一致，相反的，我應當相信我需要的天助（secours surnaturels）在我比較不懶散（abandonné）之刻，會給我更多的加持。（我必須強調「懶散」或「放輕鬆」的概念內，含有非常危險的曖昧。）

　　此處有一個可以去找的平衡點；它只能在我們能孔武有力地、簡短地用「理性」和「信仰」的關係中得到實現。確然，況且我們都見過某個理性主義的越權；但後者的矯枉過正能激發一種危險指數不比它小的唯信論（fidéisme）。

　　如果我們從「**我們**」，而不是從「**我**」的角度來看「罪」，我們可以明白了當。

　　把「罪」當作一個氛圍：活在「罪」裡。如果如此說，「犯一個罪」的表達本質上變成了誤導的說法。犯一個「罪」，就在於我們參與了一個我們都沉浸其中的氛圍。我們能不能知道它的存在，就看我們能從中擺落、撇開多少。「原初的墮落」（La chute）——暫且不考慮這個記載內含的多少的神話色彩——對我們來說顯得是非常不易理解的奧祕，因著這個「原罪」，一個按神的肖像而受造的存有，居然會把黑暗接收到自己的生命中去，而使自己部分地也成為黑暗。從而我們應當非常小心地探問：這些黑暗在人犯原罪之前，是否以某種方式已然存在。說實話，誰知道當我們說「先存性」（préexistence）時，我們是否在做一種回顧式的客觀化活動（objectivation rétrospective）或外推行為（extrapolation）——更因為談論在「原罪」前之時間是沒有意義的事。時間是牽涉（relatif）世界而有的——或許只在由於「原罪」及後於「原罪」，才有**世界**。

　　我承認我實在躲不掉上面所寫的句子的冒險性格。

Le Peuch，三月十五日

我昨天用的「氛圍」這個字用得不盡適當，更好用「**因素**」（*élément*）來說。困難在於了解這個因素不指一個穿透我的簡單環境。我們能不能借醫學用語說：我構成了一個為發展致病細菌而言有利的環境？是否可說在我身上有一個與「罪」的因素有默契的因子？

對這類的比喻我們千萬要小心。但是如果我們要尋找一個「罪」的表象，或許我們難於避免採用這一類的觀念。然而妨礙和危險必隨之而來：「罪」在此地要被化約為平常之事（naturalisé）；原罪之「原」會相似一些令人煩厭的稟性，如患肺結核症之幼童所表現的。從而要推薦一種「罪」的預防措施或保健方法。二者間只有一步之遙。

我想大家會很有興趣去深入研究「罪」的本質，不是從概念或意象著手，但從我們有必須拒絕它們的責任著手。我們注意到，一方面「罪」在以及它通過我們的良知而發展，絕不是一個客觀與件，為應付它我們可以把它看成身體的疾病似地予以對症下藥；另一方面，我們必須記得，如果我們忽略「罪」有的超個人的性格（trans-personnel），我們將一無所獲。錯誤或過失（就在於只把過失看成是錯誤的變化之一），是可以驗證及肯認的。然而，「罪」的本質似乎只在恩寵（grâce）的照明之下才能**開顯**。因為它超越了我們能夠具有的當下意識（conscience immédiate）。從而我們可以設想一個理性的哲學家無法肯認「罪」的存在。

今天下午我興起了這樣的思維：這個世界似乎在向「罪」的

方向前進，就在於它顯示自己是一個「反向目的論」（téléologie à rebours）的基座（siège），那是指它在邁向毀滅的終點站（按此義，我們可說是一個死亡的工程）。但這個「反向目的論」看來還不像是「罪」。

另一方面，我想是否啟示把我推入一個無限的團體，或使我活一個依賴天主的生活，二者意義相同，因為天主是一個無限團體的核心。這樣看來，轉向自己的意識，或許自願封閉者，不會向啟示開放自己。

Le Peuch，三月十六日

今天我要設法把昨天速寫式地記下的文字再作一番說明和探究。其實我們此處面對著一個頗有爭議性的弔詭：一方面，如果完全沒有自我意識，則談不上有「罪」與否，我會無法以「罪」論之；另一方面，就在於「罪」是一個因素，所以它無限地越出自我意識的範圍。我們應當設法了解：「罪」是如何透入自我意識的範圍來的。但我們要小心可以把意識物質化的想像力，它把意識想像成一種有洞的容器——這是毫無意義的作為。我認為我有責任要好好思索「透入」（pénétrer）、「浸淫」（imprégner）諸動詞的涵義。

我終能較清楚地看到我要探索的步驟：

1. 在「罪」的概念裡有沒有削弱人性的危險？普通人們會這樣想，因為人們強調它是來自外面的禁令，當他們設想

「罪」的神學好像寄宿生被關在處罰室內的情況一樣。但事實上，這種想法膚淺極了。我們應當放下「罪」與死亡的類比。相信「罪」，意謂當我們只集中目光注視可見的人時，認知自己可以無限倍地受其影響。

2. 有沒有關於「罪」的概念可能產生的偏差？

   (1) 錯誤在於過分地減弱「罪」和救恩的思維；在這方面有一個「每一人為自己」的嚴重的移位。（德·呂白克神父〔Père de Lubac〕[22] 的思想在這一點上影響我很多）。

   (2) 另一個錯誤的嚴重性不亞於前者，它把救恩化成一個徹底消極的觀念：首先是除去危險；使倫理成為百無禁忌的東西。但無人可以否認這樣做是在把天主教的真正道理加以可笑的扭曲。

其實上面的想法都是顯而易見的，並不給我人多少開示。我必須把今晨引用過的言說再加以斟酌一番。究其實，它涉及的較非「透入」（pénétration）而是「顛倒」（perversion）的問題。我從字義學角度考慮此字：這裡有一個轉向不善一邊的事實。能否說：就在於意識轉回自身多少，它就顛倒了多少嗎？我並不如此認為。然而我們應當詢問：是否只在意識自省中它決定一個回到自己的行動時，才算是合格的（légitime）。或許看起來似乎很矛盾，我們只能，和只應對自己有所作為，而對他者只能愛

---

22 編註：亨利·德·呂白克（Henri de Lubac,1896-1991），法國現代著名神學家，1913 年入耶穌會，1927 年晉鐸，1983 年教宗擢升其為樞機主教。他的很多思想為吸收到梵二神學中，其理論集中探討人與神關係的神祕性及宗教史問題。

之？對他者有所行動，或自以為可以對他者有所作為，會是與自愛相聯的作為。因為對他者有所作為，深究其實，它內含一個操控他者的意欲。不必否認對他者的作為是可能的，但這樣的作為若是直接並意願的，或許它以某種程度參與了侵犯了對方的行為。

Le Peuch，三月二十四日

或許我要在我的書房裡掛一個帖子：「我們同時一起追尋我們的靈魂和天主。」（聖奧古斯丁，《獨語錄》（*Soliloques*），德・呂白克神父引用過）。

確定性。——它與存在及與價值的關係。——通往承諾（engagement）和犧牲（sacrifice）之路。

依我看來，這是形而上的確定性，及此確定性與有核心地位的個人承諾間的關係。

Le Peuch，三月二十五日

從經驗的確定性出發。「當下」（l'immédiat）本身不是確定性的對象。它只在第二層次時，即它在受一個他者質問時才是。但是我們能以一般方式說，只在他者（即使可能在我內的）介入時才有確定性的空間嗎？沒有人際的座標就談不上確定性，因為他者是可以化約成一個空洞的符號的（schème idéal）。

我以什麼名義來對「確定性」這一觀念加以批判呢？這是一個其內涵必須闡明的重要問題（這個批判可被視為一切形上學的基礎）。

反省「說得過去的」（plausible）這詞的含義？為何「說得過去的」這個範疇對形上學是那麼陌生？

「不可置疑的」。什麼是一個具體的不可置疑物？在我確實懷疑及一個反省向我顯示某人能懷疑之間的差異。

Le Peuch，三月二十六日

分析一個「在我身上的」，或更好說「為我的」不可置疑物的需要。在什麼條件下這個需要是「合格」（légitime）的？先要查究這個問題的意義：這裡提到的「合格」究指什麼？

我們是否在討論一種手提式的確定性（certitude portative），當我願意有它，它立刻可以派上用場，並且**同理地**，它也是為所有的人要有即有的東西？我們是否在尋找一個經驗（一切經驗）之能成為經驗的最低要求，對於它所有的人都不能不同意，否則就有危險要絕滅這個經驗嗎？但假設這個不可置疑者能夠被人體認，它為我或為別人都不會產生什麼變化。而對我攸關的是一個極有創意價值的「確定性」。一個可為任何人通用的不可置疑者對我來說沒有什麼了不得；但一個為任何人是不可置疑者，**靠著它**在我和他者的**聯繫**而在任何時刻、和任何處境（disposition）下，成為我的一個不可置疑者。是的，為我舉足輕重的卻是當我處在我自己的某一境界時，我無法懷疑的東西。

讓我再敘說一番：

1. 對於尋獲某個無人能加以懷疑而不跌入謬誤的東西，我人
   對之一無興趣；
2. 但另一方面——這是再跨前一步——是不懷疑的我不只應
   當面對還在懷疑的那一位採取立場，還應當在我要建立的
   精神開發的計劃（économie spirituelle）中給懷疑騰出地
   方來。[23]

　　以上所言可總括來說，這裡有一個遠比一般人想像更複雜萬
分的處境，這也是我們必須配合的。然而有人會異議說：智者
（savant）追逐的是一個無法合理地被質問的「確定性」。此處
我們無法避免訴諸一個與「客觀的不可置疑者」相對的「存在性
的不可置疑者」（indubitable existentiel）。這樣我們就走入了齊
克果（Kierkegaard）的思維途徑。但我們應當知道我們要循此路
走多遠。

　　我要回頭補充一下：這是關乎深入討論「確定性」的談話。
「確定性」封閉了，當它在辯論有關意志問題時談不下去了。從
這樣一個類比我們可取得什麼教訓？

　　「確定性」的本質就是要表明或宣稱什麼。我無法理解它可
以用任何方式與表明什麼無關。但我們只向⋯⋯表明或宣稱什

23　原註：這裡我重錄昨晚我在備忘錄上寫的筆記：「我唯一能相信的一個神，是一
　　個接受，並以某種意義來說祂願意，並能為別人懷疑者。」這就足夠排除斯賓諾
　　莎或黑格爾的哲學主調。一個具體的不可置疑者應當可以吸收懷疑，但不把此懷
　　疑顯化。

麼。我們還須說，它要寄存一些什麼，就因如此，它從「**是**」變成了「**有**」。從而產生了一個極嚴重的曖昧。這會引發出一連串的頭銜或利益（possessions）。

我要找一個出發點。循著我一般採用的方法進行的話，我不能不從一個我個人的直覺定個方向。我無法剔除這個直覺，除非我否定我自己，或扭曲我自己。

要分辨二種確定性，一種是針對……，另一種本身是「**是**」的確定性。它就是具體的不可置疑者。但，正因為它有具體性，所以這個不可置疑者容易有隱沒（éclipse）的情況。隱沒的觀念和內入交談的觀念是我首要的研究目標。第二種確定性容易隱沒，正因為它不是被我佔有的東西。此處我們該更仔細的檢查；因為可以佔有的東西是可以丟失的。如果它不如此，它變成無意義的東西。這裡有些需要更煞費周章地加以梳理的問題。

＊　　　　＊　　　　＊

我的情況如下：「有些事情」在我身上發生了，「另一些情況」會在我身上發生，後者或許靠著前者而有，但它們之有，因其不容懷疑地有一根源在別的地方。這些「東西」——請恕我用這模糊的文字來表達——依我看來，有些支持我，有些阻礙我——完成一個與我無法拆離的個人「使命」（vocation），雖然我無法為我自己講清楚說明白，那是說：為我自己或為別人予以界定。這裡我要強調，我覺得這個使命能或不能顯得可與我在進行中的反省分開；但我不覺得它能為我完全消失。或許「醞釀」（gestation）一詞比「使命」更為可取。

Le Peuch，三月二十七日

我從一組對立出發：「**有目的的航行**」（aller *vers*），和「**漂流**」（aller *à la dérive*）。在我一生的每一時刻，下列的說法可以是同樣真實或不同樣地真實的：說我是定向航行或投入的，或說我在漂流。初看之下，這裡有一個我多少要遵循、多少要承受的規則（régulation）。或許可把意義比較模糊的「使命」一詞以「規則」或「任命」（ordination）來取代。我的有機生命若缺少了最低限度的規則，不能維持下去。我的職業生活、家庭或性生活只是它們的補充與延長——這樣我的存在從各個角度依我看來是有規律的；然而幾時我把這個存在看成是中規中矩時，我會使自己覺得我在讓它漂流著。但如果我意識到它是「被任命的」時，它就不會引起漂流的想法；就是這個「任命」的概念值得我們加深思考。但我先要查看一下這個研究是否對我關於形上確定性（certitude）的思維能有所助。

問題：

（1）我曾經想找什麼？
（2）實際上我找了什麼？
（3）我發現的會是什麼？

（1）這是說：對我研究的對象我給予怎樣的構想？
（2）粉絲（adhérents）和門生的廣延名單（conception）逐漸縮減，正因為哲學必須是多元（polyphonie）的意識在我心中愈形加強。我認為有一種可以整合其他一切哲學的系統的想法是

行不通的。我們不能不堅持應有「無可化約」（irréductibles）的概念。

在這樣的情況下，我能說我真的在從事叫我滿足的研究嗎？無疑的，但這樣只是用同義字在講而已。一切研究都導向一種滿足。重要的是知道其本質是什麼。我必須加重說，我絕對無法使我滿足，如果我毫無意識，同時及根本地，滿足他者，那是說「**施與**」（donner）。探求（chercher）能有其名只在於為了給予別人而探求什麼。但給什麼呢？就在此處我們應該回到「確定性」這個概念。

我覺得論及這個「確定性」，首先我要探求如何把它給我自己；並且一旦我有了，我立時要把它傳遞給別人。從某個意義來說，我應當把我自己當成一個需要別人指引的新手。無論如何，我的探究只是初步嘗試而已。然而，啟蒙師在何處呢？

Le Peuch，三月二十九日

我相信我最近寫的沒有什麼可保存的價值，這條路是走不通的。

Le Peuch，三月三十日

　　我蒙邀請給伽利瑪[24]出版的有關「存在」的文集寫一篇文章。我要生產些什麼呢？理想的情況是否是：我預備齊全，概念清晰，寫一套有充足論證且能以我的名字流芳百世的形上學說？說實話，在這樣一個領域中，無人能期望可以抵達無可置疑的高見之處。可是如果這裡已有一些能使人滿意之處，不是在於它在某一個申論中使教授們展露歡顏？為何我要隱瞞從前我也如此設想過一個哲學家的功能？但我的反省愈趨尖銳，我對上述表達的方式愈感陌生。這樣我對「你生產了些什麼或你要陳述什麼？」的問題，我會如此作答：「說真的，沒有什麼！」我甚至會予以反擊，毫不含糊地宣稱說：幾時有人要細察一個哲學思想的實質，回答很清楚，那是無法像一本教科書那樣攤在桌面上令人一目了然的（exposable）東西。不論一本哲學史的手冊寫得多麼認真，它向我們陳述的只是屠殺這玩意兒中最荒謬的一場大戲而已。我內心最深邃的部分拒絕參與這樣的遊戲。但這樣一來，我是否明知故意地退出這場大戲呢？我們可問，我們討論的真的只是一場遊戲嗎？因而我是否可把我三十五年來在我內心翻騰的思想稱之為一種「懷孕」（gestation）嗎？當然不行。懷孕什麼？命定要流產（avortement）嗎？說實話，說流產不難，但如果這個期待的生產（enfantement）意外地發生，要生產的是什麼呢？

24　編註：伽利瑪（Gallimard）是一間法國出版社，1911 年在巴黎創立，前身是一群作家發起的刊物《新法蘭西雜誌》。在法國，「伽利瑪」相當文學的同義詞，出版社作風嚴謹，至今仍沿用專門小組審閱的傳統；嘗有人云：進入伽利瑪的審閱小組比進入法蘭西學院當院士還難。

Le Peuch，三月三十一日

我仍感受得到一個錯的出發點給我的印象。我應當堅持我寫過的關於二個不可置疑者的筆記。

昨晚我又想及「**對一切人有效的**（*valable*）**系統**」的概念還須深入鑽研。每一個人基本上被看待成一個純粹的讀者，那是說，參與某個遊戲者；在為這個遊戲保留的地區內，一切得以發生並定位；從而所有的哲學爭論引發了可憐和膚淺的印象。讀者似乎從存在的悲劇中抽離出來；他像一個不食人間煙火的外星人，存在的重要問題與他無關，更確切地說都暫時地被存而不論、被人放入括弧了。不大光明的一面是發明這套系統的人贏得眾人喝采，受眾人膜拜。的確，人們不會為幻覺去勉力，也沒有辯斥一切異議的野心，但總不希望它愈來愈擴大，貽害眾生。

然而從一個健康的辯證角度來看，這個哲學一旦成為官方（officielle）哲學，它終於露出了它的不足，同時內在的荒謬──這是一切官方哲學隱含的通病──就在光天化日下暴露出來了。那是為什麼原先最反對官方哲學的哲學會無法抗拒地去靠攏官方哲學，與揭竿起義的創導者背道而馳。

「存在性的不可置疑者」（L'indubitable existentiel）就在於它的不可置疑性，不單為我，也是為「**我們**」，即謂為一切與我溝通的人，這種可能性之發生在於我們在某一經驗層面有過共同的真實體驗。它愈來愈大的擴散著，但與以手冊為工具的機械化傳播不可同日而語。讓我們回到蘇格拉底主義去吧。

Le Peuch，四月一日

今夜我想把不死的迫切要求（l'exigence d'immortalité）作我研究的樞軸：

——嘲諷（dérisoire）的範疇，
——把死亡看成幻影（simulacre），
——把死亡看成具有本體平衡力（contrepoids ontologique）的概念，
——「我們」就像一個星座。

這個反省可以與我關於「存在性的不可置疑者」之反省串聯起來。事實上，「不死」不必被像一個客觀的事實那樣加以證明。雖然有一些事境必然地把我們引入這種想法，不顧一切地渴望有這樣一種證明；但同時我們可以超越這種嚮往：我們常常可以回去翻看《打破偶像者》的最後一幕，它一直是我作品中幾個高峰之一。

我覺得我走近了、認出一個如此研究的明晰關節點（articulations）。藉著與「親愛者」（l'être aimé）的關係，我們終能了解：把死亡看成是人的最後與件，我們必然地要宣佈生命本質上是荒唐的。讓我把「生命」與「死亡」再予以說明一下。

說死亡有「本體平衡力」是指那些參與我的生命，使我成為今日之我，並繼續在如此作為的人，他們是臨在於我的存有（présence en moi）。對亡者的敬禮（culte），無疑地、必然地

暗示著一個類似的臨在。當我們在這裡說它是個記憶，因為我們缺乏解釋一個我們不只翻譯，更是願獻身（consacrer）的經驗的形上配備。

Le Peuch，四月三日

我不知道對上面寫的應怎麼想；我覺得很模糊。

Le Peuch，四月七日

打算要開始一個新的起點（這是昨天給 Louis A 寫信後興起的思想……有關生活**細節**會引發的阻塞作用）。它可命名為：「從千篇一律的每日（quotidien）到形上學」或者：「人類經驗的形上涵義」。我們應該立刻使人看到，我是故意採用海德格的稱謂來突顯我們二人間的類似之處；至於我們二人間無法消除的差異，我要放到後面再談。海德格提供的對每日生活的現象學描寫是有偏見的，似乎不能被大家照單全收。

我們從《貪婪的心》一劇中二個答辯開始談：「你靠著什麼活？──我像別人一樣，只在無人問我這個問題的情況之下，我才活著。」

你靠什麼活著？你的資源是什麼？資源一詞在這裡有何意義？這個問題也有此涵義：這些缺一不可的資源是誰給你提供的？你是否像本身具有這些資源地活著，事實上你並沒有？但如

果你在賒帳地活，誰在允許你賒帳？我們在誰面前有一天要冒無力償還的危險？

所有這些問題之會出現，只在我們承認生命（其義尚需界定）要求人加一把勁永不間斷地重新開始：什麼是那允許我再加一把勁者？但此處有可能產生一個混淆。我的生理生命要求餵養，如果我不吃不喝，不睡覺……，我一定不能維持下去。這樣，我是否已回答了被問的問題？不。一方面，能發生這種情況：雖然我被飼養得不錯，我卻在我身上缺乏繼續活下去的勇氣；另一方面，我們也能說這些生理機能沒有我的同意它們靠自己無法運作：我能讓我自己死掉。

還有，這裡缺乏的是一種基本的勇氣（courage）。「勇氣」一字在這裡很接近「心」之字義：「我無心去……」。資源的問題從此以後可如此追問：「什麼東西給我勇氣去……？」我們自然地會傾向用某種在反省前，甚至在一切思想運作前已經展現的「活力」（vitalité）概念來解說；我看到我繼續在飲食，在睡覺，但我真的不知道我為什麼這樣；機器堅持如此運作下去，但好像同我已脫離了關係一樣；它同我好像拆開了的一樣。從而出現令人難以忍受的二元論：「這不再是一個生命！」我的存在退化了。我可以不算誇大地自稱**我不再活著**；當我人在極端焦慮之刻，會這樣說：「彼得上戰場之後，我不再活了。」……厭倦（ennui）的心態將隨之而來，這裡講的厭倦是有加重意義的，不是可複數化的那種厭倦。從而整個人都消沉起來。

在東方的沙漠裡，我厭倦到難以忍受！（貝芮妮絲

〔Bérénice〕）[25]

當我意志消沉時我不再是活著：

> 當我失去一個存有時，整個世界變成荒無人煙的地
> 方。

為什麼呢？因為你受到的打擊使你失去鼓舞這個你被拋擲入的世界的能力。然而我們不該用完全主觀的方式去解釋你現在發覺自己失去了的鼓舞別人的能力。我還要說領悟（saisir）的能力首先是指把自己「租用」（se prêter）的能力，這是說，讓自己領悟。硬化也好，痙攣也好，都使我不再能為人「租用」，因為只在我能對他者開放與臨在的情況下，我才能支配（dispose de）我自己。

現在我應當探究這一切與價值間的關係：重取價值若一個訴求的概念，為討論這個觀點，我昨天給 Louis A 寫了一封信……對一切都不感興趣：「自從我失去 M……，我對一切都沒有興趣」。在一片空無中振盪，一個令人悲痛欲絕的空無──及固執不移的心態；這裡，價值泡沫化了，因為在固執不化的形像中濃縮的東西不是價值。那是說，我不聽不聞任何訴求，我不再存在。但以這種消極的方式表達一個如此這般的處境，說實話，是不適當的。周而復始的「每天」還在，但只像一個無法掙脫的鎖鏈。一直有許多重任緊壓著我，為什麼會這樣，我自己亦一無所

---

25 編註：拉辛悲劇《貝芮妮絲》中的角色。

知。

如何把價值加以平反：把它與空氣或光作類比。並非所有的東西都死掉了。

「每天」的重要性在消退中。此處的「每天」指被奉獻的（consacré）和重生（régénéré）的「每天」。

「白天」（journée）：像二個真正的夜之間的聯結。白天被抽象地視為同質鎖鏈中的一個鏈環。如此的理解使「白天」之涵義大大褪色（像死氣沉沉的景色，又像在鏡子前自我端詳，只看到鏡中的另一個我）。

Le Peuch，四月八日

現在我們要談談如何「每天」的形上價值在褪色中。我們習慣把「每天」看成規律化生活的基礎（譬如每天要做的祈禱，但也有要刷牙之類，等等）。然而恰好是針對這種規律化的生活方式我要反抗。一致性。感受「每天」是活在囹圄中。要設法逃避：我不再洗臉，我不要刮鬍子，我不再積極地參與令我煩惱的例行公事。我不想走出去，因為我不願意暴露在同一處與同一批人日以繼日地相處。如此我從每天侵蝕我的現實中抽離出來，我並不屬於此界，我之家園在別處呢！——但這樣一來，明顯地我是逐步陷入非存在之域，我並不因此而接近那個遙遠的家園，它為我只是一個鄉愁的對象而已。我載浮載沉於活在低於人性的幽谷中。為超越「每天」，我不是應該在抽象領域的無窮資源中尋求臂助嗎？

　　這裡我應該引進一個形上學的定義：形上學不是指超越一切可能經驗的「超越經驗論」（métempirique）。能否說——或應否說——有一種形而上的經驗？這種說法很模糊。我們能否說有一種我們易於接近的經驗作為我們的對象？或更好說經驗在這裡並不由其對象而被指定的？那麼它是由某種主觀的因素而被指定的嗎？不。更好說由某種分析後被任意地區分為主觀的及客觀的內在張力所指定的。這樣一來，我們能不能說一切經驗都包含一個關及我們不恰當地稱之為形而上因素的極易變化的內容（teneur）？我應當找些例子來說明我要陳述的觀點。一個可感知的經驗或許在這裡可以借用；但是否應該說它之所以可用就在於它能象徵地描繪某一個概念？絕對不是如此。更好說它在吾人身上喚醒某一個回響（retentissement）。

Le Peuch，四月九日

　　形上學不是一個實體世界，它恰好相反。我們應該查明因著哪一種致命的錯誤而會引發這種簡化的思考。

　　反之，「**經驗的形上涵義**（*teneur*）」的出發點是「每天」（quotidien），其內涵是我們能夠觀察到的。純粹和簡單的「每天」無知於形上學；被貶抑或被忽視的「每天」否定形上學；只有奉獻過的及重生的「每天」才肯定形上學。這樣的表達是否有瑕疵？不；一切人類的經驗之所以為經驗，在於表達自己，在於成為言語之時。或許我們可以說，言語不能表達的，也是經驗中不能被經驗到的東西。更確切地說，經驗只有在它用某種方式表

達出來的時候才成了經驗，因為只有在這個條件下，經驗通傳自己而成為可以傳遞的。[26]

純粹而簡單（pur et simple）的「每天」指某位在每時每刻都專心於他的事務（affaire）者的經驗；每一小時都有它自己的苦衷（難為、無聊的心情）。下列的說法並不正確：生命在其瞬間中顯得像是要去執行的任務的串聯，而其中每一個任務都有一個期限；這個串聯並不排斥任務間可能有的重疊（譬如一個家庭主婦在掃地時，也在砂鍋中煮湯）。我人的「每天」愈被一個接一個規定好的任務瓜分，人類經驗的形上涵義愈趨薄弱。然而我們不難感覺到實情並非如此純粹簡單；我們是否要明辨一下從事這些任務的人的心態（esprit）。這會是一種完全染上主觀色彩的心情嗎？並且，原則上，我們會想：如果在人類經驗的核心有一個形而上的因素的話，它必定內在於結構中。但我們不應當信任這些有誤導性的比喻。

經驗不能同化成一個現成的客體，最後加以粉飾一番的東西。沒有什麼是比「體認思考經驗有多麼不易」更重要的事。我們不得不借用一些比喻來了解它，但就按其定義來講，它從前後左右各方面是溢出（déborde）這些比喻的。這樣一來，當我們談及它的形上涵義時，我們把它想成保留著某一不變實體的一小部分，而我們對這樣的實體只能間接地和秘密地藉著迂迴小徑稍稍接觸到，或只為少數已深入其境的幸運兒所保留著的。但也是很明顯的是我們必須擺脫這些物質性的圖像。經驗不是沐浴，形

---

26 原註：更確切地說：經驗只在它用某種方式表達出來的時候才成了經驗。因為只有在這個條件下，經驗通傳自己而成為可以傳遞的。

上實體不是物體（corps）。這裡我們不能不問：什麼因素是激發我們問這個問題的動機。因為我們明顯地看到我們的經驗有不同層次的滲透度（但這裡又引用了物質性的語言）。

這裡，「價值」的觀念上場了：它是什麼的重要性來自它呈現了一個意義，一個價值。其中難免有不同的層次，一頓好的早餐是可以忘不了的；當然，從烹飪的角度講這是可能的；但有時烹飪平庸，只是有好的環境和氣氛也會使我們如此述說。有二種價值的評估制度（systèmes）。我們能否自限於一種說法：這些評估制度在考慮它們間有否階層（hiérarchie）之前已有其不同性。但我們必須承認：一個個人的生命必含有一個等級，甚至缺乏這個條件就無法理解何謂「個人的」生命。

或許我們可以在這裡引入「不尋常」（extraordinaire）的概念。我們要嘗試了解「次序」（ordre）和「不尋常」之間的關係。周而復始的「每天」似乎排斥了「不尋常」。這好像是為了擺脫「每日」的單調，我們設法與「不尋常」聯絡。但在「次序」的本身就可能潛有一個「不尋常」；對這裡出現的「不尋常」，我們要怎麼解釋呢？這種情形就不能視為一個由它本身而言是使人討厭或失望的法定的「次序」之脫序了。

輻射（irradiation）的多變的力量是內在於個人的經驗中的；藝術不作他想，正因如此它是「形上學的永久的文件」（德國哲學家謝林〔Schelling, 1775-1854〕）。一個人之價值就在於：藉他的榜樣和成品，他推動及更新我們對「愛」的理解。但這個力量能倒過來反對存有，反對愛。

孔克（Conques），四月十二日

　　昨天我在我的綠色記事本上寫了「剝奪」（privation）的特性在於它能加深我們對於被剝奪之物的記憶的敏感度。但我覺得這個想法與我在離開 Peuch 前所寫的沉思沒有明顯的關聯。我現在應當詢問的是「剝奪」在每日經驗中扮演的角色。我說過，「剝奪」常是「非存有」（non-être）內的某個存有。純粹的及單純的「不佔有」（non-possession）不是「剝奪」；我只對我曾有過的、而它仍留在我身上的東西會體會到被剝奪感。

　　再一次，我要面對在「自我」（或具位格者）與經驗之間所有的關係這問題；這是一個不易用理性語言來表達的問題。因為我們如果把人看作是經驗的主體，我們會一無所獲的。

孔克，四月十三日

　　「做」一個經驗。當一個經驗是事先斟酌過的或估量過的、能配合一連串的行動時，「自我」確是主體；但我們要細察：對我們的生命整體來說，我們是不容自己同化入如此這般的一種經驗裡去的。我不能理所當然地認為我就像是使一個經驗發生之地帶，對它我全然漠然無知，而對它的終極意義也一無所知的嗎？（反之，我「做」一個經驗，或我走入一個經驗時，我知道我去那裡，至少近似地知道。）但我們必須謹慎地給這個主動的力量命名，這個力量才是上述經驗的真正主體，而我只是一個場合（lieu）而已，譬如我們講起某一族群的天才，某一時代精神

（Zeitgeist），等等。

今天早晨我思忖是否我不應該重提一些很高超的事物來分析，譬如「存有」，「非存有」，「生成」。

我實在應當好好思考在什麼條件下「存有」一詞對我具有意義（對我：這不是主觀主義嗎？不，因為能與我交流的東西必是也能與他者交流的東西）。我們應該為「有價值」一詞做類比的探究，再比較其結果。或許我們可以用《是與有》一書中有關斷言的重要片段作反省的出發點。詢問「我存在與否」是一個具有矛盾概念的問題。因為如果我不存在，我無法問這個問題。但人們還會答說：這裡並不必然包含矛盾；不是那個詢問有關「自我」的某人，他的存有是被質疑的嗎？這裡德文：*Es wird gefragt ob Ich bin*（被問的是「我存在嗎」）表達得清楚得多。那人可能還要說：屬於如此這般的理念型的存在的模式是迥然不同於我們正在探討的現實界；我們可以區分理念性存有（être idéal）及實體性存有（être substantiel）。我們不能不承認在存有內有不同的等級；但誰允許我去肯定那個被稱為理念性存有的不足？不是還應當有參考一個不同的存有，後者會是或可能是事前已經歷過了的一位？但如果不是被我，則被誰經歷過呢？

我要反駁把「自我」孤立的立場。

存有是永生（éternité）之擔保（gage）或種子（semence）嗎？——然而，它可能只是一個瞬間的閃爍（fulguration）嗎？

在自我的發揚中的喜出望外（exaltation）——樹之開花結果。

中午。——我看了一下今晨之筆記，覺得蠻有用的，但有一個條件，即它們必須更好地表達出所提問的問題的意義和牽連

性。我應當強調的一點是：此處問題不是真正的可與存在的迫切感（exigence）分開。我必須從「每日」經驗開始論述：藉之我乃能與四月初在 Peuch 所寫的筆記聯貫起來。

我通過我的每日經驗來思考我自己。我一無理由來懷疑和我交往的人和物的存在；我受這些人、這些物擺佈；但這種交往要把我完全吸收，以致於我完全陷入其中。我的身體需要飲食，需要鍛鍊，也需要休息。我、你的身體在諸物之中並無特權。「每日」經驗首先是以有機功能的循環來理解的；針對著這個循環我要採取立場。它能以這種方式呈示給我，使我要強烈地設法遏止它；我對這個誘惑沒有讓步的事實可能沒有任何意義，或只是卑怯而已。

孔克，四月十五日

其實，這些思考都趨向一個結論，那是說，存有和非存有的問題只在它演變成一個兩難論證（dilemme）時才有意義：飽滿或死亡；從我這個曖昧的存在開始講起，我的存在週而復始地通過功能和職務的循環而綿延著。這裡有評估的問題；但不能避免的還要問：我們是否又陷入了純主觀的看法。從現象學角度看，可確定的是，「存有」這個價值——如果這真是一個價值——顯出的是：價值並不由我賦予某物而它本身缺如或無法具有。此處豐富性（plénitude）一詞極具啟發性。但我們亦可用一組「封閉／開放」的特性來標示，或用一個我為訴諸「希望」而提出過的「囚禁」（captif）觀念。試問何為「被囚」或被職務（fonction, tâches）的循環包圍的情境。讓我們溫習一下我曾提到過的「**厭煩**」（*taedium*）觀念。「**厭煩**」和「**臭氣**」（*foetor*）有連帶關係。解體（décomposition）。囚禁是要把我解體。這裡有一連串的思考，我在不同的地方提到過。囚禁已是死亡——使人成為行屍走肉。難道這不是死亡的最恰當的描寫嗎？我們可以說死亡本身或是什麼都沒有了或是一個解放的機會。但是或許它只是由我們自己構造的：生後之死會不會以我們應得的樣子出現：看我們活著的時候是否屈就死亡，或相反，我們已得勝了死亡？

要點在於我們不用生理的意義來看「生」與「死」的範疇，我們才有權以「存有」及「非存有」取而代之。但這個取代——微妙及有冒險性的——卻是免不了的。

我必須把全部的或潛伏的「獨我論」（solipsisme）徹底的清除掉。說「我只知道我的意識狀況」是完全沒有意義的說法；在它們是「我的狀況」的情況下，我只活在其中，我不知道它們。如果我把它們轉化成客體，我就把它們等同於外在的客體了。

這樣一來，**那個**本來可以說享有特權的我，不再有任何本體特權了。我甚至不能談絕對的親近（proximité absolue），因為有時我能感到更接近另一位，比我還接近我自己。「接近」這個概念本身是很有趣的，問題就出在這裡。觀念論者從一個絕對親近的概念出發，但接近誰呢？由誰評價呢？要緊的是去訊問如何可能我感到遠離我自己，我與自己異化。我的結構應當許可我有異化的感覺，把這種感覺看成不配合任何實況的看法是沒有意義的。

此外，我還該深入探討「特權」的意義；原則上一個特權

只能是「被給予」或「被授與」的（octroyée）；此處應該說是「自我」把特權授予他自己。然而實際上問題不在於此，人們會肯定認為針對自己來說「自我」具有一個有特權的處境。他者只能以表象（eidôlon）的方式干涉「自我」與他自己組成的神奇圓圈的外緣。然而這假定「自我」在其他事物之前被交給他自己，但這種優先有幻覺的成分。

Le Peuch，四月十六日

我覺得我最後幾天的札記逐漸有眉目了。

對我來說，在「存有」與「非存有」間之區分或對立究竟指什麼？我們不要受被問題顯出的主觀面貌所欺騙。重要的是知道：在什麼條件下這個對立為我充滿活力，從而是可傳遞的。我不否認那裡可以有一個無法給我傳遞之物（l'incommunicable），而它若其所是，交出一個價值，此處我不想討論它。假定我談這個「無法傳遞者」，這將是為了傳達什麼有關這個主題的東西，而結果是為了促使他者轉向這個無法傳遞者，使後者發生在他身上像發生在我身上一樣。譬如說我詢問在什麼條件下我能把某一存有歸因於非存有（non-être）或某一個非存有。這會叫我投入我的經驗相當的前端，為看到一個如此這般的斷言有什麼依據。我的經驗的本質有時要把自己獨斷化（se canoniser），有時卻相反，宣稱自己一無價值？我們或許應該自問：是否我們此處在被言語（mots）作弄；一個經驗如何能對自己作一個判斷？更好說，某主體有了一個經驗後很欣賞它或

最後否決（condamne）了它？但我又自問：如果我如此這般地用人們習用的方式來觀望周遭事物，我在任由幻覺誘導著自己？這個主體要成為怎麼樣的東西？這裡是否有一個簡單及清楚的移位，由一個簡略的（squelettique）觀念引發，設想一位法官審查了一件案子之後發表一個判決？有人會說，倒過來說的才是真的，這裡談到的法官在作的只是一個功能性的行為。大家會同意這樣一個功能並無絕對必然性，但此處我們可以見到受造物（此處為人類）之不完美的記號，他無法使自己與其功能完全合體（s'identifier pleinement）。而這可能是一個錯誤，因為真正的**判斷常在具體的情境中**（in concreto）進行，並且是主體全力以赴的行為（avec tout soi-même）。

但我的思索似乎在走迷宮，雖然這些想法能助我們走出一個錯誤的純主體的觀念，那是一個康德式的「功能主體」（sujet-fonction）觀念。

現在我要盡我可能地建構一個要研究的藍圖。我要勉力找到若干主要的形上範疇，它們應當與哲學理論，包括最近流行的，沒有什麼明晰的關聯；我還要竭我全力去分辨其內所指，及哪些是對我有所啟發的範疇。

「形而上」（le métaphysique）這個觀念本身在我看來是不正確（faux）的觀念：

1. 把「形而上」看成「後設經驗」（métempirique）的東西，好像是一種超越一切可能經驗的東西。
2. 把它想成一種能建構一個有特權的世界，對之我們可以給予進入一種不尋常經驗的通道。

　　但我們若認為「形而上」並非一個保留的東西，就可以結論說，總而言之它是由一個經驗組成，且不論是哪一種經驗。回答此問題以前，我們先應當問：這樣的討論要把我們帶向何處；這只能是在體悟了某種存在的迫切需求（exigence），感受到某種召喚（appel）之刻，我們才覺得非精確地向之回應不可。「形上的迫切需求」近似「創造（création）的迫切需求」。

　　想望被啟蒙去洞悉某個秘密，愈來愈被看成相等於對事物擁有一種能力；同理，我們愈來愈少地去關切事物本身。如此的觀點顯得愈來愈陷人於灰心失望之境。[27] 我們的去處只能是這個愈來愈精密的科技世界，它是這些事物的場所。當它們用一種與一切可能的科技相左的角度加以考慮時，它們不再成為事物；而就在這種觀點，且只在這種觀點下，我們能夠詢問是否它們真的在外面。它們靠近我的程度，就在於我意識到我對它們的陌生程度（étrangeté），它們竭盡全力要和我合混為一，一直到我在我自己的目光中隱而不現了。

Le Peuch，四月十七日

　　最重要的一點是經驗的可能波動性格。它完全不能與恆常不變且不透明的與件等同而視，正因如此它不易被我人思考。而恰好根據此變化多端的性格，形上學得以並應當建立起來（一種在

27　原註：我要說的是：我們愈來愈不信事物內含秘密。我們覺得，不管有理沒理，存在之物是不具內質（dedans）的。

習慣和陌生間持續進行的變化多端）。形上學之所以被思考成一種在經驗外的東西，就在於後者被任性地固定下來之刻；相反，它愈顯得不穩定及變化多端時，形上性愈顯得內在於經驗之中。這是說，在經驗能促發的各種模式中我們不知如何建立一個獨立於此人或另一人的愛好層級（hiérarchie）的原則。因為我想用一**個純抽象**，外在於我之物，這是可能的；但就是這個抽象是不可取的；這裡我要舉一個例子來說明：田地的經驗對耕種它的農夫及對寫《農事詩》（*Géorgiques*）的詩人來講是不同的。然而我覺得如此提出的命題不很恰當，我還需要勉力找到更好的比喻。

我才寫的，還未寫完的，或許只是一個走向省略號的括弧。

我把昨天寫的摘記重讀了一遍，我發覺我並沒有足夠地陳述。事象（les choses）不可能與我們手頭能擺佈的技術分開。「擺佈什麼」這個想法只能在純外在的世界中適用。這個世界中的因素互相配合地運作。我可以說，在「吾體」與事物間不只存在一種相似性，並且有一種本質上的同一性：**「吾體是一物」**，它無可避免地遷就事物的宿命，特別是在工具的作用上，它是有用的，它需要保養，有時甚至要回修。終點站是棄之如敝屣。它的遭遇起伏不定，與工具無異。它也可以與藝術品相比，就像後者之能激發美感；也正如此，它被判短命；藝術品無法忍受無限制的修復工程等等。

這些反省都不假，但不夠。人們還應該說這個身體之存在只是為一個與它等同但與它對立的主體。我們這裡暫且放下抽象：吾體不以一個當我找到另一個就可棄之不用的工具之方式呈現出來，或我可以從事其他我沒有它也能作的活動。它提供給我若一個為做一切可能工具活動的絕對條件——及為一切可能的樂

趣——；如此說來，它把自己給予我就像它成了我的一切，只有一個例外，或可說是我保存的：犧牲我自己的可能性。是的，但即使如此，它的斡旋還是不可或缺的：是我的手要開鎗，或轉動瓦斯的開關。但這些言說足以指出它還是一個工具——所以它不是全部；因為不會全部只限於是工具。誠然，這個工具有傾向要把自己看成目的之想法是無人會爭議的。肉體的生命在沒有嚴格地被控制的情況下是有傾向變成一個封閉的制度；但就因為這個控制是可能的這個事實，足夠顯出身體並非全部，唯物主義不真，甚至可說是荒謬的。

我現在能說的只是這一些：從我能力所及的角度來看，由於這個藉之而能肯定我的「絕對工具」，為別人，或許也為我自己，能趨於把自己看成一個肯定地不是「藉己」（par soi），而是以「為己」（pour soi）之實體（entité）存在的方式出現著。要把這種想法說成除非藉著抽象無法領悟的企圖是徒勞的。我的生命之所以能夠存在，是靠有社會性格的一大群人的媒介才得以成功，然而很有可能我把自己想成是這整個社會結構的中心。如果是這樣，「他者」無法引起我的興趣，除非他們多少滿足我的需要。

這樣看來，我人可以很直接的，很容易地領悟超越的觀念。或許這裡提出觀念一詞是不適當的。我們更應當自問是否在「犧牲」及「自殺」的事實中包涵了一個超越者的**實在**。（1959年一月我重讀這段札記，我認為它與杜斯妥也夫斯基筆下的基里洛夫〔Kirilov〕[28]的形象有契合之處。）

---

28 編註：杜斯妥也夫斯基小說《附魔者》中的角色，一位工程師也是哲學家，整個

要在犧牲與自殺間建立一個對立在此處似乎還不易說明，就像要把「觀念」和「實有」（réalité）對立起來沒有多大意義一樣。超越者的實在就在於它是觀念，並以觀念的方式在運作；譬如說，「祖國」（patrie）的實在絕無可能與鼓舞愛國者內心的祖國觀念相悖。同樣地，為信徒也是如此。讓我們在這裡注意到內在的辯論術的角色，在互辯的過程中，「身體」在代表自己，為攻擊觀念的思想中找到一個代言人，它說：「講到祖國你只是一個觀念，而我，在我後面有一個唯我所有的、無可置疑的實在。」然而我們不該被詞彙作弄，被身體代表的這個思想究竟為何物？這個代表意味著什麼呢？要迫使一切有關超越者（un transcendant）的斷言無效的這個思想的真正的身分（titres）是什麼？

Le Peuch，四月十八日

這個代表性格是捏造出來的；這是一個以實在之名貶低僅為概念之價值而自許的辯解。

回顧我昨天所寫的，吾體（mon corps）的本質能夠，且應該交替的被看成若「我」及「非我」。也是以此角度我們可以思考自我犧牲（dépouillement）。

值得注意的是，就在我把自己以身體的方式犧牲自己時，我

故事中他只有一個目的——自殺，視自殺為人生至高理想與成為「人神」的必經之路。

在犧牲我的未來；身體就像未來的儲存器；捐獻我的生命，就是決心要捐棄我的未來。但使這犧牲可能的條件是什麼呢？它假定一個解脫，我應從每天重覆的軌道（quotidien）中解脫出來。要如何了解這種說法呢，除非我在自己內深挖那個——我稱之為一個遮蔽處，或一間囚室。這裡我們再一次遇到了我近日談及的機能（fonctions）與職務（tâches）的循環。說我在這個生命中，即謂我在我的身體中，因為把身體還原到在某時刻它顯現出來的形式是十分任性的做法；身體是某種方式的持續（durer）；由此觀之，脫離我的肉體（me désincarner）本質上不是讓我脫離現場（me transporter），或在「**他處**」顯現，而是以這種方式逃脫我習以為常的持續，這是在「出神」（extase）時發生的。我的生命能夠在我自己的心目中看來並不把「我」顯示出來，甚至叫我吃驚。（可參閱我的劇本《破碎的世界》第四幕）。怎麼說呢？應否說有一個純粹的幻覺？

Le Peuch，四月十九日

　　我覺得以上所言都不清楚不明白。我不會因為我的生命使我不悅而不再在我生命中存活下去。我所能說的是我周身不舒服，我在逆境中，但這還不夠使我要從其中脫身；相反，我們可以想像有一種要使我自閉的方式，予以反擊。我們甚至可問：接受它是否是使自己獲得解放的先決條件。只是這個字的涵義並不十分清楚。

　　我不覺得我最後寫的札記能釐清什麼觀念。

Le Peuch，四月二十二日

我渴望得到確定性。我要問此話有何意義。我渴望能處於一種我有確定性的情境之中。但是否我渴望有的一種確定性，不論它是怎麼樣的，甚至那種把生命和世界看成毫無意義的確定性嗎？把我安置在這樣的確定性中是否會中止我的苦惱（tourment）。相反，它會使我深陷其中，不能自拔。這個否定的確定性只有一個好處：它助我攻克那些堅持有一個合理的或有神意安排世界次序的人；它或許能滿足在我的思想中造成的頑結（prétension），要肯定自己相反別人的作為，要控制別人。並因知道自己未入其圈套、沒有受騙而驕傲。

重要的是問：渴望確定性是否首先指要滿足這個在尋找中的驕傲？請注意，或許這裡有這樣一個矛盾：在一個除了「無」之外，一無所有的世界中，有可否定這個世界的因素。總之，宣稱宇宙只是一片空無的我，卻說自己是存在的；略作反省後，我把我自己也附加入這個判決之中，或我不知道自己在主張什麼，或我沉沒在「不思考」（non-pensée）的深淵中。結果是我放棄了我對確定性的追尋。

我應當承認我的存在模式首先可說是**在尋找一個確定性**：可用身體作一個比喻，後者在達到平衡點前，會一直晃動不休。

要對⋯⋯有所確定。要深入反省這些字的意義。這裡有一個深淵⋯⋯。是否確定性是指對一個我絕不懷疑的事實而有的完全否定性的經驗？但這是幻想。為何我絕不懷疑？這個否定性依附在某種積極的東西上：什麼東西？它的支撐是某樣向我**已啟示**的東西（與愛之啟示有類似之處）。

Le Peuch，四月二十六日

我給 Louis D……的信中說，不論對「每日」本身所作的它有內在價值或無價值（non-valeur）的判斷都是沒有意義的。「每日」本身並不存在。它能或變得平凡無奇而品質降低，或相反被愛磁引而奮發重生。這「每日」是如何而生的？更好說，它包含些什麼？它包含一些功能？任務？我的日子一天一天過去……。我也看到，幾時我感到我的日子像同質的單位、一個接一個地跌入深淵時，失望的情緒對我侵襲了起來，而給我留下的只是一個我不認識但有限的數字，我尚能應用到我一無所有、山窮水盡之時刻。那時我頗似一個坐吃山空、用盡存款的人。但如果我完成一件作品，不論是哪一類的，就不一樣了。然而面對著已完成的作品，我能感到無動於心，甚至幾乎有敵意，就像我面對我的後代一樣。它能顯得與我脫離關係，而對它的遭遇我可以無動於衷。我甚至會想：由於一個視角的幻覺，我在對它未來的遭遇略呈關心。

我覺得這個分開的「我」是在自承不是永存的（mortel），就因為它與不是它者分開的方式。它期望的純粹存在（existence nue）的永存性（perpétuation）無法被想成沒有矛盾。或許有人要回答說：我期望的不只是繼續生存，卻是繼續參與我家庭的或我國家的生活，一直與……保持密切聯繫。我看不出這個祈嚮有何荒謬或不敬之處，但似乎這是無法實踐的，除非這個組合按著新的模式發生，這個模式我無法十分完美地把它向我自己表達出來，因為它們是無法還原到**關於……有一個意識**。

Le Peuch，四月二十八日

存在物（existant）的特性是投身（engagé）或加入其中（inséré），這是說進入一個處境或交流中。結果是如果我們宣稱要這樣做，我們不單從這一個特殊處境，並且從任何一個處境加以抽象，要把它以──如果不是虛構，至少是一個觀念──予以取代。

爭論外面的世界存在（譬如東西）與否是毫無意義的，如果有人同時要爭論「我的存在」對「我」來說的問題，這個「我」不單看到那些東西，還同它們有交流。至於「我的存在」，我能爭論嗎？我要爭論「我的存在」時，我腦中在想什麼？

Le Peuch，四月三十日

從他者的臨在到我自己的通道（filière）：它顯得神妙莫測。因為有人把它當作有問題性質的觀念去與自我臨在與自己的事實對立起來，而後者則是被視為堅固的，不變的與件。而要拒絕的就是這個公設。自我臨在不是不變數。幾時我們把它構製成一個理性的概念時，我們就無法認識它的本質了。「我」絕非一成不變地臨在於我自己，反之，「我」常常與自己異化、常偏離中心的。而在異化嚴重時，我試圖去了解自我臨在是什麼，我無法想像它是什麼，也不相信它。就像我不再「領會」（réaliser）「我的自我臨在」是什麼，更有進之，我無法相信他者對我的臨在。說實話，就在我們了解自我臨在與創造活動混合時，乃真

相大白。我還須立即加上一個補充：創造（créativité）不指生產（productivité），創造不是生產。

這裡出現了一個模糊點：在什麼意義下，我有把握說是「我」在臨在於我自己？以「存有」或「實在」的臨在來講是否更為可取？事實上，我們應當看到「自我」只能表明一個「不在」，更確切地說，一個「缺乏」；同時，這個缺乏幾乎總是要把自己看成是積極的某物；對「自我」的幻覺不是別的東西。但這樣只會使懷疑變本加厲。我們不是與拉維爾 [29] 一起，把存有的臨在放在自我意識的根部嗎？我相信就在這裡我們該懇求每日經驗的現象學來協助我們。但這仍講得不夠精細。

或許我應該從批判一個觀念出發，這個觀念是我們與「他者」的關係而引發的，特別偏愛與不在的、已失去的「他者」。這是我今天早晨寫的札記的啟點。就在那裡，我覺得自己似乎迎受了一道光。

此刻我記起了愛彌兒 M，他在 1940 年五月一場戰役中喪亡。有人會向我說：「他絕不可能臨在於你，你保存的只是一小卷有關他的膠卷；一個錄影或者錄音，你可以使它轉動，沒有別的了；然而把這卷錄影或錄音看成是亡者本人，這是毫無意義的事。」對於這種還原，從我內心深處會湧出一股抗議之氣。抗議來自我對他的愛，抗議本身即愛。直指「自我性」（Ipséité）之斷言必要批判幻覺（simulacre）的觀念。我會回答說：真正活過的生命的一部分，決不會跌入純粹幻覺的境況中去的。或者，這是一樣的，那個真實的生命把自己委交給一個模仿自己、毫無生

---

29 編註：參前註，頁 30。

氣的東西而隱失。追問這個斷言的本質：這是一個挑戰。這絕非查驗一個事實，相反，是一個希望。查驗的本色是使它能合格化，而這種企圖在這裡是絕無插足餘地的。

這些話並不澄清要旨，讀者不會滿足於「臨在是奧祕」的說法。當我宣稱：「這不單是我攜帶的愛彌兒的一張像而已，這是他自己」，我究竟要說什麼？這幅像只是一個工具（moyen），藉著它一個實體繼續與我共融，這是一個在懇禱（invocation）和祭儀（culte）根原處之超越行為。但我應該再進一步用自我臨在的解釋把它澄清。我覺得再次自我鎮定（ressassement）的經驗是很管用的。只在某種面目一新及先前的沉睡中，才再次得以臨在於我自己。不過，問題還在：用什麼權威講自我臨在著的我？是自由的意識。但沒有什麼可阻止我說：這個自由到頭來不是一個恩寵（grâce）。這裡有一些只有給予我，或**恩賜**於我的東西，而得到它們的條件不由意志得以指認或再次陳述的。

說我在追問一個確定性，這種說法似乎準確地表達了我的存在模式，我不只是一個有生命的存有，不只是一個國民，或一個劇作家，卻是一個哲學家。反思一下之後，這個公式顯得曖昧不清。確定性的特色是可以公開宣稱的東西；它並不像是能真正地與把它公諸於世的行為分開。但是，說我在尋求一個確定性，能不能簡言之，說：我在尋找一些──為翻譯某一心態（état），某種在我從事這項研究前或許已是我的一個經驗呢？或者這樣問──這將是很不同的──我在尋求存有的一種式樣，它在把自己讓渡給某種藉之確定性方得以表達的公式？存有的一種方式或認知的一種方式？如果對我來說為進入一種新的知識有問題的話，我立刻發現我自己處於一種與我要求知道之物的新的關係裡

去；這種方位的改變主要影響到的是存有的樣子。

　　呈現的交替物，說真的並不複雜；它不幸地引人懷疑的是那個我費力地在發展的實在，竟讓自己做了一個性格簡單的抉擇。假定在我的原始經驗中有一個根本的不變性（invariance），我們須體認：為了使我要發現的公式有空間，它必須安排起來，必須變得像似可以觸摸的東西；它也必須分配出去，被說出來；不然的話，它不能變成可理解的東西，我能做的只是給它貼上很多意義不明，不能啟示它真相的修飾語。在這樣的條件下，交替物的第一端非常接近第二端。

　　此外值得注意的是，如果我的經驗能夠公式化，也因之而能傳達給人，就因如此而改變其本質；真的，我不再會閉鎖其中；我不再感受那種把我牽連到某種我無法細訴的苦惱；可以說，它改變情緒的顏色。還有：如果經驗意指我當下感到的某種心境，我必須毫不遲疑地說：我在尋找的確定性，不是靠著那種狹窄化的經驗。

Le Peuch，五月一日

　　今天我心情不好：是否因為如此而使我寫的最後幾頁似乎走了樣？

　　然而我不能不問：我在尋找的確定性是針對什麼說的？如果你願意聽，我要問的是如何給我的生命找到意義。但我必須加一句：這個意義之真能使我滿足，在於我能認出它來時應當滿足一個條件：這個意義不是只為我一個人而言的。譬如一個只為表

明世界和生命的一般性不協調和荒謬的確定性，我無法滿意。
然而，這裡出現一個難題：如果我尋求真理，而且如果現實界
的最後實相恰好是沒有什麼意義，是否我要被強迫滿足於這個否
定的確定性？或者我是否應該承認我在尋找的不是真理本身，而
是一種配合我的真理，一種能刺激我或安慰我的真理？這個肯認
（avouer）是否構成一個對我的判決？這是我必須全力以赴地去
面對的難題。我必須順著偏見去挑戰我自身的存在，或相反，我
應當宣佈它。

　　總而言之，我們要結論式地宣稱：不論以什麼方式，要做一
個為知道生命有否意義之調查，都是荒謬透頂的事。並且原則上
可以說，我們每一個人都能為自己找到使自己確信，或使自己加
強「生命無意義」的觀點的經驗陳述。但有一個補強不能省略，
這是說，必須要做一個有關的判斷。要做這樣一個判斷，某些東
西會來干預，它們是與一個全力以赴地大量收集怨恨和苦難的
思想密切相聯的。**開釋**（*acquittement*），**赦免**（*absolution*）。
（1959 補注：這裡我置放了這二個字，但我不確定我給它們的
價值無誤，我也不確定我是否把它們放對了地方。）

　　此外，還可以問的是：如何這個判斷是可能的，從現實世界
的哪一類的結構開始，它能實際運作。

　　應當更精準地詢問何謂「有一個意義」。簡言之，是要澄清
在我們心中的「迫切需求」（exigence）：譬如我能說，就像我
前面說過的，這個需求之能滿足，在於我面臨一個工作，它使一
個生命同時獲得自己的表達及證成（justification）？對某種我正
在尋找有普遍性關聯和絕對意義的企圖能否給人一個例子，一個
可以使人更易了解的表達嗎？接受一個工作足以給予生命一個意

義的說法，似乎在說這只是某樣更重要得多的東西的象徵而已。
我得承認我自己對這個論點還不甚清楚。

目前我看到一個困難是這樣的：所謂「經驗」，我們會否
想它是以一種注定要以不完美及削減過之後才向活過它的我呈
現出來？或者相反，這裡談的經驗是指人類的普遍經驗？然而
我覺得當我們一般性地說人類經驗時，我們把它的構成經驗的
因素除掉了。明顯的是，經驗必須要在獨一無二的時空中（*hic
et nunc*, here and now），並以不可轉讓（intransmissibilité）的
格式下出現，才能被人體驗。無疑的，康德意義下的「經驗」
（*Erfahrung*），它是在構成的過程中，它最後以未完成的面貌
登入一個龐大的目錄中，有些像拉魯斯[30]的月刊一樣。但如此這
般的「經驗」不只有排除形上學意義之嫌，甚或似乎要把這位那
麼投入及躬身其中的人士引進無法再提問題的處境中去。

Le Peuch，五月二日

昨天的矇矓像烏雲般逝去，今天我又能清楚地思考了。我清
楚地看到，一切均應聚焦在無法懷疑的「存有化」（indubitable
existentiel）這個關鍵點上。我應當注出這個「無法懷疑者」只
能有一個可被遮掩的臨在特色（我人亦可以「光」來談）。這關
聯到我前天寫的自我臨在。我的大毛病在於我找到一個核心之

30　編註：拉魯斯（Pierre Athanase Larouse, 1817-1875），法國百科全書編纂家，書
　　店和出版社創辦人，編纂出版了十五卷的《十九世紀百科大辭典》。

後，並不執著於此，卻繼續隨意地尋找些什麼。

完全肯定的是：在尋找什麼……

我們不要被一種文法的形式所欺騙：沒有人會不為什麼，只為尋求而尋求，我們常以一個確定的方式尋求**要吃**的食物或**要用**的工具。說我在尋求一個確定性是不夠的。我企圖藉此確定性要做什麼？或許，只是為宣佈它。但這還不夠；因為我心目中有某個我要向他宣佈這項發現的人。那個人會是我自己嗎？他是關切這個確定性得到宣佈的人。但怎麼關切法？是否只是要填滿一個空隙？一定不是。在這裡是否有必要把權力的概念引伸進來？如果我確定這樣一個事件會發生，我能隨之採取行動。這個確定性對這個事件來說，賦與我某種能力。我能為之預作準備或作好預防措施等……。一個如此這般的確定性能像佔有一個工具那樣的被我佔有……。這也適用到任何允許以問題的確定範疇予以解決的一切事故。但這裡，情形不同。有一個難以避免的混淆：我常處於一個危險之中，即混淆在「被佔有的確定性」和「存有化式的確定性（certitude existentielle）」二者間具有的本質上的差異，後者才是我在試圖予以界定的。「被佔有的確定性」本質上是可以讓渡和傳遞的，它並不與得到它的人緊貼在一起。這是一個人藉之增知的概念。這只是一個字嗎？一個確定性是左右某種內在擴張的東西。這些思考我還不甚清楚。

我們是否應該詢問每一個確定性與把它們如此公式化之間的關係，另一方面說明它們與它們涉及的東西之間的關係是怎樣的。客觀的確定性會使人將人格解體（se dépersonnaliser）；只當我能說：「確實是……」，我才會滿足。它涉及一個結構，對之我能不關痛癢地說：這是有關事物的確定性，那是有關概念的

確定性。而「存有化式的確定性」與此大不同。這裡絕非要架空（évacuer）主體，而是要改變（transmuer）他。這樣說很不清楚。應當將它具體化一些，如果必要，應從一個不完美的圖像出發，譬如說，涉及我體會到對一個他者感受到的愛的確定性，或這個他者為了我而感受到的。密佈的濃霧叫我無法看清某顆星座；但這個比喻能夠誤導人，那是說此處講的濃霧，由於不停加厚，無疑地能影響到星座的**存在**。

如果我說「存有化式的確定性」與生命的意義有關聯，有一個條件不可或缺，即不可以用純理性的色彩解釋「意義」二字。我要用一個可以精確地翻譯這類經驗的話來說：生命有時傳出之為「空空空空」之迴聲（creux），有時飽滿充實（plein）。

我筆錄這些話是在一個星期天下午，疲憊不堪之刻，心田乾枯不堪，大地荒涼無色。我在瀕死之淵。

Le Peuch，五月三日

我覺得我在迷宮中行走。或許我最後寫的篇幅一無可取之處。而四月三十一日及五月二日寫的有關確定性的文字或許稍有可用之處。我提出的問題是值得關注的。我在勉力尋找的方程式要為我獲得哪一種的滿足呢？在公式化假定的我與我自己的關係及我與他者的關係中，沒有真正的區別。我試著把為他者勾畫東西用在自己身上，就像醫生在自己身上試用要實驗的藥物。這個比較很恰當。醫生無法在其自身進行實驗，除非多少也染上了他要治癒的人的毛病。何謂此毛病（mal），我要多一些發揮。

　　但這位醫生能夠發現自己廁身於一種使這實驗無法進行及一無所獲的情境中：同樣地，我能處於一種使我無法為他者思考的情境中，一樣。我尤指我很清楚的感覺到一種內在的不悅情緒（hérissement intérieur）。後者的作用是消除我與我自己的一切交流（communion）和親密關係（intimité）──但正是此刻，我向我自己開放，不若添加的（par surcroît），而是**實然**，我得以向他者開放，我得以成為可隨時待命的人（disponible）。讀者可在這裡看到我對確定性的反省和我對臨在的反省，二者間的連結。

　　無論如何，我們還得把一直在摸索的確定性的本質加以澄清。從定義出發的話，我看到我無法確切知道我要尋找什麼，我無法為它構思一個先天的概念：不然，我的研究會變成沒有對象的操勞。要把它縮小一些來思考倒是可能的。我可以從一個非抽象的圖像作出發點，譬如「個人的不死性」。我要試著為我自己，也自然地為別人表達它如何能給我人加以思考。在這個研究的底層，有沒有一個願望（voeu）？無疑的，當我期望某一個事故發生，我知道我的期望不會使真實世界有無改變，此處也是這樣嗎？或許一開始我們可以如此這般地想：想我的存有有一個客觀的結構，它或許會排除一個個人倖存（survie personnelle）的可能性：我頗願意能做如此這般的比較，但我的身體是不肯順從的。反之，我們應否承認這裡講的肯定「不死」的需要，**證實**（atteste）了要被肯定之物的真實性？讓我們進一步說明：在我起初的思想中，對我個人不死之關心，遠不及於對我深愛之人不死之關心。這與我在四月三十日說的有關挑戰（défi）的問題有關聯。「尋找」這裡應用在使計劃得以實現的作為。這些思考暗

示要攻克一個因素，就像河水為建橋者是必須克服的阻難一樣。

希望是設計（projection）的原則：它必然是真的……。與預測（anticipation）有關的不是事件，而是能被一個真實的反省推敲的東西。預測是反省的超越性的催化劑（aiguillage）。同時我們要戒備預測引發相反自己的力量：（相反方向的結晶化）。

從卡雷納克（Carennac）回來的路上，我要對上面寫的作一些補充：**「臨在是主體際性的」**，它不能不把自己詮釋成一個「意願」的表達，它在尋找如何向我表達自己；但這個啟示自己假設我在它的路上沒有放什麼阻礙。簡言之，主體沒有被看成為客體，卻若臨在的磁場中心。在臨在的根源處，有一個在乎我的存有，我把他想成一個肯定我的人。或從定義看，一個客體不會在乎我，我對他談不上有什麼存在關係。

Le Peuch，五月四日

臨在是一個主體藉之開放自己為歡迎（他者）這樣一個召喚的回應。那是說，它是一個把自己給予他者的禮物。只在能把自己給人者，才有臨在。

如果我們只說一個主體使另一個主體體認他（的價值），我們或許錯失了要點。這樣講不算錯，但是不夠，因為關鍵在於率先的問題，率先並非流自率先的主體。有一個在底層的恩寵（grâce）或一些很接近恩寵的東西。

（我們應該探究臨在與價值間的關係，這常是不易之舉。我相信可以有一種惡性的在〔présence maléfique〕；我能將那個臨

在若他者般迎入我內。）

因此我可以完全正確地同 B 說：講臨在於自己沒有什麼意義。我必須自問一個永久的、不腐朽的臨在會是怎樣的。

但這一切都應與我在四月三十日有關自我臨在的篇幅對照來看。在我內有主體際性的因素，那是說有與我自己有親密關係的可能性，但對這親密性來說也不缺乏一個缺陷，即這個親密性可以直掉至「零」以下。我能再次關上我的心門，直到我完全不能與我自己交流，更不用說與他者交流。

如果讓內省（introspection）來插一腳，它就會搞混所有的細膩思考；它同我在談的親密性完全不同。舉例來說，有一個透剔的關於這個或那個出於自尊心而有的意識，與我上面談的與自己有親密關係的想法截然不同。

或許目前我們更精密地對一般性的主體際性予以較適當的出發點：譬如，我的一個家人正在用餐，我對他的過份細嚼慢嚥或貪食的吃相深感不滿，心中數落他：「他是沒完沒了的了！」這個「他者」專注於祭他的五臟廟，對我的在場毫不在意。我們是完全分開的二個人。我們之間沒有主體際的關係可言。這個他者並不臨在於我，他只是一隻烏龜，或一個老饕而已。他對我沒有興趣；他讓我空待在那邊完全無罪惡感；對是否要留給我一些什麼吃的，他絲毫不介意！這是一個為昨天我提到的不悅情緒（hérissement）很好的例子；這是我在「我與他者」的演講中談及的「裡邊的我？」（et moi là-dedans?）

一個可能會有的聯結就此斷裂，一方面因為他者太熱中於他的事情而無法理會我，也因為我對他有不悅的情緒，並且純從外面觀察他。這種對峙的情勢本來可以稍稍緩和一些，如果他者注

意到我已結束用餐很久，而我還在等他，或他略表歉意。就在他忽然理會到我的在場時，他為我而言不再是一個純粹的客體了。我還是需要有他不只是向我說幾句禮貌性的客套話的印象而已。

我把我給 B 寫的「信後語」（P. S.）附在下面……：「我無法不強調一個事實：自我臨在是個必要的條件，缺了它，價值無法被經驗、更無法被體認。這裡我必須參用心靈完全枯竭的情景來說明。這些情景與自我被刺傷的意識配合得天衣無縫：體會自己只是一個傷口，一個灼傷，一個絕對無法讓別人碰觸的瘡疤。新約中那句『**不要碰我**』（*noli me tangere*）[31] 能指即使原初的傷痛雖已平伏，仍能繼續作為警戒那樣地留在那裡。」

我們似乎必須對**意識的不穩定的性格**（*conscience ombrageuse*）作一個研究，它會照亮許多當代的見證。如果我們愈以自我為中心——就像聚焦在一個器官的劇痛，譬如牙痛得難以忍受——價值就愈消失無蹤。那是因為追究到底，失望與孤獨混為一談了。沒有共融之處，就沒有價值。只是這些話能夠誤導人：一是默觀大師（contemplatifs）的孤獨，它實際上是共融；還有一種假的共融，它要使人異化。法文中缺乏英文中有的多元表達，如 solitary，lonely，forlorn。隔離（isolement）一詞很不達意，因它含蓄某種「懷鄉」（nostalgie）心態。而孤獨的負面意義恰好相反，它是扎根在拒絕（refus）的基礎上的冷落

---

31 編註：參《若望（約翰）福音》第二十章，17 節。按記載，耶穌復活後向抹大拉的馬利亞顯現。後者天未亮時到墳地去，卻見墳墓已空，遂在墓外哭泣；天使與她對話，仍不得要領。她轉身見到耶穌站在那裡，以為是看顧墓園的人，問他把遺體搬到何處？耶穌喚她：「馬利亞。」她便叫道：「師傅！」耶穌說：「不要摸我，因為我還沒升上去見我的父。」囑她向門徒傳報喜訊。

（répulsive）。

在上面這些分析下我們可以進一步追問：真理是主觀的嗎？真理確是一個價值，所以我們能夠愛真理，能為真理受苦或死亡。我們應該對照一種殘酷的處境，在那裡我們看到真理被踐踏著，譬如說，在一個訴訟中，或被一些為了欺騙客戶而不講真話的人捉弄——在此我們盡所可能，不管要支付多大的代價，給被踐踏的真理平反。

很明顯的，真理絕對不是臨在，但我們無法採用這種武斷的態度，除非我們與自己或與無數為我們而言也許有老闆或朋友關係的人作如此的談吐。這與喜歡嘲弄人的作法是不同的，後者就像被前述的虛無主義加持而用的誇大口吻一樣。

價值有超越性和無條件性：此指價值是設有條件的要求的。

價值的特色在於它面對它蓋印的生命時採取了某一種功能。這要講什麼？不要被隱喻作弄。奉獻（consécration）的概念在這裡出現有二種方式：如果我把我的生命奉獻給一個價值，這個價值反過來說會使我的生命神聖化。但對這一些反省我還不很清楚。

讓我們假設我給我的生命定一個發大財的目標。我原則上可取一種人人都應如此做的想法：或者我盡我所能地把一切強而有力的方法集中在一起為使我有朝一日能享用某些樂趣；或者，即使這些樂趣的性質不甚清楚，在求財的過程中我找到我的樂趣，我的生命在致富的行為中找到了意義。或許有人會認為：把求財生涯看成低於從事藝術或科學的人生，只是一種純主觀的判斷。但這個問題問得缺乏周全性：我們可以懷疑某人盡其一生塗髒名畫比力求發財更為可取。即使「藝術」一字搬上檯面，我們仍不

能確定價值之絕對意義在這裡,而不在那裡。我們也能以談甜品的方式談論油畫,好像這二種商品一無差別。

只在人們針對著自己的迫切需求(*exigence*)而有所考慮,價值才會有力地映現。但這尚非一個解決辦法:我們試從一個不太成功的藝術家來說,他有一個構想,但無法將它付諸實現;我們只能勉強地從倫理角度看才能對他稍有些肯定。即使如此,人們還能想他浪費了自己的潛力,他本來可以在認識自己的才華不足後放棄高攀的妄想:我指放棄對藝術的執著而從事一項較普通的職業。這樣一想,如果我對那位自信有能力投身於藝術的先生加以肯定,我是大錯特錯了。對不合格(faux)的藝術家的思索不值得花太多功夫。價值一詞能成為一個我用來掩飾在我眼中的自己而予以肯定的**藉口**。這是一種自我陶醉,是一種自我臨在的可笑模仿。我注意到自我陶醉與自我憐憫是我常想及、但未曾探索其本質的課題,二者實是一丘之貉。

我想我人是否常有意圖以為已把自己奉獻給了價值。無人敢,或應敢而自稱:「我是獻身於真或美的一員」;這些話只該由別人講,而口氣極像葬禮中的頌辭。不論我們投身於哪一種職務,如果這是一種絕無可疑的真實職務,不論我們做得辛苦或悅意,都不會感覺需要如此這般地予以界定。在作證者及哲學反省二者間有不可思議的隔閡。哲學家,此指本真的哲學家及科學家,應該留神不要用像假的藝術家或科學家的口吻發表言行。

Le Peuch，五月五日

非常確切地我體認「自我臨在」的說法有誤導作用。它的本色便是把我們引入歧途。我們應當另找一個名稱，我此刻不去尋找它。但有二個辭是對立的，此即「忙碌」（œuvrant）和「無所事事」（désœuvré）。洋洋自得（complaisance à soi-même）常與「無所事事」相聯。

我必須反省忙碌的意識之可能條件。想像有一個可以作用在某物上、為了形塑它的工具，是完全誤導人的想法。忙碌的意識絕不等同於一個工具。它的行動是內在的：我們可用「專心一志」（attention）來加以比較。以「閱讀」來說，這是一個我人全神貫注於所讀之文字，我們可以有不同層次的閱讀方式。舉例來說，有的讀品不錯，它可以介於忙碌與無所事事之間的心態閱讀的。另一種閱讀是為了消磨時間，我人可以一邊讀，一邊啃自己的指甲。這裡我們會很困難地來澄清「認真」與「消遣」之別。前者是閱讀者全神貫注，後者不同，讀者為自己保留一些精力，不是全力以赴地閱讀，這是說，他的注意力不完全集中。對幼童來說，遊戲不是消遣。我們應該細察何謂：迷戀於……（se passioner pour），熱衷於……（être captivé par）之確切意義。這裡或許我們遇到了查爾斯·摩根 [32] 的「一心一意」（single-mindedness）的說法。

Le Peuch，五月六日

我怕前面所寫有許多使人混淆的地方。「認真」的觀念非常重要。忙碌的意識對其所作的事很認真，但他未必為之神魂顛倒（se passioner）。

我不知道昨天我提到的區分能獲得我期待的效果與否。它能相反地成為一個混淆之源：默觀的意識（la conscience contemplative）一定不是無所事事的意識，但我們能把它指稱為忙碌的意識嗎？這樣我們必須要把這個觀念加以擴大及賦予大得多的彈性。

今夜我在思索能不能說價值這個觀念，把忙碌的意識轉入無所事事的意識的範圍，是非常不適當的作法，但我不知道這個意見是否值得保留。

那個區分還是值得保留的，至少就以其投入性及無償性來講，但這個對立並無絕對的性格，那邊有一個排列，譬如在閱讀方面。如我前面所說，是可以鑑定的。但一旦觸及忙碌的意識，那邊有更多的東西：有某些內容的變化，我甚至會說：觀察已是一種工作。

Le Peuch，五月七日

我走入了一個死角，我要回到對父性（paternité）的研究裡。

父性是自然次序（l'ordre naturel）中的主要面：但沒有什麼

比思索自然次序更難的事，因為一般來講，我們的思索就**在此處開始**，這是大家認為理所當然的事。就當此次序被質問時，我人才進入不能不思索自然次序的情景中。並且引發這個反省的動作實出於某種混淆。

上面所述究竟有何意義？我經驗到一片混亂，當我突然發現自己撞入一個我覺得無法控制的處境，加上這個處境含有一個針對著我而來的呼喚（appel）；但在我自身沒有可以正確地回應它的東西；這好像我缺乏必需的裝備一樣。在這種狀況中，我只能任由自己用一種不協調及無效的手勢來表達自己，但我很快地放棄這樣做，因為我覺得它徒勞無功而且很可笑。我會倒退一步想：事情終會自行解決。但同時召喚的意識驅趕不掉，叫我渾身不自在；我無法叫我自己相信這一切與我無關。因而我被困擾，對自己不滿意。如果我企圖把這種狀況的責任推給一個外面的力量，一個機遇，一個命運或神，都是徒勞無用的。

但在如此這般的光景中，我至少要對這處境作一番考察，為確定它是否真的是對我而發的一個召喚，是否我有了一個責任，或是否我曾是一個錯誤的犧牲品。

讓我們把這些討論應用到在穩定地擴大的父性權威的危機上。引發這種危機的原因為數不少。無疑地它配合著某種無政府的個人主義之發展而出，其根基是非常脆弱的。但我認為除非人們從一個更核心的與件開始，否則無法予以解釋。這個與件的特點是失去了把父子聯結在一起的意識。我們馬上看到「聯結」一詞在這裡是不能達意的，甚至不恰當。說實話，問題的關鍵不是一個「關係」。關係只是一個邏輯的譯法，它把原先反抗被概念化的東西無限地予以貧乏化和乾涸化。而恰好是在關係的具體的

基礎上，我們才能進行探究。這就像在有相同背景的個案中，
我們只能用同心圓的進路的方式及往往借助於到處都在的否定論
證，為了獲得對「超越者」的理解。

參照具體的處境是絕對必要的。在母子關係中不變性的特色
要明顯得多。此處身體的角色，大家能刻骨銘心地感受到。雖然
不是常態，但會發生一種現象：母親對自己的嬰兒有一種持續的
恨意，[33] 或許在某些國家有的特殊的生活條件促成如此這般的怪

33　譯註：唐諾・溫尼考特（Donald W. Winnicott, 1896-1971），小兒科醫師，接觸
　　精神分析後深入研究兒童心理學，在幼兒發展理論上的貢獻享譽國際，備受推
　　崇，其中最為人所樂道者，有「夠好的母親」（good enough mother）、「過渡
　　性客體」（transitional object）、「真假自我」（true and false self）及「護持的
　　環境」（holding environment）等概念語彙。教授兒童精神醫學及從事精神分析
　　臨床實務逾四十年。曾擔任英國精神分析協會主席、皇家醫學會小兒科部門主
　　席，以及英國心理學協會內科部門主席等職務。代表作有：《從小兒科醫學邁向
　　精神分析》、《孩子、家庭與外在世界》、《遊戲與現實》（台北：心靈工坊，
　　2009）等。
　　溫尼考特在多年的精神分析與小兒科醫生臨床實務經驗中觀察到，母親在照顧嬰
　　兒的過程中，可能產生負面情感甚至是恨意，他提到母親恨嬰兒有十八種理由：
　　（1）嬰兒不是母親概念裡的東西；（2）嬰兒不是玩家家酒遊戲；（3）嬰兒不
　　是變出來的；（4）懷孕及生孩子對母親來說都是很危險的事情；（5）嬰兒打擾
　　了母親的私人生活；（6）只因為婆婆想要一個孩子，所以母親好像是為了婆婆
　　生孩子；（7）嬰兒吸奶時會弄痛母親的乳頭；（7）嬰兒太霸道，恐嚇著母親一
　　定要照顧他，使母親成為不支薪的僕人或奴隸；（8）母親必須無條件的愛她的
　　嬰兒，直到孩子不需要她；（9）嬰兒企圖傷害母親，有時還會咬母親；（10）
　　嬰兒不知道母親是誰，只對母親有一種幻滅的感覺；（11）嬰兒激情的愛會騙
　　人，當他滿足自己的需求時，便把母親拋開，就像丟橘子皮一樣；（12）嬰兒必
　　須被完整的保護，母親必須使嬰兒在任何情況下倖免於難；（13）生活中一切必
　　須依照嬰兒的速度來進行，母親不能太焦慮，否則會傷害到嬰兒；（14）母親不
　　知道自己到底做了什麼，為誰犧牲？尤其沒有被允許恨她自己的小孩；（15）
　　嬰兒拒絕吃母親給的食物，使母親開始懷疑她自己，但嬰兒卻吃了姑姑給他的食
　　物；（16）經過一個難捱的早晨之後，母親帶嬰兒出門，他卻對著陌生人微笑；

象出現。

父親一邊的情形大不相同。他面對嬰兒的態度並不那麼直接地受他生活其中器官關係性的影響。如果我們保持在生理層面，而不是某個確定的社會層面來思考，男人不理會性行為的後果，並對之完全不感興趣，是絕對可能的。如果我們要測量區隔「生育」和「父性」間的深淵，這個觀察之重要非同小可。讓我們進入一個極端的例子來思考。讓我們設想有這樣一個個案：有個面對他不認識的嬰兒的男士，而一連串事故叫後者不能不相信這個孩子是由他而有的，那是說這個孩子是在他幾乎不記得的瞬間有的邂逅的後果。很可能的是隨著這個發現，他的想像力開始運作，甚至他的情感也來參與。但也可能發生的是，為了難以啟口的動機，這位先生避免這樣的活動在他內心運作。潛伏在他意識底層的是一種信念：除非某人真的願意，不然他不會成為父親；此外做父親牽涉到責任，如果他尚未準備好承擔這個責任，更好的是不要做父親。

這裡我看到的是一個極端的個案，看起來更像是一齣通俗劇，而不像一個哲學反省。現在我們談談大家經常有的生活經驗吧。讓我們假設有一對夫婦，他們並不怎麼想有小孩，或許由於疏忽，而從未取用避孕的方法。他們有了一個並不想要的小孩，至少父親這樣想，因為這個他未曾想有的小孩的來臨會帶給他極大的經濟上的壓力。此外，**他對生命沒有信心**，看到這個小傢伙可能會遭遇到許多苦難，或有在二十歲時死在戰場上的厄運

（17）如果母親做錯了一件事，嬰兒可能會讓她難過一輩子；（18）嬰兒使母親興奮，又激發母親的性慾，但母親卻不能夠吃掉他，或和他發生性關係。

而傷心。讓我們設法思考那個為父的有中等的資質，沒有不合人道的或不近人情的性格。決定因素是這對夫妻間的關係，他們的關係或許是二而一的新的利己之心，就像 1936 年時工人常騎的雙人自行車一樣。這個嬰兒對父親來說首先是一個麻煩；對母親來說，小孩會依母親待他的程度回應，只要她不是一個古怪的女人。當然，如果父親沒有完全喪失同情心，小孩的光臨會在他身上引發與他或許會有的厭煩和生氣心情相反的正面情緒：如略染溫情、好奇、憐憫、甚至自豪的心態。但如果臨在感沒有大到可以喚醒，即使以回溯（rétroactivement）的方式，在正常的情況下它原應達成的心願（voeu），我們可以說：為父的心情在他身上還沒有滋長出來。

*　　　*　　　*

想到 1940 年年初幾個月在梅松利哀路（rue Meissonnier）度過的可怕日子，我想及我那時有的深切的的悲痛，因為看到已經不在的人遺留的物件；他們的本體處境是我們急切想知道的。這種景象使人感覺被遺棄的物件在哭泣，而其悲涼的氣氛像傳染病那樣向倖存的我們瀰漫。

在物件中有悲涼的成分（回想一下詩人維吉爾之言），[34] 否認它是會犯錯的。大家普通認為是我們把悲涼的情緒放入物內的，但我把臨在看成「互為主體性」的觀點此處顯得很有啟發性。或許這個悲情是為我們而有的，但我們絕不能說它

---

34 編註：維吉爾（Virgil, B.C. 70-19），古羅馬作家、詩人，人稱「羅馬的荷馬」。著有《牧歌集》、《農事詩》、史詩《埃涅阿斯紀》三部傑作。

只來自我們：我們的歡樂能因看到一個景緻，或一連串事物合成的傷心印象而突然消失無蹤；聯想派的解釋（explication associationniste）在這裡是完全不夠的。

我還在想所有的不止息地壓著我的東西，也想到生命的種種限制（conditions），如果我想得很深，它們不能不顯得是難以接受的。生命似乎在要求我們忘掉這些限制。我對這個理念還須作更深入的探索。

讓我們思考一個沒有留下任何遺物的人，一個為愛德奉獻自己的人；修道人的死亡在這裡顯出他們的不凡價值，由此我們終於了解了身體不腐爛是怎麼一回事。

前幾天與 A 君從薩哈札克（Sarrazac）回來時，他同我談了許多有關圖像（image）相似偶像（simulacre）的話題；他說：「我們不能正面看一幅圖像，不能把它像一樣東西那樣放在自己面前加以注視，這是很自然的道理，因為它會立刻消失，因為它像煙火（artifice）那樣使意識自我哄騙。而我們不能同時做欺騙者和被欺騙者。」A 君講得頗有道理，但並未把問題全然交代清楚。

我不確定圖像是否像煙火。請注意它本身是無法傳遞的，它必須先變成一樣東面，然後才能傳遞給別人。這樣一來，它是與孤獨聯結的，它生自一個孤獨的意識。這只是開場白。

然而可以說有一個意義，或我剛才寫的一些思想是不正確的。圖像是一種使已經不在的東西仍能存留的方式。或許我們從鬼屋出發來試著了解它。我要說的是在鬼屋及一個著迷於一個圖像的人之間，或許沒有絕對的差異。在這二種情形中我們覺得面對的是一個基本上無法理解的默契（connivence）的處境中。但

我覺得這樣寫仍只是在隔靴搔癢。

　　五月三日的札記能因 1942 年六月一日的札記而明朗化起來。為何我們在第一個反應中會認為：「相信對亡者的深度懷念能夠影響到他」的想法是荒謬的。而此處用「**影響**」不很適當。我應當找個更好的詞。不然我們會停留在一種被催眠的狀況中，把「他者」想成是一個與我們絕緣的東西，只有藉著使用為了了解物質世界才適合的科技，如挖掘或剖析，我們才能對之稍有認知。至於對會思考的活人，他不再存在，我對他只有腦海中印象選擇過而存留的印象而已。我有的只是在看這些印象照片時感受到的哀悼及溫柔的情緒而已。但，在臨在的啟迪下，一切都有了新的面貌：去世者的臨在不是一個瞬間的臨在，不是一個陳列在我眼前的臨在，而是一個存有的臨在，那是說它意味著從我一方面的「投入參與」；此指我為了歡迎此存有而願意開放我自己。然而，到此為止，就在此刻，我思維的線索中斷了，我不能不放下，等我再次能聯結之刻到來。

　　可能更有引導作用的作法是詢問在什麼條件下我們可以思考對亡者能予以互通的作為。我們必須承認不單只是，並且最主要的是：他還存在著，──因為我們對之語焉不詳──可是我們會越過我意識能領受的與件而還緊相聯結在一起。我們應該試著了解這種聯結有什麼特點，並且為何它不是直截了當地被我體認的。

　　讓我們根據自愛（l'amour de soi）來思考一下父性的特色。有好的與不好的二種自愛。後者比較普遍。自愛不必是自私，因為甚至有一種厭棄自我的利己主義（égoïsme）。

　　自愛可以是愛一個家庭譜系，而自認是該譜系的過渡及不及

格的代表而已。從這個角度看，這裡沒有複製一個自己的問題，而只是要繼續一個躍進（élan）。利己主義相反，是絕對地受到局限的：持此主義者無非是一個汲汲營營追求儘可能地獲得最大享受、忍受最小痛苦的人。為持這種人生觀的人，父性要變成什麼呢？但我們不應在貴族譜系的觀念上停留太久。我們中每一個，不論他的出生是何等低微，都能意識到自己是一個有無限性格的系列中的一員。個體原子（l'individu-atome）漠視他們，並且不知道自己是被意願的（voulu）生命。

Le Peuch，五月九日

從生理及心理的觀點看，父性只有極薄弱的基礎。但從社會學觀點看，父性卻可以很堅固的建立起來。這裡我必須加上一句：社會感不能與某種形上意識截然劃分。如果後者的因素不足，父性的經驗必自動地退化成一個純外在的問題。

Le Peuch，1943 年五月十日

我願整理一下前幾個星期為有關「信仰告白」（profession de foi）的書寫，那是讓·葛尼耶[35]邀請我在伽利瑪出版的一個文

---

35 編註：參前註，頁 109。

集寫的文章。[36]

　　我並不只是就在我正在書寫之刻追索一個有關「此時此刻」
（*hic et nunc*）之領悟；這種追索自從我進入某種意識層次到今
天一直是如此這般的。我覺得不易清楚地說明如何這個思考能潛
入我的思想中。然而我非常明確地記得它在我中年所扮演的角
色，這是指：並非想及我的死亡，而是一個與我有無限親切關係
之存有的死亡，因為此事影響到我生命的底線。

　　奧菲斯和尤莉迪斯的神話[37]一直盤旋在我的心中。問題的焦
點為我一直是，並且還是，要知道我們如何在（死後）即使只在
希望中，能**重新相逢**？這是怎樣的一種希望？它如何不只能具體
化，並且能證成，能把自己說明白？

　　然而我不能不反省我為之消耗三分之一世紀而不肯放棄的研
究，它究竟是什麼？我能否誠實地坦承我知道我在追尋什麼。
如果我知道，我會不再追尋。如果我不知道，我如何還能繼續追
尋？這裡有一個二律背反（antinomie），它只在某種研究中才
出現；如果我尋找一個丟失的東西，我明顯地會懂得上述的問題
不會被提出。我知道我要找的東西，我能清楚地描寫有關它的特
徵，我很快地可以認出它來。在尋找一樣東西之處，或一樣與東
西可以並列而要我去尋獲它的存有身上，二律背反不會發生。我
原則上肯定這個存有或這個事物是在某一處，我應該設法找到這
個某一處。不過這裡有一個微妙的差異我不能忽略掉。能不能說
有一樣東西存在著，它同我要找的東面那麼相似，以致於我無法

36　原註：此書以後出版了，但我把我的一篇文章抽掉了，此文至今未曾出版。
37　編註：參前註，頁49。

分辨二者？清明的見識要叫我們看到這是同一回事，另一物也很適合被我看成是那個東西。我不確定我會顯得如此隨和。因為如果我在尋找的某個特殊存在對我有無可取代的價值的話，我會絕不寬容地推開一個可能有等值之物（équivalence）的觀念。觀念的混淆，我難以忍受。我把這種做法看成是出賣（trahison），或褻瀆（sacrilège）我們思考著的東西，那是說「自我性」（ipséité）。（如果我們把一個與我有親密關係的人送我的禮物用來佐證思考，上述的疑竇就會立即雲消霧散。）

然而這個想法雖然很重要，卻並不直接澄清我以形上學家在進行的研究。我關切的不是針對一樣東西，或一樣我可以把它看成東西來看待的什麼。

但有人會問：這個研究是屬於發明（invention）的範疇嗎？

「發明」的概念並不明晰。它還算適合用在為獲得客觀上可確定的有具體結果的研究上。藝術家不發明。這使我想起我自己對藝術的嘗試，我是指寫劇本。發明只是第二個重要步驟，是我要找到能實現某個目的而需要的方法，譬如說，要二個角色相遇，或使二者之一得以學到什麼；或相反，對某一實況的無知等等……。發明所處的範疇本身不是發明，卻是「創造」（création）。但人們還可以追問：這個純粹創造是否和我現在勉力思考的屬於同一個研究範疇？當我創造時，我不能說，亦不**知道**，對我趨向的完全漠然無知。我的創造只能在一個基礎上建立起來，這個基礎是我有一個要創造的強烈的願望（désir）。願望本身無法結出果實，只是一個「**我很願意……**」。必須有某樣**臨在**於我的東西：一個人，一個處境，一個關係，這些都絕不可化約為一個抽象的觀念。抽象的觀念，

不論它是多麼機巧（ingénieuse），仍是貧瘠的。創造的主要點是萌發（germination）。為我很難的是知道對這個原先的胚體（germe）的發展我能提供什麼資助，及這個問題本身有何意義。事實上我似乎無法明白把「**我**」聯結到在我心中的這個胚體。這套思維的整個過程是隨著將要成形的一本書而推進的；重要的是，要寫出這本書，它應自成一格，且能使不只是我，也使別人接受。

這種想法在此處行得通嗎？我們不要迷路了，對我而言是找到一個確定性。或許這個確定性終於能夠以書寫的面貌公諸於世。但重要的，就是這個確定性，它在這裡是在一個終點之處，相反，對劇本而言，它應在開始之刻（我應當確知我的角色及其關係網等……），就這樣，這個確定性已與我前面講的胚體大有不同了。

但在我們目前進行著的哲學探討個案中，究竟何謂確定性？我們似乎有必要把「確定性」本身與在「真理」與「一個真理」間有的「一個確定性」加以區別。但我們正在探討的是確定性本身。我要如何進行呢？

首先我們要問的是一個特殊的確定性（certitude déterminée）指什麼。那是指我們要使用若干試驗過的方法，為達到最好的位置，為看到有些什麼隱藏著的東西。我們不該被「看」這個字迷糊了，更該知道不要單以字義來理解它。我幾乎可確定：幾時我到了這個位置，我尋找的東西必會**向我呈現出來**。我感到我必須尋獲使我能登上這個最好的位置的步驟，或建立一座我可置身其上的瞭望台。**一個**確定性本質上是攜帶著某種可以問題化的內容，那是說，它使某些為任何一個在相似處境的

人有的問題顯現出來：譬如說觀察某顆行星有的一個天文學的確定性，在觀察它的一個地球居民眼裡，會被問這顆行星距離自己多遠。

我渴望的**這個**確定性是否呈現這種特徵？它似乎是整體性的（globale），但這意味什麼？是否在說特殊的確定性與我要的確定性就像硬幣和鑄錠（lingot）那樣，後者是前者的模子那樣？不，因為略加反省，就可以看出**這個**確定性與**其他許多**確定性是非同質的。當我問這個確定性**針對什麼**時，我無法立即回答。如果，譬如我說我針對的是存有，這個回答會在我思想中喚醒許多疑竇。還有，我甚至無法可以肯定說我能合理地問這樣一個問題。因為如此推論到底，確定性似乎與它的對象無法分開了。

然而最初的矛盾在這裡又出現了。我如何能找到這個確定性？一個更深的反省應當上場了。

這個我在尋找的確定性，是否只是一個表達的工具？那是說，它使一個在我內心深處某個堅定的信念（assurance）得以向我自己及向別人成為可以傳遞的東西？或者是否這個內心的堅定觀念正是我在追尋的東西？在第二種情況我要做的是在面對現實界時我應修正我的態度。在第一種情況時卻相反，這種改變不是必須的，甚至可能是做不到的……。

考察這個二取一的抉擇強制我們在一個基本的確信和藉之它使自己可以知道並證成的行為間有的不同之本質得以更深入地把握。

再往後推一些，有另一個可能性不應被我忽略。我們能不能同一切**有安慰作用的**（consolante）形上學的敵手一起說，我在著眼給我自己證明我期望（souhaite）的東西是真有的？此處我

們應當對這個基本**意願**（*voeu* fondamental）的本質及可能條件加以詢問：在那個案例中，我們是否在把自己的願望（désir）的東西看成事實？

願望的對象外在於我，是我要佔有的東西，它能適用到一切模式的「有」。我不應當受騙去估計什麼是我有的，什麼是我沒有的。我還得設法知道我對確定性有的求知渴望（aspiration）能與一個願望歸於同一類。我覺得它更適合歸於「希望」之範疇。

Le Peuch，1943 年五月十二日

當我們對一個研究的結果有成見的思想加以非難時，我們假定它應該遵守有關分別存有與非存有的規則保持中立，就像科學家一樣。後者從事一個實驗時，他被禁止對其實驗成果預作猜測。

但我們有充份理由相信這種歸類的作法是不合理的，並且對存有及非存有的中立是完全不可能的。這裡能否直截了當地說，此處我們必須做個抉擇：我們寧可要一個，不要另一個？這是說：我們不能不投入，我們不能不作抉擇？我沒有任何理由來否認：在我的研究的底部，我常有一個對存有的偏愛。我可能還該說清楚並細述我之所以拒絕別的東西的理由。但我同時要直截了當地反對一種認為我拒絕的東西很可能是真理的觀念。我們要注意能讓我們估計的是：每一個人都知道在哪些時間點上，他曾傾向於向大家公佈「**普遍性的無意義**」（*universel non-sens*）。

如此說來，對原先的關於「確定的存有」之意義的問題應當

如何回答呢？而認為這只是為表達大家一直知道的以及它終於找到了一個全新表達方式之想法**同樣不對**。更好說這個研究到了這個時刻在假設：非得有按一個預感（pressentiment）而投身其內不可。而把這種預感看成是知識的形式之想法對我來說是完全值得懷疑的。此外，我們無法對知道我們用這個確定性意向去做什麼的問題加以抽象。說對知道我們主要要做的是把它宣佈出來是不夠的；因為如果我們要宣佈它，乃因我們想這為別人是很在乎（intéresser）的東西，而這個「在乎」的本質就是我們要勉力去澄清的。說它將會驅除懷疑或焦慮已夠了嗎？但這樣一種解釋是非常負面的。我們能想懷疑或焦慮是負面的，或更確切地說，懷疑介入了我們及我們渴望領悟的一個好東西之間，關於這個好東西，我們不以視之為「舒鬆」（repos）來加以界定。請注意，舒鬆是個極具歧義的詞彙。在某些個案中，舒鬆被視為疲乏及痛苦的中止；在別的個案中，意義更深一些，我們感到它有療癒的作用，正因它有如此的功能，我們藉之重獲自己的整合（intégrité）。毫無疑問的，我們在這裡應當講的是「真福」（béatitude）。

Le Peuch，1943 年五月十三日 [38]

這樣一來，是否有危險——在形上學和宗教間發生嚴重的混

---

38 譯註：有關本段日記的概念分析，請參考陸達誠著，《存有的光環》，頁 29；33-34。陸達誠著，《馬賽爾》，台北：東大，1992，頁 291；296-297。

淆？我們似乎陷入了一個兩難之中：或者是把確定性與宗教意義
下的救恩混為一談，如此一來，形上學就失去了它的獨立性，最
後也失去整個實存；或者相反，救恩被簡化為確定性，而且跌入
一種斯賓諾莎或黑格爾式的理性論（intellectualisme）的谷底，
斯、黑二人的言說在這方面最為完整。但斯、黑是否把人的特殊
性隨意地不屑一顧呢？

Le Peuch，1943 年五月十四日

　　我不知道我是否應該取消這類的離題思維。我必須回到「我
與確定性」的關係去，或許更確切地說在「存在」與「確定」
的關係中去。無疑地，此處我們應該把「確定性」和「信念」
（conviction）對立起來。嚴格地說，我不在這裡為我自己企劃
一個信念。請注意，信念常隨著一個調查（enquête）而出現；
在任何調查可能都無法思索的情況下，信念是不會出現的。由於
啟示（révélation）與調查正巧相反，我在此處不取它的具有宗教
特色的意義。

　　然而如果我不設法為自己建構一個信念，我們不就只是像前
面說過的那樣，我在把我自己局限在整建一套相關的成見裡？此
處兩難論證似乎不可避免地會再次出現。我們無法脫身，除非先
進行一個澄清「成見」的觀念和「假設」（hypothèse）間之不
同的批判。假設我對一個我要去認識的人心存成見，這個偏見或
許是我出於矛盾心態，為了制衡聽人講他的八卦而萌生的。這個
成見將顯示它的真實性在於它不順從經驗的批判。它有一種使經

驗削足適履的作法：經驗讓別人任意地修剪或切割自己。簡言之，「成見」本質上是專制的，「假設」原則上不是這樣。

但這不正是我被引至面臨整體的實在界或這個世界？我不能被指責對所有的可一貫地對「整體」（ensemble）觀念非難的思想鼓吹懷疑？「成見」專制地在為預設保留的或屬於決定經驗的空間運作。但一旦我們面對超越性，不論它（成見）是如何出現在我們前面的，它就不再會那樣囂張。另一方面，在臨在和超越性之間有否一個緊密的聯繫？我們能否說臨在（或臨在之能被體認）只在「不在」（absence）之中或藉著「不在」而有，正因如此，超越性的特色就如此這般的顯露出來嗎？

這樣一來，我們或許會說：臨在不是當下的（immédiate），但隨之而會有一個這樣的結論，如果我們說臨在是間接（médiate）的，我們難免會把它想成是一個**推理**（*inférée*）的成果，這樣等於主張臨在不「自顯」（se révèle），所以它不是臨在。

基本上我們應該把「**向……自顯**」加以反省。或許有人會說只在我自我空虛的情境下，這個顯示才能**達成**；這類要求沒有必要強加於兒童，他們似乎是一個恩典（grâce）的受益者。

從這個觀點來看，我們會試著說：存在對啟示（révélation）來說或許是一個阻礙（我更會試著說：只在存在有漏洞的情形下，啟示才能發生。但真相是如此的嗎？）。因為存在有強烈的不透明性（opacité）。我會說：存在即阻塞（obturer）。還要注意的是：不透明性不會在自我意識面前熔掉。自我中心的意識恰是最高級的不透明性。對什麼不透明？還用問嗎，當然是對臨在不透明。

我所寫的並不令我滿意。我得加緊一步，為更契合我真要表達的東西。

Le Peuch，1943 年五月十五日

昨天我寫的有欠明確。說存在是阻塞，這樣的說法是合法的嗎？阻塞什麼？為誰阻塞？

Le Peuch，1943 年五月十七日

我覺得遭到阻塞的是流體化（fluidification）的力量及普遍變化（transmutation）的力量。這個阻塞是為誰而產生的呢？

但我很清楚地感覺到這個問題問得不夠清楚，我們會捲入一個更大的困惑之中。

體會自己是存在者（existant），這多少是體會自己是一個囚徒（captif）；我的存在，在此觀點下就是我被束縛的整體狀況。我被迫承認，真的，在某種意義下，沒有這些束縛，我會一無所有，我會失去我的同一性。但從另一個角度看，這個同一性使我厭煩，使我討厭。從而有一個我無法完全驅除的矛盾出現了，當我還想它是我要拋棄的同一性之基礎；如此一來，一種對我自己而有的扭曲狀況愈形加深加強，而那是我生存條件的主要特色之一。

前面寫的都不能使我滿意，但在五月十四日的日記中有些東

179

西，我願加以聚焦地討論。我在這裡看到的是以某種方式我必須把我自己與之隔開，並使我解脫自己的束縛而終能接近的一切。我為他者（l'autre）變成有「當下」（immédiat）關係者，而他者在這種處境已不再是一個純粹的他者。自我與非我的對立蕩然無存，或大幅度地減輕。在這種體悟中，讀者要設法去了解我說過的在「不在的情況中的臨在」（présence dans absence）。為了更好了解前面所說的，我要引用因親密而導致視而不見的常有經驗。我不再真正見到與我同住的人，由於這個共同的生活包含一連串週而復始的動作及回應。結果是：我的家人不再臨在於我。我記得在我寫的一齣叫《別人的心》（Cœur des Autres）的劇本中丹尼向露絲說：她不是某一個他者。為了我能見到他者，應當有某樣東西把他與我隔離，這裡是倫理遠視的現象。死亡在此處能夠扮演的角色是：它使他者後退，使他與我隔離，把他安置在遠方，為了我終於能夠看到他，為了他能向我自啟。但難處對我們來說——臨在者乃是有引動之力者。此處問題的關鍵在於：他者為我是否是一個圖像，我固然可以瞻視它，但它如果只是一個圖像，它對我不能有任何作為嗎？我們是否又跌入數週前我們考慮的同樣困難的課題中去呢？

我們真的必須對「行動」這個概念稍加警惕，因為它有含糊的成分。事實上，有一類行動之所以可能，在於有了接觸（contact），那是說，在一個我與他者沒有相見的層面。我們原則上可說，在此層面，他者（因不在我身邊）不能在我身上有何作為。但說除非有接觸，不然就無行動，是一種「預期理由」（pétition de principe）。是否更好設想為：他者在向我自啟時，把我多少拖向他；他在我同意下，把我從一個我只把「自己」看

成處於別的東西間的「一樣東西」的世界中拉拔出來。如果他者已還原成一個偶像，我們很難看出如何它能引發使我上升或使我有所改變的作為。當我說，這只是一個偶像，我是在用斷言判斷及宣佈——只有存在的「東西」才是真實的；我的親人與我自己的舉止就像「東西」，就在於我們相互調整自己或為個人的好處力求相互利用。

這些思考對我寫過的模糊的公式「存在乃阻塞」有無開示可能？不甚清楚地，我覺得我們應當討論存在的兩極性（bi-polarité）。我應該把剛才提及的「存在若東西」（l'existence-chose）和單調無趣（dégradé）日復一日的每天（le quotidien）聯繫起來。這個聯結似乎帶來了可以助人理解的開闊空間。

在十四日和今天，我的思維似乎有了進步。我發現了，也懂了：除非我們活在一個只藉自動化（automatisation）才能解脫的有摩擦的世界，我們無法獲得啟示。但我們可以不誇大地說，這就是我們「每日」（courante）生活的寫照——或至少每日存在幾乎無法避免地傾向在它周圍構製一個如此這般的世界——與「樂園」（paradis）相反：在此層次的存在之被阻隔的因素，即樂園浸淫（baigne）其中之光明。[39]

我們能不能說：在我催促自己去看自己並隨之要超越我自己、排出我自己、更體認到那個我不斷地吸入的因素是一個阻礙時，就是啟示的這股力量在作用呢？

---

39 譯註：有關本段日記的概念分析，請參考《馬賽爾》，頁 202-207。

Le Peuch，1943 年五月十九日

　　我應該重新思考一個概念，根據它，為一個要面對真實而必須先有的中立的本分：因為人們可因這本分之名控告我在作欺騙的勾當。

　　就在這裡，把我從前說過的有關父性的意願（voeu）作一比較，是頗有啟發性的。接受為人之父，是熱誠地肯定生命，不是有所保留及估計著經驗將會告訴我們這個新生兒會活下去與否。然而我們也有關係，在於我們是否真正關切這個嬰兒的存活問題。有人會說，此處問題不是一樣的，因為它涉及要求思想去體認那些屬於實在界的特色。如此一來，我們在認知的思想及被認知的實在界之間設立一個二元性。我們不能不尋找到在哪個區塊（zone）及在何種條件下，這個二元性能確保。舉一個典型的例子來看：科學家做實驗，把二個物體放在一起，為觀察它們互動的結果。

　　我們也可以思考「前判決的中立性」（neutralité préjudicielle），及為了願意研究某人的品行而對他有所評價而捍衛的基礎公正性。但我們應當注意：不是在這個研究過程中，我人發現或創造藉之可以判斷他人的品行的價值，這些價值是只能被預設的。

　　或者我們能設想一個相反的個案。先對某人有絕對的信任，我按其舉止建構一套價值系統，事先就宣稱他的作為是好的。但重要的是看到，這二種可能性不但是不同的，而且還是不能並存的。從而我們可以得到這個結論：要試著把形上學的不可知論者與倫理學的不可知論者攪和在一起，是極荒謬透頂的事。我頗願

能更清楚地表達我的想法。我們姑作一個假定，把我自己置於宇宙前面，或更甚者，雖然看來頗荒謬，試著使它在我面前出現，我要審查訊問它的訴訟，那是說，我試著給它作一個判斷，分辨它有優勢之處究為善或不善；我無法作這個審查訊問，除非我自斷為具有我可以衡量宇宙的整套範疇：這對叔本華和萊布尼茲來說，是確實無誤的。如果相反地，我以一種完全信託和崇敬之心把我自己委棄（主動捨棄）於宇宙（或委棄於宇宙體現在其中的最高原理），我能靠著它作出我的判斷。但我企圖訊問一切價值，**同時**尋求宇宙的實在——此處實在與可理解性之完全意義攪混在一起（se confondant）——簡言之，如果，在我宣稱我是弱者之時，我同時在宣判這個世界是荒謬的，我停留（m'établis）於一切判斷及一切可能思維的這一邊，而不存在使我脫離這個無望困境的戲法。這樣說還欠缺很多，因為不論哪一種處境，其特色都是可以曝露於外或可以加以界定的，而我在此處的處境無法有此特色，因為沒有任何指標，沒有任何可以參考的資料。

Le Peuch，1943 年五月二十日

總而言之，我能以世界之名給我自己判罪，或在必要時，以我的要求，此謂按我自己的想法給世界定罪。但同時做這二個宣判，好像什麼也不講一樣。更確切地說，我向我自己呈上一個孕育某些價值的人，或至少是一個胸中懷有某些需求的人。我能認出我稱之為世界者似乎無法滿足我人對正義或真理的要求。由此觀點看，我給世界判罪，但同時我不能宣稱這些要求毫無意義，

而上述二個判決會相互抵消。

我無法確定以上所寫會把我們引進深入的思考。更好我嘗試及界定：相反於我稱之為思想的「前判決的中立性」態度到底是什麼。

Le Peuch，1943 年五月二十一日

我覺得我像在荊棘叢生之處閒逛，圍著一個本來應當可以直接碰到的證據。一個被瞎的證據就像一座被枯葉遮蓋住的井。

Le Peuch，1943 年五月二十二日

回到「前判決的中立性」的概念，我要講的是這樣一個概念只在排除投身的處境中才成可理解的。我並不認為，姑舉婚姻之例來說，在能被理解或證成的婚姻中，配偶雙方必須感到自己以某種方式對對方負責，此不只指對對方之幸福而言。而把我們與我們應當活在其內的世界聯結起來的關係，以某種方式來說，也是婚姻式的。[40]

---

40 譯註：有關本段日記的概念分析，請參考《馬賽爾》，頁 157-163。

Le Peuch，1943 年五月二十三日

回看五月十日札記的末段，我會說我的探索幾乎無法避免地會降低其價值，並譯成一套有關貪慾與佔有的言語。參考超越者的作法確是能起糾正這個走樣的圖形的功能。這是非常重要的見解。

重念我最後幾個星期寫的札記，我再一次清楚地看到對自己的臨在或與自己的親密關係是關鍵問題。[41] 認為無法把這一點看清楚的想法是無法令人接受的。但我確信我尚未達到把它用恰當的詞彙加以敘述的階段。

我真的應該從我以前表達過的我為自己構製陰影的概念重新出發思考一些問題：就在那裡有我的不透明性。

巴黎，1943 年五月三十一日

昨天在豐特奈（Fontenay）與讓・葛尼耶 [42] 談話之後，我要繼續寫下有關經驗的形上意義（teneur）的札記。要注意的是：經驗只能被賞識，不能被估價。（這方面它與美學的性質類同；可是後者至少原則上還可與金錢交易掛鉤，這與我們目前談的完全不同。）

一個活自己經驗的人能對自己經驗的形上意義鑑識到什麼程

---

41 譯註：有關本段日記的概念分析，請參考《馬賽爾》，頁 135-153。

42 編註：參前註，頁 109。

度？這是非常不容易的事。[43] 因為自我鑑賞的行為有可能把它泡沫化，就在於它會將之轉變成自負（prétention）；此處一切自負都是空洞的，並且一旦表達，立即會被斥責。

一個活在希望中的生命。但希望也能降級（我要有一個我的**空間**——一個不是平庸的空間）？[44]

一個開向天國（ciel）的生命：就因為自負的虔誠者並不開向天國，他們把天國看成是一個人人爭著去坐第一排的農村劇場。（我們不適合宣稱那個門會開到什麼程度，因為我們自己都是塵世居民。）

「每日」的囚犯：我們是之，只在如果我們不意識到「是之」的實況下，如果我們很舒服地活在其中。我們還得說相反這種安居（installation）的心態絕非要逃脫「每日」之困局，亦非對之有激忿，但是一種雙目望著另一方而企圖穿過它的能力傾向。但這個另一方是什麼呢？這是天國嗎？「每日」有一種可能的儀式化（ritualisation），但當後者排列程序不指向超越時，它會逐漸淘汰。這種參考絕對不能等同於一種有加色作用的主觀心情（disposition subjective）。主觀心情，不論存在於何處，常被解釋為居住在希望中的靈魂的記號。

有一些不是負擔的束縛，但它不干涉生命的某種自由，與可臨在的心態（disponibilité）有密切關係。無法臨在者是那些沒有時間，**忙**得不可開交者……。[45]

我為你希望著，只說你會一直為我臨在著是不夠的；我

---

43 譯註：有關本段日記的概念分析，請參考《馬賽爾》，頁188-199。

44 譯註：有關本段日記的概念分析，參考同上，頁304-311。

45 譯註：有關本段日記的概念分析，參考同上，頁182-185。

不把你同我分開，而為你不存在者也不能為我而存在。共融
（agapé）在希望的根源處。[46]

把天國看成一種狀況（état）比把它看成一個地方可能更不
真實：但這個對比或許是一個虛構。

巴黎，1943 年六月一日

要了解存在的份量是什麼，又如何後者（存在）同生命分開
後，會相反前者（生命）。一種防禦性的骨架在若干不能或缺的
逸樂周圍建立起來（絕對不可放棄星期二的橋牌會，或我每週一
次的室內音樂會等……建築在空無之上的樁基）。

要反省一下缺乏樁基的生命是怎樣的。

「凝固」（coagulation）是「失去敏感度」（désaffectation）
的記號嗎？這種敏感度的喪失常與對生命一般性的價值的喪失是
搭配的。這樣生命就退化成了存在。

或許我們可以從這裡出發去了解何謂價值。我才提及的那種
存在趨向建立於低於一切真實價值之處，如果價值是與創造性聯
在一起的話。

價值可比照「氣」和「光」：與「呆滯」及「蒼白」全然不
同。

「失去敏感度」與在增長中的無法驚訝的情況可以匹配。我

---

46 譯註：有關本段日記的概念分析，請參考《馬賽爾》，頁 174-178。另外參考
《呂格爾六訪馬賽爾》，頁 72-74。

應該給大家說明在一個科技稱霸之處驚訝的能力逐漸減退。[47]自然可以用一個馴服的野獸來比喻。一切好的東西都行，雖然不考慮它，甚至以某種意義來看是相反它的。這是從生命裡拔除使生命可以活得下去的方法，人們不會再想把一種溫馨助援的功能歸於它。

「凝固」之外，我必須指出「貪婪」（convoitise）的角色，人們活在賒帳中，像被條件綁著那樣地活，**等待著什麼**。至多人們希望得到他們的機遇。

1959 年一月十七日補記

重念 1943 年春天及該年暑期的札記，我無法不被其相對的遠景嚇一跳。前面寫的重點都放在存在的凝固性（caractère obturant）一面，而後面一些則在它的變稠（épaississement）及噴湧一面著眼，或用別的話說是一種歡呼（exclamation）。從這個角度來看「存有化」（existentiel）和「存在者」（existant）間的差異是很有趣的。「存在者」的音效是混重的，有一種已被致死的感受。相反，「存有化」的音色充滿生氣，清晰可聞，相應於「發現」（découverte）的片刻，我人幾乎可說，這是存在被觸及，且被體會若「**你**」之片刻。[48]

我相信這個說詞異常重要，它會允許我們了解後面要談的反

---

47 譯註：有關本段日記的概念分析，請參考《馬賽爾》，頁 126-129。
48 譯註：有關本段日記的概念分析，參考同上。

省實際上是前面所談內容的補充。

Le Peuch，1943 年八月二日

　　「存在者」（existant）對我來說，就像一種在某時段中拒絕消失的東西。這樣說，存在者是今天它**尚**存在，但有一天它將**不復**存在。這對人類的藝術作品來說是洞若觀火的。L 先生誕生在其中之屋還存在著或不再存在了。毀損（destruction）顯得是一種以某種程度內在於「存在者」之特性。存在之物在我們面前逐漸地消失。

　　此處，「存在者」被看待為「客體」。它是可測定的（repérable），但這個測定是與存在有關，它不界定存在，而存在顯得像是一種被忍受或被活過的試驗（épreuve）（此處顯出從裡邊有一股反抗這個破壞的力量）。這個試驗被看成一個由完全投入某存有者且與之化為一體的主體（agent）而有的內在搏鬥（lutte）外推而得的結論（就像這個搏鬥在物內極低調地進行著一樣）。當然，這個或那個自然物（一座山，一塊岩石等）並不難與人類的製品作比較。

　　從這個角度看，存在絕不可能與時間脫節。所謂的存在，這是指在時間內繼續進行一個沒有希望的搏鬥。此外，傳統的在本質和存在間的對立在這裡有何進展？這個搏鬥為了賭注而有使某種形式（forme）保存或消失的作用；當這個形式完全無法識別時，這樣東西就不再存在，那是說，在名稱及它企圖指明的東西間之關聯不再獲得保證。名稱在它指稱的東西消失後仍會存留。

（但這是只從外面去看及鑑識所認知的：參閱 1943 年八月十四日的記錄。）

我們會想：一個「存在者」愈複雜，它就愈經不起打擊，更易遭到破壞；相反，它愈簡樸，它愈不易被破壞，因為它的處境**本來**就是要強加於它的破壞性處境；這樣它把破壞的因素拒之門外。但這樣一個「存在者」存在得像不存在一樣。它不披露自己（se signaler）：然而存在即有名可掛，此名使它與其他的東西有所區別。

我在想：在主體本身具有的複雜性有一個什麼基礎，並且，追問到底，這個主體能否說是毫無含糊地存在著：他者（l'autre）及我存在的問題。

我們先暫時不考慮在複雜性內的差異，而問：我們可不可以訴諸另一個涉及我們可稱之為隸屬於世界之程度的差異？而很可能的是，分析到底時，這二個差異非常靠近，甚至可以重疊。我們姑且說，一個資質聰穎、胸襟寬闊的人士能帶給世界巨大的貢獻；他隸屬於世界的方式要比一個弱智且薄情的人高出無限倍。「存在」和「隸屬於世界」二者之間有什麼關聯呢？

或許此處我們可以試問二個副詞（déterminations）「**還**」（encore，still）或「**不再**」（ne plus, no longer）在什麼意義下會合法地說成能真實影響存在或存有者。當我說：這幅畫不再存在，我要說的是：它不再在我們生存的世界中佔一席之地。因此我應該放棄看到它的希望，我也必須放棄看到它被陳列在該畫家的展覽館內。如果有人給它照了相或複製了一些拷貝，雖然原作已不復存在，我們還能從這些副品中測獲一個有關它的概念。或者，如果還有些人在它被毀滅前曾見過它，我們可從他們的描

寫多少形成一些它的概念。我們能不能說在這種光景下它還存在著，雖然格局較小。我不這麼認為。它不再存在（此處顯出存在與自我意識〔ipséité〕間的共同性），它存在過。它曾屬於這個世界，但已不再是。我們能不能說它仍活著像一個人的遺著一樣，像外星人那樣的存在於那些曾經見過它或仍記得它的人身上？此處出現了一些難解的問題。這個「它」究竟是什麼？我們應該確認這個「它」是一幅畫的精粹本質，而這個本質以前是存在的，但當它不復存在時，它只殘存在它的欣賞者（amateur）的記憶中嗎？破壞的過程只能發生在「存在者」身上，而對本質不起作用。

　　但有沒有一個破壞的第二過程，它攻擊這些藝術愛好者的腦細胞，而這些細胞不久以後將不存在（就像照片或拷貝注定有一天會消失不見一樣）？

　　可是我們可以再問：如果我們不隨意的拋出一個本質的概念，而把這個本質在滲入某物（incarnation）前已在運作，並在該物被毀後能以某種方式繼續用一種不穩定的方式存在著，這些思考是否都只是幻覺使然？我們唯能肯定的是這幅畫只在它逐漸被完成時，才有真實的存在；我們只能以一種粗略的、近似的方式聲稱它是在它完成之前已經存在——同樣的，那個以前被人觀賞過的圖像保持的不是這幅畫，也不是畫的本質，而只是以不完美的方式指涉它而已。

Le Peuch，1943 年八月三日

我覺得此處我必須在「存有」的個案和「東西」的個案間作一分辨，首先考慮的是「存有」的個案。

一個我為他去世而哭泣的存有，即使以某種意義來說，他不再存在，但他為我仍是存在的——我應當說：**就在於他曾經真正存在過嗎**？那就不能產生他現在不存在的想法。[49] 這樣出現了一個難解的矛盾，我們必須對用的詞意加以探索。他不再存在，他是不再在此世之人，他不再是這世界的一份子；沒有人會再去請教他什麼（然而這乃為一個「**路人甲**」〔on〕而言是真的，但或許對我來說不是如此的：有可能有一個個人的呼籲〔appel〕，一個哀求〔imploration〕）。**沒有人**再在乎他。他是被排除在眾人關心的圈子外面的（然而從法律觀點看不是如此的，就在於人們還會考慮他的遺囑，這遺囑還是存在的，如果它是用書面撰寫的話）。

如果你們容允我談談存在內部的升級問題（promotion），——我們必須先問這樣討論的確切意義是什麼——所有的情景都顯示這個升級只在藉著「**（靈性）協議**」（conspiration）的支援下才能達成。下面一種想法可謂犯了嚴重的錯誤：想像一種把本質移位（transposition）到存在內，而這種移位純由本質內在的力量之效率而發生作用。我們也應類比地問：「靈性協議」的另一種形式是否被需求為保持那個我們原先以為已離開塵世存在的某人（前面我提到過其間有的矛盾）。

49　譯註：有關本段日記的概念分析，請參考陸達誠，〈馬賽爾哲學中的死亡和他人之死——兼懷唐君毅先生〉，收錄於《存有的光環》，頁 39-49。

這個原先的靈性協議發生在一個我們還不認識、對他還一無所知的人的周圍，然而把對他寄予希望的人的仰慕關切之情集中到他身上。此人的本質就由他喚起的先知性希望所組成。[50]

我們能否想像這個曾為大家把「整個的未來」（tout avenir）寄望於他者會否有一天成為「一切都過去了」（tout passé）呢？這種思維有何形上涵義呢？這意味著為我或為我們這個存在的形上性格叫我們相信他還存在著，而此刻他那單純質樸的存在（l'existence pure et simple）已終止了。我說，相信我罷，因為這個存在的本質不是揭穿，它是一個秘密，而我們厭惡把這個秘密向一陌生人公開，換言之，把它糟蹋。身為此秘密的持有者的我們或許用這個比喻來講可以把我們的經驗傳譯得清楚一些，譬如說，我清醒地守候在一個熟睡者身邊。這等於說，我們希望這個熟睡者會醒過來。守候在一個沉睡者的身邊：這意味著沉睡的某人不要受入侵者（intrus）的干擾，使他的睡眠不被中斷。但在這裡我們應當保全我們愛的人不受什麼入侵呢？此處所謂的入侵從各個角度看指「不信實」（infidélité），而「忘了」或「疏忽」、甚至「冒昧」是用得最多的藉口。[51] 我不相信我曾寫過能更直接地傳達一個如此親密而經常發生的經驗，但這只是一個濫觴而已。

應該指出的是在我們（秘密的持守者）中間有可以發生不同詮釋的可能，當我們中的一方在記憶中只看到一個不忠信

50　譯註：有關本段日記的概念分析，請參考陸達誠，〈從存在到希望〉，收錄於《存有的光環》，頁 27-37。

51　譯註：有關本段日記的概念分析，請參考陸達誠，〈生死與價值〉，《存有的光環》，頁 241-244。

（infidélité），而另一方卻堅持認為是那個「存在者」，即那個真實的「存有」被出賣。詮釋的分歧如何能產生？它有什麼重要性？

如果上述的情況是可能的話，那是因為我們已經不處在「**存在之為存在**」（*l'existence telle quelle*）之範圍內了，在這種情況下，作一個能求證的徵詢至少原則上常是可以的。我們重取並延伸上面提到過的比喻是可取的。發生的一切就像透過一扇窗簾去看那個入睡者。我們無法確定這個昏睡者是否還在呼吸。他已逸出我們的控制範圍，他已不可能以任何方式提供給我們訊息使我們可以偵察他而能宣告他的實況，或更確當地說，這類掌控（manipulation）只能在逐漸消失的虛擬之物（simulacre）上有其作用（發掘一個屍體）。這個虛擬之物對我們有強制性，除非我們能克服從它流出的糾纏，我們才能持守我們間的秘密，並尊重那個不讓自己可以與之分離的誓約。

但是那位滿足於尊重一個記憶的人，分析到最後，會向從虛擬之物逸出的恫嚇之力（puissance d'intimidation）讓步，因為久而久之，他會把那個虛擬之物視為一個正在日益褪色中之物，就像我們給放在壁爐上的照片拭去灰塵而已。不過，這只是人們為自己形構的一種自己需要完成及復原的文化本質之不可靠的表象，但同時又感到無法對之加以思索。總之，我們無法在這裡只從圖像（image）的角度解釋一切；即使這個我關切和維護的圖像，物質的與否，**是因著我對他的愛使然**，那是說，**這位我愛的人不應被說成只是一個圖像**。[52] 不然，我們將陷入一個荒謬

---

52 譯註：本段日記可與 1942 年五月十九、二十、三十一、六月一日四天的內容相

之境。我們的忠信只能在與一個存在有顛撲不破的粘連或貼合的基礎上才能建立，而這個存在是絕對不能與圖像世界歸類的。我們能說的是：一個圖像，不論它是多麼簡陋，對我而言還是必要的，為了我能理會這個粘連或這個貼合。它是一個藉之它可向我呈示它自己的形態。我們暫時可說，記憶被分成許多圖像，以圖像的形式切開，但它自己並不因此而成為圖像。

這最後的看法不顯得能引起嚴格的爭議。但有一個模糊點還在。這個我繼續對他有粘貼關係的存在，是否應當肯定為只是一個**過去的**存在（一個不再存在的繼續存在）？但這種講法含義不明。我們難免要在這裡很清楚地分辨一下：

1. 過去就若過去之追念之持續；
2. 藉著眷戀一個不可摧殘性（indéfectible），我們迎合這些記憶。

如果把這個不可摧殘性設想成圖像或記憶，那就大錯特錯了；它是穩如泰山的臨在。我愛的人常常在。他在就像我在一樣，同我有一樣的身分。我之所以存在正因為我與他保持連結（liaison）；如果這個連結斷裂了，我就不復存在。[53]

然而，奇怪的是，並且極不合理的是，這個不可摧殘性被記憶遮掩住，甚至被窒息，而取代了圖像的記憶就變成了偶像。

互對照。更詳細的說明見馬賽爾，〈存有奧祕之立場和具體進路〉，收入《存有的光環》，頁 290-292。

53 譯註：有關本段日記的概念分析，請參考〈馬賽爾哲學中的死亡和他人之死——兼懷唐君毅先生〉，《存有的光環》，頁 39-49。

　　從這個角度看，宣稱不可摧殘性屬於過去是毫無意義的，一個如此的隸屬會破壞這個不可摧殘性。有條件的不可摧殘性，有些人會說：不，能確定性的與件（ascertainable donnée）只為，我不說使它成為相稱的，而是從其內心最深處竭力訴求之物。

　　不可摧殘性，指在一個徹底的忠信得以保持之處，它是必然在場的；這是說它是一個「**回應**」（*réponse*）。但同時這個回應不能是自動的，因為如此一來它會使忠信變質，甚至依其本身的原則被摧毀殆盡。這是說，忠信的靈魂應當接受一個「黑夜」（nuit）的考驗，他還必須知道由這「黑夜」而來的內在地讓自己「被瞎」的考驗，這是他不能逃避的一個關卡。這個考驗與日復一日的單調每日相聯。不可摧殘性絕非是一個本質的持久性，或至少它不順著一個會如此這般的持久性模式而使我人知覺；因為本質之為本質，不論它是那一種，都會無誤地給一個順著某條客觀的、可公式化定律的思想呈現出來。而在這裡，情況完全不同；關及存有與存有的關係時，上述的境況不會發生。正因如此，我們無法具有獲得愛與普遍無私的愛（charité）的技巧。而從主體的角度看，在任何技巧毫無餘地之處，一切流弊和贗品就有機可入。而通過這些大量的錯誤和變端，我們終能一窺「**不可摧殘性」的間歇地閃爍的火花**。我不隱瞞地承認把「間歇性」與「不可摧殘性」連在一起有明顯的矛盾作法。但就在這似非而是的聯結上我們必須予以保留及加以探究。

　　我們是否應該了解：是「忠信」**產生**（*crée*）了「不可摧殘性」嗎？

　　這裡我們必須明確地否定唯心論的解讀。忠信的本色不是為了創造什麼，但為了絕不讓步地驅除會遮蔽——什麼？——一

個圖像的雲霧嗎？絕不：圖像以變化多端的方式顯示或具體化的「**臨在**」。那個由於不再能清楚地看到他而為之哀痛的一位親人，並不因此而少愛他一些。

　　會不會有人會說我在把本體論證拿回來而將它化整為零？另一方面，我採用了支持我的一個點，不是一個觀念，但是一個感性的與件？真相是我的反省運作在一種經驗上，那邊記憶影響到虔敬（piété）的性格；在這個經驗的根基處，反省認出一個有不可摧殘性的臨在，同時它也察覺了這些顯示有無法避免的「間歇」（intermittent）性格。

　　有人問我這類經驗依我看來是否有普遍性格？我無法回答這個問題。我能做的只是把我對我的經驗反省所得公諸於讀者。或許我可以補充一下講：我發現在我身上還存有「懷疑」（le sceptique）和「不信」（le profane）的餘漬，我不能企望可把它們完全克除，但我能作的只是把它們震盪一下。這可以足夠明顯的指出我要做的不是一套有關「不死」（immortalité）的嚴格式的古典證明，甚至不要做任何相似的企圖。

　　或許這樣做是很有趣的事：回顧昨天有關客體所寫的一段話，譬如說，一幢已不存在的鄉下房子。從某個角度看，它可與已成灰燼的屍體作一比較。但把這幢房子看成像一個靈魂那樣可以在死後繼續存在會有意義嗎？我會說，毫無疑問，只要它為某一個「**我們**」組成一個它處於參與（incorporée）遍入其中的中心。它對一種親密關係（intimité）之構成有過貢獻，但這個親密關係反過來把它提升到會朽壞的事物的世界之上，並予以祝聖。但這不等同於說因為如此所以它必有一個本質那樣的不變性，卻是一個以某種方式把記憶的脈動按格律地朗誦的生命。

基本上，為了解這樣一個立場，那就必須要驅除「客體」的概念，它會一直存在著，即使沒有人察覺到它。

然而有人會反駁我說：這個不衰（indéfectible）的臨在隨著一個因之而被呼召而出的行動而變化。我絕不含糊地回答：不。我們可以說，睡夢中的一個圖像與我值勤時看到東西，二者的關係正好相反——而這個臨在輪到他被視為若守護者。

　　　　通往「我存在」之徑。

對「**我是**」之斷言，是包含在一個我永遠會自問的問題「我是誰？」裡。「我是誰」這個「我」自問關於「我」是什麼？

但說：我存在，這是說：我是在這個世界上，我屬於某一個團體（concert），我與別人有共識（consensus）。別人告訴我說我知道我不是常常存在的。我真的如此知道嗎？「知道」在此處有何意義呢？要說明這些事已夠模糊，但如果涉及一個無關的將來，那會更模糊、更不確定得多呢。

Le Peuch，1943 年八月四日

我愈反省，我愈覺得這樣講很不真誠：我知道我不曾常存在。這裡有且只有一個「無知」。我不知道是否我參與一個在我誕生前已有的世界，並以什麼模式。有一天可能我會偶然地對此問題稍有頭緒。當我虔誠地專注於一個至親的死亡時，我的存

有或許間歇地會參與這種不衰性。[54] 我的誕生及發生在此前或死後的一切只是一種道聽途說的知識而已。如果說我有權宣稱這非我家的事，不能說是妄言。

當我說「**我是**」，我能直截地把它譯成有關存有的確切性，而幾乎立刻可以同樣確切地宣稱：這裡有存有。這裡有二個趨向高峰匯合的斜坡。

到這裡，我們比較容易了解存在化層次（niveau existentiel）的差異在那裡（這點可以我講過的有關人類經驗的形上內容〔teneur〕接通）。

或許我們在這裡可以用我從前寫過的關於「每日」的反省來思考。[55] 純粹和簡單的「每日」是指某人活在他確切知道他需要的東西可在哪裡找到的處境；湯匙和叉子是在這個抽屜裡，而為特殊宴會需要標有數字的餐具則在另一個抽屜裡。此處顯出有一種有時可為主宰，有時可為從屬者的經驗。但我在思考：一個人因發現什麼而感到的狂喜與主從關係完全是不可同日而語的事。

「確定性」很像我可任意使用的資源。但它們在我眼中能貶值，**正因為我對它們有任意使用的能力**。

「不滿足」的基本功能。

對閃爍之「無可懷疑者」的筆記。

我在這裡覺得很有趣的是願以更深邃的解釋來瞭解存在的確

---

54 譯註：有關本段日記的概念分析，請參考〈馬賽爾哲學中的死亡和他人之死——兼懷唐君毅先生〉，《存有的光環》，頁 39-49。

55 譯註：見 1943 年五月十七日的日記內容。

定性有閃爍現象。這個確定性能被日夜必然的更迭的事況來象徵，而使我們稍稍懂它。我在逐漸瞭解：即使我體會不到臨在，我並不因此而懷疑它的存在，就像被雲遮住的太陽並不使人懷疑它一樣，因為我們知道為何我們不能整天看到太陽。這與見仁見智的說法**類同**；那是說我瞭解為何臨在按其本質不能常常顯示出來，而不能說如果臨在不顯現，就必是我的過錯。真正的實況要複雜得多。也自然的不能有可公式化的客觀規則存在著，向我們報告這些更迭，而使我們得以預防。這與臨在的主體際性密切相關。

有一個不是直接的，但是很重要的問題：我在一個確定的時刻能認出我自己的存在化層次（niveau existential）嗎？初聞此問題，我們幾乎可以確定地說：我不能。[56]

這個層次應當配合存在的個人斷言表達的特色——此斷言支持著我在某一時刻有的經驗。但這個斷言是否依賴我的基本注意力在該時刻聚焦的方式？我們須小心：這裡比較重要的或許較少關及客體，對這客體的注意力被集中在一起，使注意的場域依賴的前景得以調度好。我這些反省顯得很模糊，應當再予以清楚地說明。以一本書為例，我們必須把此書引發的興趣加以辨明。（從好奇到愛之不忍釋手。）

---

56 原註：事實上，不是好像我同時處在若干不同的層次，而我常能從這些層次中分辨：當我處在那一個層次時，我感到更是我自己。這裡要小心用詞。主要的困難是我們很難擺脫「核」的空間聯想。

Le Peuch，1943 年八月五日

　　昨天傍晚我在沉思：或許離開了「可全在性」
（disponibilité, availability）、透明性（perméabilité）、奉獻
（consécration）諸概念，我們能更好地瞭解何謂存在化層次。
或許有人會說：那邊只有心境的差異而已。但這假定人們用含糊
的方式使用心境一詞；尤其是為思考可全在性，我們無法取消一
個「**參照……**」及一個「**配合……**」的概念。是否應當說存有化
層次的不同與「封閉及開放」之差異可以相提並論？我覺得還應
更深入地思考，就像我昨天指出的，要反省如何使「**我存在**」之
斷言得以說清楚講明白。還要反省：到什麼地步我們可以合法地
宣稱在不同的個案中主體不是同一個。無疑地最好說不是同一
個，但它並沒有相同的指標。此處還有一個概念需要更精確地加
以界定。

　　說實在，我們更好回到四、五月間我寫有關這個差異的初
稿。三月二十五日我寫道：「對我來說重要的是『無可懷疑
者』，當我處於我的某個層次時，它是不能被爭議的。如果它
絕對不能被爭議，那表示它不重要。」[57] 對我剛才說的，我可以
說得更清楚一些：在生活中有些時刻我對自己的生命找到一個意
義，我似乎甚至能接受最殘酷的失意，我甚至能懂得為何它們會
發生在我身上。但在另外一些時刻，恰好相反，我無法將我提升
到另一個層次，我把自己等同於自生命噴湧而來使我受傷的苦楚

57　譯註：三月二十五日的日記沒有類似的字句，但三月二十六日的日記有類似的
　　字句：「為我舉足輕重的卻是當我處在我自己的某一境界時，我無法懷疑的東
　　西。」見頁 120。

和忿怒，我好像受騙於我由想像而建築的高樓大廈。

　　另一個比喻：有關我對近人、親人的評估方式；我能感覺自己陷入一種突發的印象：有摩擦、挖苦、激怒的情緒。或者相反，我把這些負面印象排除淨盡，而進入一個他們有的寬廣和純淨得多的印象，這也是我的一種評估；請參考我去年三月三日的札記及給貝特魯（Berteloot）的信，那裡我強調集中在自己身上，把自己看成是一個生病的器官的作法；換言之，一種自滿或自憐的心情。（請參照梅瑞狄斯[58]的自我中心主義說）。

　　然而這裡有一個可能有的混淆要指陳一下。有人可能想說，最關鍵的事是達到客觀性。但這個字會誤導人。客觀地說，我是否可給我的生命一個意義是可懷疑的。我相信我有足夠的理由引進「價值」來討論這一主題。去年五月三日我的札記的最後一部分顯然站得穩，但還不足：太負面。我們必須達到可將存在與價值間的關係作一清理。請注意：價值，或更明顯地說「臨在」是有互為主體性格的。我才念了勒・塞納[59]寫的有關價值的《道德論》（Traité de Morale）。其中只一部分叫我滿意；他會很成功地申述某樣來自我的東西，譬如說一個願望，與某樣來自與人相遇而領受的禮物。這是十分重要的觀點，它要把我們從唯心論中最枯燥之處拯救出來。但其價值觀並不清楚。我以後要回來討論在《障礙與價值》（Obstacle et Valeur）中他表達的見解。

58　編註：這裡提到的應該是英國小說家喬治・梅瑞狄斯（George Meredith, 1828-1909）。其作品中使用的內心獨白是後世意識流小說的先導。咸以為《現代愛情》（Modern Love）是他最好的詩集；《自我中心主義者》（The Egoist）是其小說最高成就。

59　編註：荷內・勒・塞納（René Le Senne, 1888-1954），法國唯心主義哲學家和心理學家，曾於索邦大學擔任倫理學教授。

翻閱 175 頁及後面數頁，我覺得裡面有些重要的點子，但作者的思想令人霧裡看花。在他送我的一本書上他簽署說：「**價值使靈魂得以存在**」。我相信這個公式很美，並且是真的，但也是需要一個更精準表述的公式。我常察覺不易找到有效的插座。我確信除非同時研究「存在」和「價值」的問題，我無法把它們看清楚。

今天試著重溫我八月二日寫的札記。應當問的是：我是否可以思考一個「不能摧毀的東西」。提出這個問題的人所關切的對象，限於可定標記的及可以複查的事物，答案必然是否定的。不可摧毀者在此處是沒有形式的，我們無法將之與一切可摧毀之物歸類。如果無休止的訃聞——我們每一個人在自己短促的歲月中正在編輯的——只是不完美地在說明限制著客體的這個斷言，那麼沒有任何思考餘地我們可說：存在的一切最後注定要消失。如此的話，不論在我們身上有的不死的需求的內在價值是什麼，以及它能接受的形上證成是怎樣的，我們應當察覺：如果它試著把自己譯成客體世界中的一員，它當下就貶抑自己，並駁倒自己。對這一切，我們明察秋毫，此外我們看不出如何它能避免給自己作這種不穩固的詮釋。但從此觀點看，「考驗」是被撤銷了的或會撤銷之物，因為隨之而來的失敗是避免不了的了，除非它還原成一個長期的考驗，但這是很荒謬的想法。如果我們不承認「持續」對事態有關係，我們會對人的生命完全無知。此處我們看到：價值介入了，就像「長度」那樣的有獨立性。

價值有如存有者的賭注，或更好說像一個印章。不過我們這樣講會留在一個很模糊的、很膚淺、很模稜兩可的名稱上。價值是由外而來的嗎？肯定不是，它只能不完美地被我們體

認。那麼它是先被我人體驗到的嗎？我覺得它只能先種植（être incarnée）於我們的心中，然後才發光發熱；這是很重要的看法，因為這樣的思考方式把我們立即從心理學的思維模式中解放出來。有人可能還會說：為誰而種植？這樣的發問還是可疑的。因為如此的思考會把我們引入一個徹底的二元論中：在種植者與被種植者之間。但觀點會大改變，如果原則上我們設定在一個「**我們**」中有某種組合（unité），有一個基本上非孤立的主體，直至「主體際性」的優位的肯定。因為從這個角度而言，我們就避免了設定一個首先純為種植而來的某樣東西，及另一個處於它外面的主體理會這個種植。這一切可使人明察秋毫，如果他們了解：主體際性實際上是內在於主體自身內，每一個人他自己是一個「**我們**」。除非他是若干，他不能成為自己，而價值只在此條件下成為可能的。或許原則上應如此假定：這個內在的主體多元性與外在的主體多元性維持一種最密切但不易探測的關係。我所愛的人們，不只在我身上再現，並且還住在我內，成為我的一部分（單子論有雙重的錯誤：我既非**單獨的**，又非一**個**）。

Le Peuch，1943 年八月六日

毫無疑問的，「**我們**」的內涵遠比「**我**」為深厚。無疑的，儘管表面並非一定如此，它是更穩定的（請看浪子回頭的故事）；[60] 而對我而言，重要的是「我們」的不能摧毀性。但這種

60　編註：參《路加福音》十五章。

願望顯得很不合乎理性。如果「我們」可以被一個客觀的結構吸收進去的話，還有什麼東西比它更脆弱的呢？爭吵、各式各樣的決裂還不夠說明這種實況嗎？但如果我們在這裡尋找一下這些爭吵和決裂是如何形成的，這是很有益的事。它們的發生往往是因為有一個相反「我們」的「我」在搞怪（興趣、敏感、成見等）。

能不能說：真正的存在化晉級（promotion）常是因為接近了一個「**我們**」，或一個「**我們的**」，條件是這個「我們」變成親密的原則，且沒有強制性。讀者會重新看到今天早上我寫的有關「全在性和全給性」（disponibilité, availability）的片段。明顯的，沒有比在孤獨中祈禱的聖者更接近「我們」；用社會學詮釋我上面講的話會怪誕地扭曲我的思想。

前面講的話使我們了解為何「持久不滅者」（indéfectible）只能以間歇的方式出現——可能因為這個內在的「我」本身不可避免的也是間歇的。要求它一直在，是企圖給予它一種最簡陋的客體存在模式。然而一個問題跳出來，它問：這個間歇性能否被我們看成是存在在其頂峰具有的一個特性？

我相信這個問題是出於一個混淆，很類似我在前面駁斥過的問題。存在在其高級的模式中同主體際性分不開，這是說我們不能——我們不能也不應該**願意**——把我們捧高到主體際關係以上去思考臨在：因為實際上我們有可能掉到下面去。

我覺得我的思緒今天大有進步。然而我願意更直接地回答昨天提出的問題，並且把我稱之為存有化式的指標方式予以界定。

當我問我是否存在，我意味著問：是否有某樣東西存在著？

我能根據一個假設為絕對存在者（天主）問是否我自己是存

在的。

但我也能問當我肯定我是存在的或當我問我自己這個問題時，我願意說什麼。

我的存在意識能用這麼擴散的方式表示出來，它實比我的存在性，甚至一般意義的（包括植物）存在性少太多了。只有反省能以某種方式修飾這個沒有什麼而很不明確的狀況，因為它是一個純粹的狀況，缺乏作一個斷言當有的特性。面對某個被給予或理會的存在時，令我思考是否我的存在屬於同一級別，同一範圍——是否我存在得比它更多或更少——；必然的，這個比較所得的差異來得很遲緩，也絕不可能充分地被接受，因為在我們身上有一樣不能接納在存在與非存在之間的一個中介。如果，舉例來說，我意識到我有一個瞬息即逝的性格，因之我就能決定說我存在得比一個能持久存有的存在性少得多？未必如此；或許我會說只要我活著，我是絕對存在著的。然而我的存在顯得像被某樣要摧毀它的東西所侵蝕或啃噬，這無非是說我並非純粹和簡單地存在著。因此我們在這裡看到了一個純粹存在與不純粹存在間的對立。我們還須知道這個對立是否有一個基礎。純粹的存在不是，也不能成為與件。而不純粹存在因而也不能成為與件，就像我以前解釋過的那樣。

我不能不指出來，沒有任何理由說一個存在哲學是圍繞著「焦慮」而旋轉的；我腦海中出現的是探測及尋獲（一個國家，一篇樂譜）時的狂喜。這可能是我體驗過的最純粹的喜樂。

很明顯的是，一個純粹存在的概念無法在經驗中找到任何保證。還須知道：一個聲稱可以從「有限存在推論到絕對存在」

（像聖多瑪斯[61] 提倡的）的論證為何是可接受的。

　　但是我們似乎應該比聖多瑪斯更清楚地體認：當我們談存在，談及某個存在者時，我們願意說什麼。今天我覺得我還是被濃厚的霧氣包圍著，我無法看清楚。

　　我還要面對第二個問題：存在及隸屬於世界，二者間的關係是怎樣的？徹底隸屬於世界的存有，以某種意義來說，是最脆弱的存有，但也是具有最豐富資源的存有；也許他的脆弱是極有**補償作用**的。或許我們可以由此看到：一個存有，他同時忍受無數創傷，但同時，也因這些苦難他具有驚人超量的回復能力。這類雙重的性質已經在人身上顯示出來，或至少他顯出有這類特色的「初稿」。

Le Peuch，1943 年八月七日

　　我不認為我前面寫的看法會使讀者獲益，至少不是直接地。此外我希望讀者們決不要重視我關於純存在和不純存在的說法；在這裡我想像有一個**混合**（*mixis*）二者的可能：把存在轉化成**本質性的**特徵。八月二日的札記似乎相反，卻要保持其旨趣。然而一個難題避免不了。我曾說過，存在是自我顯示，這是

61　編註：聖多瑪斯・阿奎納（St. Thomas Aquinas, 1224-1274），歐洲中世紀經院哲學家和神學家，最重要的著作為《神學大全》，天主教會於 1323 年冊封他為聖人，稱之為神學之王、天使博士或全能博士，視為史上最偉大的神學家、普世教會的聖師。其思想形式上繼承亞里斯多德，而以基督宗教為內容；以客觀性的推理思考，從果到因來證明神的存在。

說：向一個他者自我顯示。但我們是否可以說——當我想及存在，我會把它想成依賴著那個肯認它的人？但我們首先應該再一次自問：如果我們真的想及存在，這樣會將它轉變成本質性的特徵？另一方面，如果我們不這樣想它，我們如何能談它？就在這裡我們觸及一個難題的焦點，這個疑難我們逃脫不了。我覺得我們應該在我們企圖完整地修復的某個原有的經驗，及其已有的愈來愈趨刻板及貶值之表達的模樣間，作一個區分。在存在的根基處應該先有一個「我在此時此地」（eccéité）的體認：「**驚呼**（l'exclamation）**可視為存有化體驗的靈魂**（âme de l'existentiel）」；這個觀念對嬰孩遠比對成人的存在感來得貼切。[62] 但這種「我在此時此地」的感覺常被看成是一個「為己存有」（譯者按：le pour-soi，沙特術語，指對著客體的某主體）的表達，而後者能幾乎完全是一個有眼無珠者。「為己存有」之能被了解，只在它是參與者：「所謂存在，乃同在也。」

我參照上面有關「驚呼」的句子，它是有歧義的。我唯一能確切宣稱的是：驚呼是，或許我不確當地可稱之為「存有判斷的靈魂」。我很樂意地說：存在者（l'existant）只是一個「**冰冷的驚呼**」（l'exclamatif refoidi），（或「不存在者」，但在某個個案中，體會到他者之臨在帶來的豐富感受，而在面對另一個存有時，只有對方不臨在的空白感）。有人可能會反對我，說我忽略了「能所相應」中的「所」之一**端**，但它就在驚呼之核心呢！意向性包含了一個「**你也是**」（toi-aussi）的斷言。這是我前面

---

62 譯註：有關本段日記的概念，可與形上日記第二本《是與有》第三編〈伍斯特論虔心〉對照，參考馬賽爾著，陸達誠譯，《是與有》，台北：心靈工坊，2021。相關分析見《馬賽爾》，頁 123-130。

提到過的「一起參與」（co-participation），我們也可以稱之為「互涉」（co-implication）。

我相信我在此處參考兒童的行止是很合適的：「媽媽，看這隻小鳥或這朵小花。」要顯示給人、要有一個證人的需求在這裡是非常明顯的，就像它能給原初的經驗更多的份量，更多的**共鳴**。靜觀者不需要這種來自他者的見證；他在自己身上找到他需要的共鳴。[63]

我覺得我最後寫的話有重要的意義，但我此時此刻還無法把它們清理出來。

如果我沒有搞錯，我們可以說事物從我們得到──從我們逐漸地要被經驗蓋住或阻塞的某個深處──一個我們藉之而能宣稱它是存在的的行為；給它命名的需求是緊密地與這個行為聯結在一起的：知道它叫什麼。無疑的，我們很樂意自己為之取一名，但這個名字會被一種遲疑克勝，除非我們真的知道我們的確「**發現**」了什麼，如果這是真的，我願意說：命名是一種（基督徒）付洗，甚至將以重建。我們一般構思或相信自己構思的一種存在，同這個「**發現的**存在」來比，只是渣滓而已。我們在這裡重遇了昨天早晨我所寫的關於「探索的狂喜」。[64] 在這種狂喜和隨後而來的理解及詮釋時有的喜樂間之差異，大到不可想像（就像到一個城市去走一圈而掌握它的地形那樣；如此，當我們要給它

---

63 譯註：有關本段日記的概念，可與馬氏有關自我凝斂及第二反省的看法對照，相關分析見《馬賽爾》，頁 188-207。

64 譯註：見八月六日馬氏日記：「沒有任何理由說一個存在哲學是圍繞著『焦慮』而旋轉的；我腦海中出現的是探測及尋獲（一個國家，一篇樂譜）時的狂喜。這可能是我體驗過的最純粹的喜樂。」

畫一張地圖之刻,有某樣東西失去了和被破壞了)。

因而存在的本色應是找到自己,啟示給自己(辨別〔discrimination〕一詞表達得還不夠)。

價值依附在揭開自己面紗者的身上;但儘管這**對我**以專屬義來說是少之又少,使我覺得有見證的需要,或者也許在某些個案中要保守秘密,但以他者知道這個秘密的存在為條件;這樣我就會打擾了他們。下面有不同的個案:我找到了一個我可以直接交流的存有。這樣,秘密能夠完整地保持著而不會失去它的價值。我尋思著在這種情形中找證人的事,是否取決於為了補足發現者及被發現之物兩者間關係之不完美。

從而我要把「它存在嗎?」這個問題的重要性,在不排除情感及個人因素下,提供一個解釋:我要參照一個可能且引人入勝的探索。不存在的東西激不起人任何興趣,它不會使人的心躍跳。

請密切注意,在發現(découverte)中有一種不是主觀的熱誠:一樣東西給我開顯;但這不阻礙傲慢、自大、控制的語氣能附帶在「給我」二個字上。是給我,而不是給你,這樣東西開顯自己(或許是因著我的堅持不捨、我的勇毅或我的機智:這一切只是促成因素)。

在「發明」(invention)時發生的一切,與「發現」(découverte)南轅北轍,因為後者是在唯心思維的根源處。

但從此觀之,那些「不再存在者」是那些「不再回應我者」。

能否說:即使是這樣被思維的存在,含有一個價值?我無法斷定,稍後我再回來討論。

　　我愈來愈感到我在此處有了一個「發現」。這裡洞若觀火的是存在的現象面。主體的心態絕對不能與向他自啟的某物區分開來。

　　有人會說這是一種「存有化的閃爍」（fulguration existentielle）。但能把事相搞複雜的是：我應該與那首先啟示自己給我的東西熟悉起來。與一物習慣相處後，使該物具備成為客體應有的價值。自此以後，它就儲存到經驗的資料庫中，直到我覺得有必要把它消除，因為參用它的需要已沒有了。但「最初的存有化轟動」（l'éclat existential initial）就在該物被吸收或入庫之刻會遭遇褪色的厄運。（我們能說價值還保留在「存有化轟動」得以維持的情況下嗎？或它本身就是價值的記號？）

　　很有趣的是，從這個角度看觀察得到：一個純存在（un pur exister）的觀念再度取得一個積極的意義，即它是我們無法把它習慣化的東西，它超越一切可能的歸類（registration）：我們還應注意：我們常能，唉，用許多非常傑出而富有神學和形上學份量的文字去談它，毫不注意它們要表達的是什麼；從而我們能對自己詮釋（création）的細節失去感覺，而不再能對任何東西產生驚訝的反應。[65] 這裡有一個單純的類比：在一種情況中，我們不再思考，在另一情況中，我們不再看到什麼。

　　現刻我願把這一切反省與我在八月二日寫的札記直接聯繫在一起。

　　我要寫的是——我相信我從前也寫過——存在的本色是它一

65　譯註：有關本段日記的概念，可與馬氏〈存有奧祕之立場和具體進路〉有關「功能化世界中的人」的看法對照，見《存有的光環》附錄一，頁 289-294。

開始就被**歡迎**（*salué*），但那個被歡迎的不是存在，而是在**自我啟示**的「存在者」（existant）。

Le Peuch，1943 年八月八日

無疑的，或許我應該更清楚地指出：我們在討論的驚呼（admirative）基本上是讚賞性的，我還要加一句說，那個向我自啟，並引發我一陣驚呼的東西常有一個形式（forme），更確切地說，一個能像烟火中的一束很快泡沫化那樣的個人性（individualité）。

我現刻看得很不清楚的是，在這一切思考和我從前所寫有關有抵抗破壞作用的存在間的關係。這個抵抗力對存在本身或對存在者而言，是與生俱來的嗎？

Le Peuch，1943 年八月九日

我想：我給讓・葛尼耶提供之資料是否可取名為〈不死的存有化草案〉（*Les Prémices existentielles de l'Immortalité*），而我目前寫的反省都是該文的準備。

我認為：我應該集中我的反省，在一個藉之我肯定我曾認識或愛過的一個存有的行為上。此處涉及的是對曾與我的生命親密相處過的那份情感，——這一位存有不再在這裡，但他同我的關係還是鮮活的。怎麼說呢？這臨在是什麼呢？

　　他不再在，那是說「他不再屬於這個世界」，至多我能知道的是他的遺體在那裡，但這份資料，不論我有與否，為我顯得與有關對象之主要特色完全是無關緊要的，那是說無關係的（irrelevant）。我們應否說：在這些情況下，留在我身上的只是一個已消失的顯現之記憶？與這個可以棄之如敝屣，或像一個我在貨物室音樂磁帶架上找到的還在我腦中迴旋的老調。我能不能想：就像這個音調在我身上餘音嫋嫋，他的顯現還在纏繞我？

　　極為重要的一點是，一方面這個比對是**可行的**，但同時我內心的虔敬心（piété）卻取否定的立場。有關這種虔敬心，我現在要予以界定，或至少要作一番分辨。從客觀的角度看，它像一個保護層，加在它自己無法改變的一個實際的處境之上。但恰好是這個客觀評估的有效性，正是我們要控制住的東西。以某種方式，我在出賣不在場的那位的意識，是從哪裡來的呢，當我譬如說誤解了一次不臨在或疏遠，而作如是判斷？我記得雷蒙·薩伏依艾爾（Raymond Chavière）[66] 在《照明燈》（*Le Fanal*）一劇中說：「我有時覺得死亡就像無藥可救的衰竭」。這種衰竭究竟指什麼？被破壞的是什麼？這不可能是出自他者的一個默契（ordre），因為這位他者已假設為不再存在，並且這個默契不是純粹地從我發出的，因為「神聖」不為人懂，但很可說是一個發自「**我們**」而仍倖存在我身上的默契。有人甚至可能說：我的一部分以某種方式被影響（affectée）或奉獻給那個不再存在的存有；就是這個被影響的我，在反抗那個有「褻瀆」（sacrilège）性的因素。此處我應當直接引用我在八月三日記錄

66　編註：馬賽爾劇本《照明燈》中的角色。

的反省。[67] 但我覺得我還須更深入地思索一下。

在書寫上面數段文字，及在寫後，我立刻感到一種難以承受的疲勞及空洞。在這個沒有止境的，常重啟的探索中我有著**怎樣一種「奢望」**（prétention）！為何不承認這個我還在體驗中的臨在，只是一種僅在我的虛構中、實際上是已完成和已結束的經驗的延長？在虛構或無法實證的世界中，二者不是大同小異嗎？在《打破偶像者》（l'Iconoclaste）一劇中我已徹底交代了我要說的一切。我沒有更多的話要說。

我有在飄盪（déréliction）的感覺。

如此說，我怎麼還能談一個永存之物（indéfectible）呢？當然，在講「時隱時顯」（éclipse）的現象時，這恰好是我想講的要點。但在這時隱時顯的過程中，我如何仍覺得有肯定此物的需要和權利？

「奢望」這個字是主要的。就在**我堅定地如此思考**起，我好像把我自己曝露在一個我逃不了的公正的懲罰中，而後被引入一個絕對的氣餒的境況裡。它還是**公正**的，我會說，但願如此。然而在這些情況下，如何還敢思考？總之，真是我在思考，是我在

---

67 譯註：八月三日馬氏日記：「一個我為他去世而哭泣的存有，即使以某種意義來說，他不再存在，但他為我仍是存在的——我應當說：**就在於他曾經真正存在過嗎？**那就不能產生他現在不存在的想法。……這個存在的本質不是揭穿，它是一個秘密，而我們厭惡把這個秘密向一陌生人公開，換言之，把它糟蹋。身為此秘密的持有者的我們或許用這個比喻來講可以把我們的經驗傳譯得清楚一些，譬如說，我清醒地守候在一個熟睡者身邊。這等於說，我們希望這個熟睡者會醒過來。守候在一個沉睡者的身邊：這意味著沉睡的某人不要受入侵者（intrus）的干擾，使他的睡眠不被中斷。但在這裡我們應當保全我們愛的人不受什麼入侵呢？此處所謂的入侵從各個角度看指『不信實』（infidélité），而『忘了』或『疏忽』、甚至『冒昧』是用得最多的藉口。」

反省嗎？

Le Peuch，1943 年八月十日

我回到八月二日我的札記，寫得更精確一些：如果我考慮「字」的真正用途，我注意到只當我說這樣東西或這一個人還「存在」著或不再「存在」，或「存在」指有一個價值時，重音（accent）是放在「存在」這個字上。這個字的強調會消失或大量地減弱，就當我說：有一個國家存在著，或有一些人為了……存在著。存在只在前二個例子中才等同於真的顯示自己。存在必然不是指施放火花。但在此處講存在化的輝煌（éclat existentiel）是合法的，這是我講過的。這些火花在被質問時會被窒熄。

我們也注意到，用到「存在」這個字時，有重音不同的相似情況。它能純粹地指度生命的樣子：一個充實的存在。當人們相反地說：**這不是一個**活在如此生活條件的**存在**，這裡對存在的說法包涵著某種價值的涵義。

在最狹義的哲學層面，詢問外面世界的存在，這是問是否有一個存在本身的問題；或許我們可以更確切說：一個「存在為己」（existence pour soi），而不只是一個為「觀者我」觀察到的景象（spectacle）。可以確定的是景象就在於它是景象，有一個存在，但這個存在顯得不穩定，並且是引伸而得的。要問下面一個問題可能沒有意義，此為：是否我們必須先有一個關於我們自己或上帝的存在性保證。因為事實上是自判最缺乏此類保證的

意識，才會提出這樣的問題。

我覺得必須聚焦在我寫過關於「奢望」，關於「**我不客氣地說要去建立的東西**」。為何這個奢望一碰到存在就變成那麼囂張？當它的關注點只涉及某個順序或某個客觀的定位。（我負責把您帶到該處，在必要時另一人也可以把您帶到那裡。）

是否「存有化」在它的充足的意義時，真的只向主體啟示自己？它是否可與「無法證明的」（l'invérifiable）混為一談？我上面提及的間歇性在這裡有解釋的作用。一個啟示不會隨人的意志重現。在每一個領域都是如此：在重聽一個叫我刻骨銘心的樂曲時，我全無把握我會再次大受震撼與否。

如果我們要做一個結論說，那會是我的一個荒繆的作法：宣稱自己是一個神恩（don），一個聖寵（grâce）的受益人。但是存在如果就像我理解的那樣，現在的反省是可以成立的。（請參閱八月七日的日記）。

Le Peuch，1943 年八月十一日

或許這裡很適合強調存在與神恩的關聯。一切存在或許以其字義的本色，我們不說它是一個與件（donnée），而說是一個贈品（offerte）。（平庸的表達：向我呈現的景象。）此處我們找到數天前我提及的在創建（construction）和發明（invention）二個觀點之間的對比。這種說法在此處帶來的困擾是：一件是指向一位特定人士，而此處提到的贈品是給非特定的人的（為某位知道如何可藉之得益者的禮物）。

Le Peuch，1943 年八月十三日

昨天我沒有寫什麼。

今天早晨我想作一個分類：存在的問題在下面五類中有不同的意義：

事物，
存有，
價值，
世界，
上帝。

對於事物，它引發的問題最少。因為我們無法認真的懷疑它們的存在。但也針對它們我們知道最少關於它們的存在。它們的存在向我們呈現：但這只是其景象的存在嗎？不，因為它們對我們有抗拒性。

對存有本身來說，其內在性只能被人認知和愛戴；因為若是主子，應被別人服從，若為工具，則被應用而有，嚴格地說不能稱為存有。

此外，與那些用類比訴諸理性為解釋對他者（autrui）的存在之信任相反，我應當說，除非我對他者的真實性有所認識，我無法建構自己若有內在性者。

事物的存在既然被公認為不可反駁的真，甚至是存在的模型，那麼我們怎麼談「諸有」（êtres）的存在呢？一方面，我可取類似否定的立場，另一方面，我可以這個否定來舖張一個唯心

論詭辨的資源。這對有關上帝的種種更是真實。我可以取無神立場，此刻我想到的是《美友記》（*Bel-Ami*）中的英雄，[68] 我最近在重讀該書，無人會設想有比他更激底的無神論者，不論書內人物持哪種意見，人們常有從理論角度辨明這個實踐性的無神論的可能性。

Le Peuch，1943 年八月十四日

今天早晨我在想：祭祀為那個身處此活動來觀察的人似乎必須簡化為保存或復興一些印象而作的活動，簡言之，只是一個紀念性的活動而已。（與亡者）共融對無此體驗的人而言，只是一個徹底無法理解的說詞而已。

我想：在個人性的**存在**（l'*exister* personnel）與非個人性的**存在**間之區別，能否給我們提供一個比較清楚而有用的出發點。「它存在」關及某樣我們要為它界定或提出界定方向的東西：一個國家存在在那裡……。著重點不是放在它的獨特性上，而恰好相反。另一方面，有個人性的存在包含自我性（ipséité），參照著活過的實在，這包含兩端：「尚」（encore）及「不再」（ne plus）。一道光「尚」亮著，或相反，它「已」熄滅。由是觀之，我似乎實際上只把存在給予我能說此物尚存在或此物不再存

68　編註：莫泊桑（Guy de Maupassant, 1850-1893）的長篇小說，或譯作《漂亮朋友》、《俊友》。書中主角杜洛瓦是「現代冒險家」的典型，虛偽無恥、狡猾貪婪；他機關算盡，利用上流社會女性獲取權力與金錢，讓自己在短時間裡飛黃騰達。

在之處：這會把價值及數學的本質全然排斥掉。

我與來自拉羅什（la Roche）的 J 有個約會，我給他看我寫的關於「永存者」（l'indéfectible）的札記。她認為我寫得不錯，但我遲疑著。難道不是因為我們偏愛記憶而還保持著那些圖像嗎？然而我覺得我們只在給記憶一個本體性的價值時，才能如此肯定；這樣一來，大家與我的立場完全銜接起來。在「追念」（commémoration）的根基處，有一個在大部分時間無法予以連結的（s'articuler）斷言，如果這個追念是指向一些不確定的人物，如「在大戰中的亡者」，其不可連結性就變得更大。[69] 這種情形在一個像我們住的小村莊，村民都互相認識，要記得其中幾個人就毫無困難了。

令人稱奇的是：有人那麼輕易地承認對亡者的祭祀只是一種記憶的儀式，或你願意如此想的話，為「**不再存在者**」（n'existant plus）作個標籤（application），這是說，如果該人不同意我稱之為「不存在者」的見解的話。

Le Peuch，1943 年八月十五日

我覺得我有關追思亡者的形上學基礎寫的文字很不貼切，中氣也不足。

現刻我注意到對我從前認識而不再在世的一位，我想到這些

69　譯註：有關本段日記的概念分析，可參考〈馬賽爾哲學中的死亡和他人之死——兼懷唐君毅先生〉，《存有的光環》，頁 39-49。

人時，不能不有一股情緒被喚醒過來，就像一條條匯合而流向處於中心的蓄水池的溝渠；我也會詢問這個情緒是否使我想起已悠然而過的我的大半生。我會發現我習慣有的，但同時叫我生疑的自憐（attendrissement sur soi）。然而，坦誠地說，這會使我感受到的情緒走樣。他者的又在與又不在（presénce-absence）似乎在我身上開了一個流血的傷口：為何好像我那已流失的生命一再地偽裝著（camoufierait-elle）來糾纏我？……

不，不，我可以確定地說，剛才我寫的並不符合實況。我無法忍受的是把 E. 及許多別的人當作生命的叛徒。我要問：被控為生命叛徒的意義是什麼。我沒有權力肯定它不是，及它不能是：但我如何有此權力？它的基礎是什麼？這是一直在我心中糾纏不息的重要問題。

剛才在去車站的路上，我在想：他們的在場或許會協助我們去記得他們，並在另一光明中看到他們。[70]

我也想：在我們的時代，人們習於活在形而上之不正義稱霸的時代，一個人們真會被人貶為叛徒的時代，而把這種假設的不正義化入他們的生命之中。

Le Peuch，1943 年八月十六日

如果我能確定他們是在平安和光明中，我不說我的鄉愁會消失，但它會失去「消耗」（consumant）的特色。

---

70 譯註：有關本段日記的概念分析，可參考《馬賽爾》，頁 251-260。

被人認為是叛徒，這意謂什麼？這裡有一些被泛泛
（diffus）的希望吸引而活著之意；我們難以想像他們只是被牽
引到一個他們生前怕懼去的地方。真的，「**被牽引**」。這個字實
際上究竟有什麼意義？我們只能想像在有一個意願或有一個近乎
意願的力量之處才能賦予它一個意義。但我們是否應該，或我們
是否有權利去想要形成一個個體生命的結構的事件的後續，是被
某人或某物所意願的嗎？

我應該繼續思考的路是分辨若干個案。如果我應當想我自己
是被意願的，就像我被一股精神力量召喚而活的話，我能相信發
生在我身上的事本身也是被意願的嗎？是否也有可能我之所以在
這裡只出於偶然？這是一個會引爆很多別的問題的問題，它與個
體化的問題和其基礎是有聯繫的。

Le Peuch，1943 年八月十九日

在什麼條件下我可考慮自己是被意願的？小說中的一個角色
能夠自認為曾被想像過他的小說家所意願嗎？這個問題是荒謬
的，這樣的問題無法向我詢問，除非我自己是另外一樣東西及多
於一個角色者。小說中的某角色是為己（pour soi），但這是一
個「表象的為己」（pour soi représenté），如果可以這樣說，是
一個「為他者的為己」（pour soi pour autrui）。它不能脫離把它
封閉在內的視野之體系，除非它否認自己是一個角色而轉變或被
吸入小說家的生命中去，就像當代某些作品如：《偽幣製造者》
（ les Faux Monnayeurs ），《對位法》（ Contrepoint ）那樣。

Le Peuch，1943 年八月二十日

我覺得非常清楚的一點是：當我說「我」是被天主所意願的之時，我不知道這個「**我**」（ce *me*）意指什麼，是指「**此時此地**」（*Hic* et *nunc*）的「吾是」嗎？但這個「我」一無獨立的存在，或是它指我應當成為的那一個嗎？此處「**應當**」一詞意指什麼？是否指一個我應當所是的「我」？或一個我注定要成為之者？這種無法確定的反應（indétermination）足夠使上述的模糊問題得到些許理解。

今夜，我與 J……有了一個冗長的形上學和神學的談話。我的腦海混沌一片！原有的確定性雲消霧散！此刻，大批的難題同時出現，我的思想不再清明。我非回到不朽／永恆的問題（immortalité-éternité）不可。雖然拉貝托尼埃神父[71]完全配合一個傳統，對我來說，既模糊且意義不明確。他太怕自己顯得要證成布朗希維克[72]的批評和諷刺。

Le Peuch，1943 年八月二十二日

艾提安‧伯爾納[73]要我寄給他有關「惡」的札記。看來我必

71　編註：拉貝托尼埃（Lucien Laberthonnière, 1860-1932），法國教會社會思想家，天主教司鐸。思想跟隨布隆岱爾（Blondel），趨向現代主義，而發展較為實用的牧靈倫理神學思想。

72　編註：參前註，頁 37-38。

73　編註：艾提安‧伯爾納（Etienne Borne, 1907-1993），法國哲學家，亨利四世中學哲學教師。

須回到 1942 年六月二十六日 [74] 提出過的問題：我們實際上在期望什麼，並且原則上我們從「惡」的哲學理論中期望得到什麼？能否對「惡」有一個清楚明白的解釋？這裡我們要探討的是在現實生活中的「惡」的臨在？只在把「惡」看成同化入一個功能的缺陷時，我們才能稍稍理解它。[75]

可分二點來談：

a. 或者是關及事物本身的功能；

b. 或者是關及思考事物之思想的功能；思想本身頗同視覺或聽覺類似，一個感覺有故障時，一定可以查出底細，但不一定可以把它治癒。一個眼科醫生能同一個病人說：你的視力弱化了，因為視網膜出了毛病；他不保證他有治癒這個視網膜的法術。

上述二點很重要，至少為第一次看到的人：在 a 類的情形中，我在現有結構的世界中發現一個缺點，或一個擾亂因素；在 b 類的情況中，我說：如此這般的世界不能招致任何責備，但若它處於一個知識的客體的位置上時，情況就變了。**請密切注意**，此處的知識相似於一個與它注意的景象（spectacle）不同的工具。但我們要知道的是以這種方式看待知識是否毫無意義。實際上，二者取其一：或者我把世界看成一個景象（spectacle），這

---

74 譯註：本冊日記並無 1942 年六月二十六日內容，該年六月僅有一日紀錄，其後接續者為 1943 年一月二十三日以下紀錄。

75 譯註：馬賽爾關於「惡」的思考，可參見其〈存有奧祕之立場和具體進路〉「步入正題談奧祕」之內容，收錄於《存有的光環》頁 299-302。

樣，善與惡的問題毫無疑問的不能再被提出；為一個純粹的觀察者，假定這些話有一個意義的話，善與惡都不見了；或者，我把世界看成是大於一個純粹的景象，這樣，景象及觀察者之區別亦應世界本身的變化而隨之改變。如果我不以一個在觀察景象的人的方式站在世界之前，那是因為我多多少少參與到世界中去了；這也是因為每一個在我身上的缺點多多少少也是世界本身的缺點。結果是 b 的個案實際上還原到 a 的個案；然而我們應該知道在這樣的情景中是否還有未徹底解釋此語的問題。一個要作解釋的思想，不能不自處於它不是糾纏在它要去解釋的弱點。這是以某個它察覺到並與之同化之規格（ordre）之名，它才能思考混亂，並體認它的實質是什麼。這些思考在病原學（nosologique）的範圍中是洞若觀火的。惡能與一個真實的疾病作比較嗎？這個可能性假設思想先能察覺（concevoir）到有一個健康的世界。但這樣講還嫌太少了一些，「察覺」一詞很可能會誤導我們。病原學種類雖多，但都出自對一個健康的有機體而有的經驗。想像在我們的個案中有一相似的經驗是荒謬的。此處專有的心情是強烈的嚮往（aspiration），存在性的迫切需求（exigence），對這些渴望，我們一無把握能確實地得到滿足，對它們的對象亦茫然無知。換言之，針對一個他應是或會是的存有，我們提出一個實際的他與他對立。但這個對立只在針對意識時才會明確起來。我知道（或我感到）我必須如此這般地進行，但我無法阻止自己完全不如此地進行。在這個運氣不錯的個案中，「解釋」能以上面細述過的方式來介入嗎？我很懷疑。但我應該更深入地加以思索。分析到底，關鍵點不在於我做什麼，而在於我是什麼。當我想「我不應如此作」，是否我心中在說「我應當與『我是』的不一

樣地『是』」。但這樣講有意義嗎？或許有，如果我用一個模糊的方式強調在我內心深處我同我外表顯示的我是不同的。這樣，這個「我之當是」伏在一個「我是」之上。不然，我們停留在不真實的世界中，或許只是在玩語言遊戲。對這些觀念，我還得深思一番呢。

Le Peuch，1943 年八月二十三日

昨天我腦海中出現了一個思想，雖然它可能不會常留，但我願意試著把它說明。「惡」或許不能在世界任何地方找到一個**「處所」**（*Ground*），那是說可為大眾活動或遊戲的地方，或再說，一個客觀思想的地區。其結果世界上的一切病原學都是荒謬的。它只能在一個主體是主體，在我的世界之為我的世界的遠景中才會顯示出來；更確切地說，「惡」會常常像似從身為主體的我的觀點看有人給我揮的一拳，好像加諸吾身的一個損傷（*lésion*）。這並不意味它是一個空想的（*idéalité*），因為這是可能發生的：這個遠景比一個非個體化及已被非個體化的思想（*une pensée dépersonnalisante et dépersonnalisée*）還真實一些。

上面寫的我不甚滿意，我尚不能清楚看到那邊是否有一個矛盾、一個陳腔濫調或一個無聊的話。我應當在陳述時取用這個或那個不道德、這個或那個殘酷行為作為例子，而我本身並非這些行為的犧牲品，但我不會反應得像我自己忍受了惡的那麼強烈。確然，我肯定此處的惡的「存在」，是最狹義的惡。留下要考察的是這個真正的惡可否與不良教育、可與一個結構性或可窺察及

可定位的惡加以比較。我無法再次把握我昨夜有的洞察。我應當追溯到它初現時的樣子，[76] 所以我應當回溯，要細察昨天最後寫的一些話，但它們為我現在顯得同樣可疑。

如果說「我應當改變我的做法」，那是說「我應該成為不是我現在的自己」。這是我昨天寫的，我覺得寫得不離譜。但接下來的卻是可疑的。說「我應該成為不是我現在的自己」有何意義呢？很明顯的可以說這樣的說法只在極狹窄的區塊中有意義。說「我應當成為一個女孩」是頗荒謬的——即使我確信這會給我的家庭帶來幸福——或我應該成為聰明絕頂的人等等。總而言之，在我的本性中我有一個底線，它限制著我。就以我現在的樣子來看，譬如說我有某些知性天賦，我就應當成為一個做事的人。但這是否等於說「我應當有不同的做法」？或許不是。這是指：有如此這般的才能，我似乎不缺另一個素質，但那另一個素質我只是缺乏，就像我沒有那個天賦一樣。即在此處，在這個關節點上，責任上場了，但同時我常有辦法否認它，把這個缺乏的素質說成是上天沒有把它賜給我。但就這樣，我在把究其實是一個拒絕的東西看成是對拒絕的評價時，我在扭曲事實。

我們現在應當察看上面的見解應用在「惡」的哲學上能有什麼後果。我對自己不工作如此辯解說：我太忙，或天氣太好等等。但我提供這些動機是為了使我免去作一個意志的抉擇（vouloir）。解釋顯得好似意志的託辭。這裡有一個我在上面的

76　原註：我只想簡單地說：任何詮釋性的理論都是按照一個覷著它惡不再會被體認為惡的背景下發展出來的。結果是它使它的對象在它開顯時消失。詮釋思想（pensée explicative）由於它的本質有「去個體化」的特色，無法回應一個與它沒有類似點的經驗。

註腳中批判的誤會。我只在放棄解釋和吹噓的情況下，才能意識到在我身上的惡。這種判斷是否亦適用在我身外之惡呢？但我們一開始就問「定位」（localisation）在此處是否適用？有人告訴我在幾千公里外某處發生一件暴行。我毫不遲疑地會同訴說此事的人一樣宣稱行暴者是這件惡事的凶手。但我是誰，給人貼這樣的標籤。我的判斷只在針對行動（acte）本身，有一些正當性；但判斷的作者只在指向一個完全及被激發的無意中才有其正當性。這裡定位與歸咎（imputation）重疊並混淆不分。

把昨天寫的略予補充。很明顯的是這樣一個特殊的惡能夠提供一個解釋並能看成相似於一種不良的運轉。這是我昨天提到的關於惡在其整體性的看法。此外從解釋的這一邊看，當我們把惡說成有內在一致性的原則時，我們已經進入操縱（manipulation）的企圖中去了。

Le Peuch，1943 年八月二十五日

我要完整地書寫昨天我記錄過的思想。

有人告訴我有一個才華洋溢，家人疼愛的年輕人過早地病逝。如果我對這個惡不勉強自己對它拋出一些勵志性的老套話，我得承認他的死亡是個惡，大家對之無法釋懷（frustrés）。這個事故以它本身而論，在它的我今日稱之為固著化（facticité）的情況中，有可解釋之處：一個或許我們可以檢查其原因的疾病。一個可解釋者在此處同時夾帶著不可解釋者。「不可解釋者」在此指現實界夾帶一個決定論的可能，它的專業是使價值受

損。（我在這裡用叫我頗不滿意的語言。）我能解釋在現實界有的這個瑕疵，而藉著它一個如此這般的決定論會乘虛而入嗎？我能把它比擬成機器內一個結構上的瑕疵嗎？我還得思考下去。我能設想有一個可與完全正常運作的機器作比較的完整的世界嗎？我注意到：在機器的個案中，須分二種情形來談：一種是如此這般的樣品，同另一種較好的比較之下，它是有缺陷的；另一種是不作比較而它本身就有缺陷的。毫無疑問的，我們必把第一種放到一邊，因為我們的世界不是一個可與眾多樣品中的某一個作比較的東西。現在讓我們察看第二種情形：機器的缺陷有何影響？機器原為提供好的服務，為提高收益，今其被發現的缺陷減少了其效率。因此我們應當放下要實現一個目的的想法，而去尋找避免這缺陷的方法。這個判斷無疑的來自一種技術性思考，即使我們在必要時也不能說，是這個技術性或編造者的思想引發了這個判斷。（1959 年我加個註：這個看法還須在「頭腦工學〔cybernétique〕」的透視下再予以斟酌。）

但就在我今天的「小抄」（note）開始談到的例子中，我們無法想像作一個如此這般的思想的操練。而我清楚知道為什麼及為怎樣的目的這裡有這台機器，我們卻絕對無法宣稱我為他去世而哭泣的存有出現了。我沒有任何方法決定使他能夠再現的條件。

Le Peuch，1943 年八月二十六日

昨天寫的我覺得很差勁（faible）。從現象學角度來說，我

看不到我們試圖想像那被我們稱為實存者（le réel）像似一個不完備的機器。一個我們愛的對象的存在並不以某種機能形成的效果向我們呈現他自己。我們的想像力頗有二元性，它試著去把實存的再現看成無足輕重，並對這呈顯、後又失蹤者具有敵意。

Le Peuch，1943 年八月二十七日

我想我選了一個太特殊的例子來陳述很不恰當。可是我相信沒有比它更有意義的例子了。這個真實世界向我們陳示自己若該存有在其中出生、成長及吸取他本身所需要的一切優質的氛圍。我們能否想像這個氛圍，即使只是模糊地但確實在乎過他，或相反，對他只有漠不關心的關係？這個問題是難以用簡明的詞語回答的。然而我不覺得我們可以把它歸於一個類似意志的氛圍，因為它在自身沒有任何一致性，就在於它只是一個氛圍。

臨在與不死

（1951）

　　我們每一人都可能有過下述的經驗：在某些時刻感受到這個世界是安排成勢必在我們身上激發出一種絕望的誘惑。就在這個誘惑侵襲我人之刻，我們真實的感受到從四面八方興起此誘惑的刺激因素。這就是我想說的，也是我以前寫過的，我們是被絕望包圍著的可憐蟲。但我們不該回應說，這些時刻是疲勞和洩氣的時刻。它們有時，嘿！顯得以最冷酷的清晰面貌出現。在一些我回憶得到的時刻裡，我覺得自己突然被拋出去，或發現那幅遮住我、在生命中靠著它得以有勵志錯覺而苟活的薄紗，全被撕破。我可以說：生命突然向我呈現一個令我駭怕的梅杜莎（Médusa，恐怖女神）的面貌。而這個迷人的力量似乎要把我的正直意志，我的拒絕它增大的意志，收為己用。這是一個有悲劇性的傷心時刻。雖然它在必要時輸入一個英雄主義的哲學，但它也能引發自殺，或在面對一個會逼人發狂的世界前棄械投降。

　　我的作品大體來說是在尋求是否可能不要再陷入一個能抵抗這類迷思的謊言，是否可能砍下那個女妖的首級。我可以樂意地說，如果為沙特，他的神話偶像是奧瑞斯特（Oreste）的話，[1]我要說我的偶像是珀爾修斯（Persée）。[2]我這樣說是一般性講的

1　譯註：沙特的劇本《蒼蠅》（*Les Mouches*）改編希臘神話復仇的王子奧瑞斯特的故事，強調奧瑞斯特的意志與自由。
2　譯註：在希臘神話中，珀爾修斯割下梅杜莎的頭。

話，沒有稍問誰是安朵美達（Andromède）。[3]

但事關重大的是要說清楚為我來說什麼是絕望的真實的性質。此處我不想用心理學來分析它，但要直截了當地問：絕望的本質是什麼。也許它並非全然地是一個思想，亦非全然地是一個表象。它是一個「混血兒」：這是一個在演變成為表象過程中的思想，或相反。這裡有一個「發生的系列」（succession des génération），與空間和功能有思想的關聯，在這裡有決定性的角色。

我樂意把這些觀念稍予具體化地表達：回憶我在學習做公證人的課程時感受到的莫可名言的憂鬱，它比走近墳墓時而有的心情更惡劣，或許因為桌上累積的卷宗給我們呈現一種永恆的可笑及偽裝的替代品的面貌。

就我個人來說，這些圖像呈現，只因它們在我四歲時我的母親突然去世所引發的哀傷，使我產生了對「他者之死」的絕望性的強調。我毫不遲疑地會宣稱我的整個生命——甚至我靈魂在演進的過程中——是在「他者之死」的標誌下逐步發展的。[4] 這是在我和列昂·布朗希維克[5]之間於 1937 年笛卡爾紀念大會時激發爭執的遠因：當時他責斥我，遠超過他所強調地，去強調自己的死亡，我立刻回應說：「重要的不是我的或你的死亡，而是我們切愛的人的死亡。」換言之，此處的問題是設定在愛與死亡間的

3　譯註：在希臘神話中，珀爾修斯王子拯救安朵美達公主並與她結婚生下多名子女。

4　譯註：本段概念分析可參考陸達誠〈馬賽爾哲學中的死亡和他人之死——兼懷唐君毅先生〉，《存有的光環》，頁 39-49。

5　編註：參前註釋，頁 37-38。

衝突。如果我有不會動搖的信念，那是：一個廢棄愛的世界只能沉沒在死亡的深淵中；但同樣的，哪裡有愛，哪裡愛會克勝一切要使它腐蝕的東西。死亡絕對逃脫不了被徹底克勝的命運。

在這樣一個視野中，我們可以聚焦於我曾寫過有關希望的反省，而這實是我一切作品的核心概念。[6]絕非偶然的是，我在1942年年初，第二次大戰期間，如果我沒有記錯，我發展出這個「希望的現象學」。德·呂白克神父[7]（我在此前曾多次拜訪過他）曾邀請我給富維哀（Fourvière）[8]作一次演講，我立即答允，我說：「我要談希望」。希望，說真的，在那時主要的是指「解放」。我的思想首先轉向在德國集中營無法估計的囚犯。但很明顯的，我一分鐘都不能不顧這樣一個問題的形上迴響，而我必須在解放的希望與不死的希望間找到一個聯結。

這整個研究只從依我看來是一個發現之刻才能連接起來：發現有一個甚至連很多偉大的學者也忽略的、在「慾望」（désir）和「希望」（espérance）之間的差異。

「慾望」本質上是自我中心的，它的趨向是「佔有」。「他者」只從與我有什麼關係的角度來思考。如果我有慾念，能滿足我的是「他」，或一般性的服務，「他」能提供給我。「希望」卻恰好相反，不是自我中心的：希望，就像我在《旅途之人》

6　譯註：本段概念分析可參考陸達誠〈從存在到希望〉、〈存在、存有與形上希望〉，收入《存有的光環》，頁 27-37，頁 73-95。

7　譯註：參前註，頁 118。德·呂白克神父寫過五本有關德日進神父思想的著作，譯者曾嘗試用馬賽爾的存有化概念（l'existentiel）詮釋德日進之「宇宙性基督」，參見陸達誠〈從存有化角度來看德日進宇宙觀的基督論〉，《存有的光環》，頁 169-184。

8　譯註：這是耶穌會在法國里昂的神學院。

（*Homo Viator*）一書中講的，它常是為「我們」而希望的。我說希望絕非是一種只想而不做（velléitaire）的心情，後者的表達形式是：「我頗願意那……」。希望包含著一個先知性的肯定，真正地像自己的甲冑那樣，不讓自己崩潰：首先是自己內在的崩潰，但亦指投械，這是說認輸或墮落。我們怎能不在此處回憶起貝璣在他的《第二個德行之謎的門廊》（*Le Porche du Mystère de la Deuxième Vertu, The Portico of the Mystery of the Second Virtue*）一書中找到的頌揚希望的美妙重音。[9] 而哲學家的角色就是把目前只是前知識（prescience）和頌歌（chant）的靈感提昇到周密的思想層次。

瑪德蓮・德吉（Madeleine Deguy）為她寫的出色的劇本《被判刑者》（*Les Condamnés*），邀請我寫一篇序，我名之為〈聖者之言〉。我強調：人們在沒有一個**個人的**希望所支持，而能為一個理想去面對死亡的事實時，才能把這種呼召（vocation）無異議地顯揚出來。這裡有一個與絕對者的聯繫（ordination），此聯繫使人能超越本性（nature）而顯示出他的不可化約的獨特性。我又說，從這個角度看，即使無信仰者在純意志和面對危險的路徑時，他們在知識和愛之追索中，能超前他們的對手，這樣我們是否還能說，信徒超過不信者呢？此外，很明顯的是信者和不信者的對比與一套過份簡化的程式相符，這不是，也不能與現實相符。信者不會是徹底的信者；如果說信者從未有過在某些時刻與不信者一樣、感受到不確定性和焦慮，必言

9　譯註：貝璣（Charles Péguy, 1873-1914）是著名法國詩人，此詩表達三超德中的第二德「希望」與第一德「信仰」、第三德「愛」的關係。

過其實。相反，不信者倒可能被一種信仰（croyance）激勵、支持，但他們無法把這些感覺引發成充分的意識。這是在我的哲學作品和劇本中常常出現的主題，突顯我們中每一人無法確切知道我信什麼及靠何物而活的實況。

但在這種情形中，哲學的功能以新的「助產術」的方式得以保留：把反省而得之領悟、思維生命的內涵，更好說，有信仰的生命——這生命一般而論隱藏在意識的陰暗面——，得以光顯。我故意的用「助產術」一詞，它頗相符我的蘇格拉底式的思想，這是我在《存有的奧祕》（*Mystère de l'Être*）的前言中強調過的。

我有一個俄國哲學家朋友，他和我的思想特別相契。我與他談及我的新助產術，他說：「對啊，我們要帶入世界的是一個永恆之子。」這種說法初聽之下似乎會令人驚訝，但稍一反省就會覺得它很符合我在討論的問題。但這個永恆之子究竟是什麼東西？分析到底，那是在「**存有**在我」（*l'être* en moi），此存有雖不能全然地抵達此塵世，卻力求在從「有」的專屬範疇中得到解脫，這是慾望、私愛及懼怕的範疇。但我們很容易地可以辨識這些思維多麼接近我們的主題，當我們發覺這些範圍分析到底都聚焦在「我**體**」上。那些即使不太熟悉我的《形上日記》的讀者，也會知道在第一次世界大戰後我的思想發展過程中，「吾體」一直是我對「所有」採用的標記，[10] 這個標記本身含有不小的含糊性，或，如你願意，包含一個內在的張力。這可適用在一

---

10 譯註：本段概念分析可參考陸達誠探討馬氏「身體主體」哲學的內容，《馬賽爾》，頁 135-157。

切「所有」的情況上。我之「所有」以某種意義來說是我的一部分。這是為何別人不論以什麼方式劫取它時，我會有扭傷的感覺。但另一方面，我的「所有」並未真正成為我的一部分，因為我能失去它而繼續存在，並保持我之為我的身分。然而這個矛盾只是一個生命超複雜處境的簡化描述，它的這些範疇是無法精確地予以說明的。但就像我前面所說，我與吾體的關係已充分地呈顯出這個特殊點和這個雙重性：一方面看，我很想把吾體看成我佔有之物，我能隨意地這樣或那樣地安排它；但另一方面，深邃得多，吾體反抗這種被處理的方式，而這種反抗以一種非常模糊的哲學方式表達出來，但它像是一種出自我心底的抗議：吾體不是一個我所擁有的東西，「**我乃是吾體**」。此語之意只能用否定方式加以澄清。如果說我乃吾體，這首先指：我無法界定此二「端」——我在一端，吾體在另一端——二者間的關係模式。舉例來說，吾體是我的工具，或進一步說，把我和它如此表達對我來說是很方便的，但更深刻的反省向我指出這個反省不等於實況：因為工具的概念把我們送回身體，因為所有的工具都是身體能力的延長，結果是如果我把這些能力工具化，我陷入永無止境的回溯中去。

「**我乃吾體**」實際上是一個「斷言中心」，一個基準點，它只能部分地按著我會逐步採用的觀點得到澄清，但它們中任何一個都不能看成最終的及絕對的。就在這樣的見解下我陳述「道取肉體」（incarnation）的奧跡，這絕對不是神學觀點下的產品。

現在我們設法在這些一般性概念及「死後餘生」（survivre）之現象學分析間建立關聯。

我們可以原則上這樣設定：我與另一存有相聯的關係愈是佔

有性的，這個存有之去世愈像丟失一樣東西那樣。丟失的東西真的可說：在某些特殊的情況下，可以找回來，但我們完全無法給它具有「**存在性格**」（caractère *présentiel*）的肯定；我還要更深入地交代「臨在」的確切意義。

但當狀況變了，我們要在這裡重取著名日內瓦精神病科醫生斯篤克（Stocker）提供的絕佳的差異：我的愛不是佔有性的，而是「**奉獻性**」（*oblatif*）的。我們稍停一下，來觀察這對差異。大家都同意可以這麼說：「佔有性的愛」是自我中心的愛，相反，「奉獻性的愛」是以別人為中心的愛。這裡我們與瑞士神學家尼格忍（Nygren）對情慾（éros）和聖愛（agapé）的著名的分析靠近了。但在我目前的研究中，我應當加上這一點：人類之愛——這個表達應以其廣義來看，為了亦可適用在友誼（philia）上——包含一種足夠廣大的相互性，為了使「為他性」（hétérocentrisme）增加一倍，為了使每一個人變成他者的中心。這樣就促成了一個我有關「道取肉體」講過的，有一個不亞於它、那麼神祕的聯結。在這二個奧祕的接頭上，「生育」（génération）的奧祕得以定位。

有人問我：「臨在的概念不是顯得模糊透頂了嗎？你在談的臨在是哪一種的？把你寫的文章冠以〈臨在與不死〉，你似乎在追念一種超主體性的臨在，一種親人在去世後的真實臨在。但另一方面，把在『佔有性的愛』與『奉獻性的愛』之間的差異帶入，你是否要停留在主體意識的內層？你有效地指出的是：我失去的親人在我內心有的臨在，如果我對他曾有過『奉獻性的愛』，它的深度遠遠地超過我為我自己而愛他、那種『佔有性的愛』引發的臨在感。但是否可以走得更遠，而宣稱這種臨在不只

是在記憶的層次，更是**真真實實**（*réelle*）的臨在？」

這裡出現了一個關鍵的問題，我們絕對不能輕忽它的難度。

我認為我們在這裡重提一下「第二反省」是非常適合的，[11]那是說，要強制反駁者收回他假定的公設。此指把有關感覺及客觀性世界的範疇以「臨在」加以調整。我想做的，就是指出我們必須排除這些範疇。

意大利哲學家彼德羅・普里尼（Piétro Prini）在他對我的思想所做的深邃研究中，把我的方法論稱為「無法實證者」（invérifiable）。這是非常正確的，因為從我最早（約 1912 及 1913 年）寫成而未出版的作品裡，我一直操心著的是：界定一個積極及具體的「無法實證者」，要指出它是愛與信的原動力。或許今天我不會再多用這個詞彙，我當時用它，是為了把它看成與很狹義的自然科學的對立面來說的。但詞義多年來的變更，是我們為了接近臨在必須要克勝的，那是我們為任何一個客體及其結構性條件所形塑的概念。

我在《存有的奧祕》一書中說：「為了擺脫把臨在的客體分開精神特色的差異，我們可取一些極簡單及當下的生活經驗作出發點，哲學家一直到今天都傾向忽略它們。譬如說，我們有很強烈的體認：某某人在同一室內，極近我們，我們可以看到他，聽到他，碰到他，但他並不臨在，他與我在千里外的、甚至已去世的親人比較的話，他是無限地不與我同在的人。這個在這裡失去的臨在，究竟是什麼？如果說我們無法同這個（在空間上）

11　譯註：本段概念分析可參考陸達誠探討馬氏哲學「第二反省」與「臨在」的內容，《馬賽爾》，頁 165-207。

這麼接近的人交流（communication），這是不正確的，因為他不聾不瞎，也不愚蠢。在我們中間固然有一個物質性的交流，但除此之外一無所有，這可比擬打電報的二端，一個發訊，一個收訊。二者間沒有真實的交流。我們可說這是一種沒有共融（communion）的交流，也正因如此，這是一種不真實的交流。他者聽到我說的話，但聽不到我，而我甚至有種極不舒服的印象：他送回給我的這些話是被他反省過的，已變成了我不認識的話。由於一個奇怪的現象，「他者」插在我和我的自身中間，他把我多少變成為一個陌生者，我不再能完全了解我自己，最後，我與我自己的話分道揚鑣了。……但一個相反的現象也會出現，如果我體會到他者是臨在的話，他會使我靈魂復新：這個臨在乃有吐露實情的功能，那是說，它使我自己變得比我沒有此經驗時豐富得多。」（《存有的奧祕》〔_Le Mystère de l'être_, I, p. 220-221〕）

這樣的經驗我有過數百次，我認為這是經驗中最有神祕感的經驗之一，而哲學家對之視若無睹。我們卻可以宣稱這是名符其實的存在性（existentielle）經驗。因為此處攸關的不是某人講的話，不是他講話的內容觸動了我：而是「**講這些話的他本人**」，此指他以他整個的「是」在支持他說的話。我們再應注意：這些經驗呈顯出一種本質上是無償的（gratuit）性質。我用這個字不是以人們一般性的使用方式，如一個無償的善行；此處指的是「恩寵」（grâce），用消極的方式來說，它不是有一套為得到**它應採用什麼步驟**的法門，它也無法像客觀知識那樣是可傳授給後輩的東西。要想從別人處學到臨在於人之技巧（l'art），則完全是幻想。我們能傳授給人的只是矯飾的舉止（grimaces）和動

作姿勢（gestes）。這裡講的技巧是一種恩寵，而倒過來說，如果沒有它，則是粗俗（disgrâce）。

　　但堅持主張臨在有非客觀的性格，並不是說它只是主觀的現象。實際上我們此處應該講的是「互為主體性」。[12] 只是這個語彙的意義常能被人誤解，因為行動的世界是客體的世界，其後果是我們自然而然地把「互為主體性」解釋成一種有客觀內容之物的傳送，是獨立於傳送者以外的東西。但這樣的解釋彎曲了一個絕對無法用這類語言表達的事物。互為主體性本質上是「開放」（ouverture）。我常常提到柏格森（Bergson）在《道德與宗教的兩個來源》（*Les Deux Sources de la morale et de la religion*）一書中介紹的開放（l'ouvert）與封閉（le clos）的對比，這個對比無疑地具有作者本人都無法置信的重要性。但我還得往更深的裡層挖掘，使它的涵義得以展露。我認為它的涵義之展露只在一種「光的哲學」中才得以實現。[13] 我在這裡採用此詞是非常接近《若望（約翰）福音》談到的光，但以目前我一直保持的觀點來說，那不單可能，並且必須不越入基督宗教啟示的那一端去。更確切地說，要守在自己的地帶內。這些地帶無疑的受到過神學的照明而顯出啟示的影響，但我們不必局限於採取有關這個啟示核心的明晰意識。我們可以暢談知識之光，我甚至可說，我們應該如此做，不然，知識論要枯乾掉，並會變質。但在反省的某種層次明說此光，這不必是要溯探其源。

12　譯註：本段概念分析可參考陸達誠探討馬氏哲學「互為主體性」的內容，《馬賽爾》，頁 150-153。

13　譯註：本段概念分析可參考陸達誠探討馬氏「光的哲學」的內容，《馬賽爾》，頁 251-260。

　　我們可以說，互為主體性是我們在光內合而為一的事實；此處及一般情況中，或許是：以消極方式思考，反而會使我們易於接近積極的本質，這倒是反省應該運作的方向。如果我與另一人在一起時，我的腦海中溢滿了有關他的種種揣度（arrière-pensées），或，如果，還是同樣意思，我把我對自己的揣度投射到他身上，必然後果是我們二人不在光內。我退入陰影之中。當下，他停止對我而有的臨在，而且相互的情況發生了，我也不再臨在於他。

　　上面的話似乎頗能澄清我曾想說的，當我說我們必須超越客觀性範疇，譬如一個醫生在檢查一個病人時，（揣度）會引發其病的因素。我把精神科醫師暫放一邊，因為那會引起許多無法解決的困難。

　　但是我們不應當隱瞞對我們探討的問題的觀察，不應輕易地讓它過去：這裡我們預估有一個嚴重的反駁會出現。有人會問我：「在你談論的個案中，臨在與不臨在的感覺，不管怎樣，是被一個客觀的關係支撐著的。臨在於我的一位是『在那裡』（là），他是客觀地『在那裡』，而有人居然敢把臨在及客觀性徹底的分開，他豈非太任性，甚至不合法呢？因此我們有理可說，既然客觀地說，那位亡者已不在，或，在同一意義下，他只留下一些枯骨或骨灰，缺少了不可或缺的基礎，臨在不是要還原到一個純主觀的情緒嗎？」

　　但排除了偏見，被詢問的經驗清楚地給我們指出我們不可能在一些簡略的斷言及意見上固執不放。一個由心電感應（télépathie）嚴密地建立的事實足以給我們指出：有一種無法還原到在我們每日與人交往的並列模式，它是共同臨在（coprésence）的模式。那些深刻地對心電感應有所反省的人，我想到的是卡林頓[14]及普萊斯，[15]都體認這類的現象假定在人與人間有一種另類的聯結。

我還有話要講：如果我們更加以反省，我們難免要問「臨在」與「客體性」的問題。此處我們要引證一些在靈修生活中有非常不同向度的經驗來佐證。我特別想到的是創造性活動，尤指戲劇或音樂的創造。[16]只要想想一個旋律浮現的方式就夠了，譬如說，它突然出現，它控制了我的腦海，它從哪裡來的？它從我自己或別處來的？反省能使我們這裡出現的這個差異顯得是完全沒有意義的。它在假定一個虛幻的地形學（topographie illusoire）；因為實際上要承認我在建立一個有劃定範圍的領土，並詢問是否這個概念源自這個領土是沒有意義的事，就像思考一股清泉源自邊界的這一邊或那一邊，沒有意義。實際上，「我—領土」（moi-territoire）是一個虛構的概念，當我們引入一個潛意識（subconscient）的概念，把它看成是一個下方的補充物或這個領土的基礎時，我們從它那邊無法取得任何可資加值的資訊。唯心論，至少在它的主觀形式裡，很不幸的是太多次地求救於這樣一個神話（mythe），沒有它，單子論是無立足之地的。[17]我還要加一句說，不少真實的與不真實的哲學家對超

---

14 編註：赫里沃德‧卡林頓（Hereward Carrington, 1880-1958），著名的靈學研究者，著書百餘本，內容包括超自然及心靈研究。

15 編註：哈利‧普萊斯（Harry Price, 1881-1948），英國靈魂學研究者及作家，以調查靈異現象及揭發假靈媒聞名。

16 譯註：本段概念分析可參考陸達誠探討馬氏哲學有關戲劇與音樂等存有媒體的內容，《馬賽爾》，頁 50-61。

17 譯註：本段概念分析可參考陸達誠探討馬氏哲學對單子論的批判，《馬賽爾》，頁 63-120。

心理學的現象（phénomènes métapsychiques）表示強烈的反感（mauvaise volonté），[18] 就因為他們緊抱著這個虛擬之物，而這些現象確實使人產生出巨大的興趣，要強制任何自以為誠實地如此思維的人，去擊破其思想的範疇。這裡有了一個匯合，一邊是超心理學經驗，另一邊是獨立的反省，後者本質上是在思辨的層次上把「後笛卡爾哲學」加以詢問，以它狹義的方式，聚焦在「吾思」——，而只有藉著批判**「自我」**（*moi, je*），我們才得以開啟一個有拯救性的形上學大門。

這裡出現了一個細膩的問題：超心理學研究對我們目前的問題，暫不談人死後「死」或「不死」，而在談「倖存」（survie）的問題上有什麼用途呢？從我自選的角度來看，這個問題顯得十分尖銳，因為如果我們以為經驗在此處能夠教導我們什麼，我們不是有將某種我們一直想將之超越的客觀性重建起來的危險嗎？我似乎要以下面的話來回答：

首先，我不認為我們能挑戰有關「倖存」問題的重要性。有相當多的明顯的事件，在不接受隨著我們稱為死亡而有的「倖存」的整體目的性（entéléchie）的假設時，是非常難以解釋的。這個假設大體上看來是極為簡單及輕鬆的。我們可以期望達到一個證成的初步。可是它還只關及一個假設。而我在宣揚的臨在是「超假設的」（supra-hypothétique）。它在一種不屈不撓的信念（assurance invincible）中脫穎而出，它與「奉獻性的愛」相聯接，它以如此的斷言表達：「我確信你對我還是臨在的！而

---

18 譯註：有關馬氏對超心理學現象如靈媒的反省，可參考陸達誠《馬賽爾》，頁13-20。

這個信念是與一個事實相聯，此即：你並不停止與我在一起，可能你能比你在世時或比在世時的方式更直接的與我在一起。我們一同處於光內；更好說，就在我擺脫自己，不把自己變成陰影的時候，我愈能進入**你的**光內。我並不說你是這個光的本源，但你在這個光內煥發，並且你也有助於使這個光照耀在我的身上。」

我還要說，為一個像我這樣尚未解脫的人來說，這個不屈不撓的確信**間接地**是被無數見證，或更好說被無數的缺口（brèches）加強的，這是當我在客觀與件前自我催眠而立刻被囚於牢獄中的缺口。我說我「被加強」（renforcé），不說「被建立」（fondé）。這裡和他處一樣，我碰上了我們的條件的曖昧性，它一面參與這個事物的世界，一面又超越這個世界，並且知道自己超越它。此外，我們在這裡碰到自由與恩寵的交界點，後者在我的思想中像是我精神活動的中樞。我們的世界有這樣的結構：我能在我周圍發現太多的可令我失望的理由，看到死亡好像是殲滅（anéantissement），或像我被拋入無法理解的存在時而有的可憐的關鍵字。但在更深刻的反省以後，這個世界的結構同時這樣顯示出來：我意識到我有力量可以拒絕這些表象，我可以否定死亡是我們的終極實在。這裡我用過的「無法實證者」（invérifiable）一詞的意義逐漸明朗起來。死亡的實質和意義不是與我對它的判斷不相關的。更好應說是受制於我們的分析量度的。再者，由於我一直不要竄用啟示和聖經的加持，而留在形上反省的範圍內，我從後設心理學收集到有助於我的比較自由的研究需要的擔保，因為我願停留在一個批判及有爭議的反省中思索，相信它如果不能克勝自己，就會愈來愈被「失望」及「空無」磁吸。這些記號恰好為善盡其本份能有功效；如果它們是證

據的話，我的自由在死亡前會一筆勾消，就像一些幼稚的通靈者（spirites naïfs）那樣，同時生命一如死亡會被視為失去其嚴肅性，而祭祀（sacrifice）失去其悲劇性的終極莊重。此處我們銜接上彼得・伍斯特[19]的傑出靈感：危險的形上價值就像達到了其神祕特色的人類存在的條件。

我本來該在此處走得更遠，指出「不死」之概念無限地超過「倖存」的概念，但到了這一步，我們無法把狹義的神學棄之不顧，那是說，我們必須攀昇到一切光明的根源，那是指：天主及祂對所有的受造物之愛。到此階段，我們投入的範圍已遠超過一般意義的「臨在哲學」，我們不可能不訴諸由聖者的啟發而撰寫的教義（dogme）。我故意的把自己留守在圍籬的這一邊，為了一般的哲學家能夠跨過本來他們不易跨越的門檻。

老實說，我不懷疑有些人會對這樣一種嘗試加以抗議——對這樣一個努力思考超越客觀性，而企圖獻上由啟示而得之若干具體進路之思想的價值及基礎。此外我們要清楚地宣稱如果「橋」（pont）的形象無法避免地竄入我們的心靈中，我們應逐之於門外，因為一個狹義的哲學不適合侵入啟示的領域以內。然而我堅持認為我必須向大家指出：當反省在它的一切層面中拓展自己的時候，它才變成還原性的反省，不能抗拒地把自己帶向一個超越自己的斷言。但這斷言會照明反省及反省的本質。

---

19 編註：彼得・伍斯特（Peter Wust, 1884-1940），德國天主教學者，存在主義哲學家。

《無底洞》
未完成劇本（1919 年三月）

陸達誠、徐嘉俊　譯

獻給讓–雅克‧伯爾納德（Jean-Jacques Bernard）
我永遠最親密的朋友

G‧馬賽爾

登場人物：

羅柏・勒席瓦利哀（羅柏）

古斯塔夫・勒席瓦利哀（古斯，羅柏之弟）

塞衛雅克神父（塞神父）

愛蒂特・勒席瓦利哀（愛蒂特，羅柏之妻）

喬潔特・勒席瓦利哀（喬，羅柏的幼弟毛利斯之妻）

勒席瓦利哀夫人（羅母）

莉絲・白勒東（莉絲）

方欣・瓦篤（方欣）

邵郎琪（女僕）

相關人物：

毛利斯（羅柏的幼弟，在戰場上失蹤）

羅柏・安德・方濟（毛利斯與喬夫婦的嬰兒，夭折）

蘇珊、耶谷、路易（羅柏與愛蒂特夫妻的三個孩子）

雷奈（莉絲的丈夫，在參謀部）

雷恩（方欣的丈夫，先在 402 部隊，後在 328 部隊）

貝利哀（為羅柏治病的醫生）

勒席瓦利哀公館。巴黎巴克路一幢相當陰沉的公館的客廳。
1919 年春天。

第一場

愛蒂特，喬，二人都在織毛線。

喬：總之，妳還是發現他變了？

愛蒂特（稍停一下）：不，只是外形稍瘦一些。

喬：是啊，在我看也是這樣。但在戰爭前，我不太認識他。
想想：他只為了我們的婚禮來過這裡。此外，只剩下一
些我們不再能信任的記憶。

愛蒂特：妳無法如實評論他，尤其他那時候不是他自己。

喬：他那時確實顯得很焦慮，妳相信他預感到戰爭將至？

愛蒂特：他是這麼說。戰爭是必然會發生的。可以肯定的是，從
那個星期開始，他一直非常悲觀。（靜默）

喬：在可怖的四年之後重回此地，他一定感到一切都不一
樣。

愛蒂特（支吾地）：我們無法瞭解他有些什麼感覺。

喬：巴黎在他看來似乎已變得不一樣了？

愛蒂特：我不這樣認為。況且，妳認為有什麼變化？陸軍總部的
牆上有幾個彈孔，那裡，就在旁邊。此外……

喬：我，我承認巴黎還是很淒涼。我知道一般人不會同意
我的想法。但似乎有不少外國人感到很失望，不想留下

來。

愛蒂特：他們期望什麼？

喬：我們不能期待他們了解。

愛蒂特：有那麼難嗎？

喬：有些法國人沒有直接受到打擊，他們中真正理解的有幾
個？

愛蒂特：我不懂妳講的「理解」是什麼意思。

喬：好吧，他們中「了解」的有幾個……妳高興的話。

愛蒂特：我們可以坐火車。我有一個朋友去漢斯（Reims），當
天晚上就回來了。她看到了。實情是，妳所說的那些不
願意去理解的人，正因為他們看到的會讓他們不舒服，
因為他們不敢再安於他們戰前的舒適生活。

喬：我想妳講的有點不客氣；他們中有一些需要花點力氣
才……

愛蒂特：妳真寬容！

喬：很多人覺得，因為那些年輕人，他們沒有權利把自己沉
溺在憂傷中。（激動地）至於我，妳懂的……

愛蒂特（同情地）：是，我知道。

喬：其實，我嚮往的是住到鄉下去，專心從事一個職業。
舉例來說，如果我的母親願意……在德軍占領區，〔幫
助〕所有的孤兒。

愛蒂特：妳太年輕了。

喬：如果我可憐的毛利斯回來……羅柏怎麼說的？他相信人
還能有希望嗎？坦白告訴我；說謊有什麼好處？

愛蒂特：他不比妳知道得多。他甚至不知道毛利斯失蹤的情況。

喬：他應該還是知道那裡是否還有被秘密囚禁的犯人。

愛蒂特：他沒有聽說過。但他怎麼能什麼也不肯定？

喬：當我想到 1870 戰爭之後，[1] 十年之中還有上百、上千的俘虜留在那裡呢。

愛蒂特：那時我們是被征服者。

喬：妳真能確定我們是贏家嗎？我不知道。我印象中他們還是很強，而這些混亂，這場革命，只是假象。

愛蒂特：妳講話真像一個小孩子。

喬：失蹤人口調查局的職員相信還有數千個囚犯被關在堡壘裡，可能在俄國。（靜默）妳不相信？

愛蒂特：我怎能有意見？

喬（辛酸地）：說實在，妳從未有過抱持希望的念頭。我記得，當他失蹤的消息傳到維利耶爾（Villiers）時，妳就像毛利斯的父親一樣。然而我那時多麼強烈地需要有人支持我。

1　編註：指普法戰爭。

第二場

前場之二人，方欣，莉絲。

莉絲（向愛蒂特）：我們來瞭解情況。妳知道那天妳的電話實
　　在無法滿足我們。

愛蒂特：妳們真體貼。你們認識我小嬸，喬，是吧？。

喬：我們有次在哈諾瓦路上見到，那時我們去拿翻譯好的電
　　報。

方欣：那麼，他怎麼樣？

莉絲：他沒有受太多苦吧？

方欣：講同樣故事的戰俘不會超過二個。

莉絲：他們聲稱沒有受到虐待。

方欣：除此以外，我們讀到的報導都令人不寒而慄。前幾天，
　　在《自由時報》（*La Liberté*）……

莉絲：雷奈說這應該是言過其辭。

方欣：他會知道些什麼！……（向愛蒂特）但妳先生說什麼？

愛蒂特：直到現在，他沒有說過什麼了不起的大事。

方欣：四年囉！想想看！好可怕。這是真的：你們應該幾乎
　　找不到任何可以說說的東西……就因為發生了太多的事
　　情……

莉絲：他有收到郵包嗎？

方欣：我先生的姪子羅道是從那邊來的，他聲稱在德軍佔領區
　　的人什麼也不缺少。

莉絲：我乾兒子講的恰好相反。

喬：我們什麼都無法知道，什麼也不能判斷。

莉絲：不過妳先生對他們的心態有什麼印象？他們意識到自己輸了嗎？

愛蒂特：他認為我們太早簽署停戰協定。再十五天，他們就垮了。

莉絲：雷奈也這麼說。

方欣：參謀部總是宣稱第二天必有凱旋。我們在 1915 年四月十六日已經見識過了。雷恩說這是幻想。

莉絲：洛林將有一場大規模的浴血苦戰。但好像在我們前面什麼也沒有，完全沒有。

方欣：我不相信。

喬：這還是夠可怕的，想到還要再忍耐……

方欣：說得容易。還是會失守。和堅守一樣多……

喬：但經過這麼多犧牲……

方欣：正是如此。這可能夠了。

愛蒂特：我的小嬸最後或許會同意妳們的。

莉絲：妳的先生，夫人？

方欣：他回來了嗎？

喬（模糊地）：他在俘虜營。

第三場

　　　　同樣四位，羅柏。

莉絲：我們很高興能和你握手……（她看著他）你沒有變很多。

方欣：可能瘦了一點。

莉絲：面孔吧。

愛蒂特：你不遺憾我們沒有再等一下才簽署停戰協議嗎？

羅柏：我覺得他們太急了。（轉向方欣）妳的丈夫還好嗎？他現在在哪裡？

方欣（頗得意地）：上尉在 328 部隊。

莉絲（向喬）：妳先生一定飽受折磨。但他很快就會回來的。

羅柏：誰會折磨他？

莉絲：你弟弟在等待回國期間。

愛蒂特（活潑地）：那當然。（向羅柏）你有收到我寄去哥本哈根給你的卡片嗎？

羅柏：沒有。

　　　　（大家聽到鄰室有個小孩在彈貝多芬的奏鳴曲，彈得很差）

莉絲：你離開德國時有什麼感覺？還有你回法國途中經過海岸時在想什麼？

羅柏：你知道吧，那一刻總是沒有我們想像中來得令人興奮……如果只因為我們高估了這些快樂……

　喬：唉，對你的家人來說，他們一定很開心吧，就像你剛才

說的那樣！

羅柏：妳沒搞懂。我要說的是：確實地考慮到我們所有的心情。沒有什麼會遺漏的，甚至只是預期的東西。就像借貸一樣。你事先兌取的費用最後都要從你的所得中扣除。

愛蒂特：好可憐！唉，你的心跳常常過快，都是因為一想到要回國⋯⋯說實話，你還是很疲憊。（向其他人）他回家時胃都壞掉了。

羅柏：我們在丹麥被強行餵食。

莉絲：不管怎麼樣，你說的也算沒錯；一般而論，從前線回來的人並不像我們想像的那麼快樂。

羅柏：所有的廚師都會說，有些菜必須趁熱吃。

莉絲：和平也是這樣。

方欣：你怎麼看這個協商？他們好像已經陷入泥濘之中，寸步難行。

莉絲：只要我們不讓自己被盟國擺佈就好！

喬：克里蒙梭[2]⋯⋯

莉絲：我先生說，克里蒙梭不是協商的最佳人選。他比較中意勃里昂。[3]

愛蒂特：但自從拉根事件以後⋯⋯

2　編註：克里蒙梭（Georges Benjamin Clemenceau, 1841-1929），醫師出身的政治家，1909 年出任法國總理，一戰時再度就任，因作風穩健得到「法蘭西之虎」、「勝利之父」的稱號。一戰後作為巴黎和會三巨頭之一，主張嚴懲德國。

3　編註：阿里斯蒂德・勃里昂（Aristide Briand, 1862-1932），法國政治家，1909-1929 當過十一次總理，為國際合作、國際聯盟及世界和平努力不懈，1926 年獲諾貝爾和平獎。

莉絲： 好像大家根本不清楚到底發生了些什麼。

羅柏： 什麼是拉根事件？[4]

愛蒂特： 我會告訴你的。

　　喬： 要講的話，太駭人囉……但妳不覺得這樣會錯過四點的
　　　　　晚報嗎？

愛蒂特： 那裡會有關於協商會的消息。

　　喬： 謝謝：那就像天書一樣，我們是看不懂的。我甚至都不
　　　　　看了。代表團沒完沒了的接待活動，一大堆關於形式問
　　　　　題的爭辯……

羅柏： 然而，那裡就是決定世界命運的地方，至少和昨天的戰
　　　　場一樣。

　　喬： 他們無法取得互信。

方欣： 真的。

羅柏： 從索姆（Somme）[5] 和凡爾登（Verdun）[6] 來的那些最悲
　　　　壯的消息，還不如小報裡那些連妳們也不看的花邊新聞
　　　　來得重要。大家陶醉在土地的占領、失去、奪回……

莉絲： 你在那邊還能明察秋毫嗎？

4　譯註：第一次世界大戰爆發後，比利時遭到德國佔領，法國與德國之間的聯繫
　　以始於 1917 年一月的拉根事件（L'affaire Briand-Lancken）而聞名，是一戰期
　　間最後的和平嘗試之一。德國的代表、比利時總督馮・德・拉根（Baron von der
　　Lancken），與法國外交官勃里昂談判，但比利時、法國、德國彼此的立場無法
　　調和。

5　譯註：1916 年七月一日至十一月十八日的索姆河戰役是一戰期間規模最大的戰
　　鬥。

6　譯註：1916 年二月二十一日至十二月十九日的凡爾登戰役是一戰時期破壞性
　　最大、時間延續最久的交戰，傷亡人數僅次於索姆河戰役，稱為「凡爾登絞肉
　　機」。

羅柏：我們有所有的晚報。

方欣：你確定自己能分辨真相，即使德國佬的報紙謊話連篇？

羅柏：他們沒有說那麼多謊。基本上，他們晚報和我們晚報上
　　　的消息從來沒有過真正的矛盾。我還要嚇嚇你們，我們
　　　新聞裡報導的那些正是我們最懷疑的東西。

方欣：太可怕了簡直！你被德國佬下了毒。

羅柏：沒有的事，但過度誤導人的細節掩蓋了敘述實情的意
　　　願。譬如說 1915 年九月。

莉絲：那還是一次大凱旋呢……

方欣：不要和我先生說這個，他在聖瑪莉阿比（Saint-Marie à
　　　Py）受了傷。是他告訴我的。

莉絲：各人自掃門前雪，人人只看自己的得失。

愛蒂特（向羅柏）：但你所謂「誤導人的細節」是什麼意思？

羅柏：一切有關編號、壕溝、堡壘的說明都隱藏了一個野蠻的
　　　事實：我們闖入了完好無損的第二線。

莉絲：你們突破了？

方欣：如果這可以算是一個突破！我先生在第 402 部隊，他沒
　　　有被俘真是一個奇蹟。

莉絲：我先生在參謀部，他說如果我們沒有犯一個離譜的錯
　　　誤……

方欣：當然啦！講那麼多「如果」！……什麼錯誤？

莉絲：不是所有人都同意。我無意間聽到我先生和他的一個朋
　　　友討論這件事。我啊，對這些一竅不通。雷奈說大家都
　　　怕死傷太多。

方欣：我認為這裡頭有點道理。

莉絲：雷奈說如果我們有足夠的勇氣做一次徹底的犧牲……

方欣：當你們在那裡時，為什麼不一次解決？羅傑將軍看著黑衛士的火車開過時說，[7] 這個冬天要做個了斷。這是雷恩告訴我的，這些話傳了下來。

莉絲：真倒霉，在戰爭中，人道主義的成本太貴了。（轉向羅柏）你不發一言。

羅柏：我在想妳們是怎麼活過來的。有些同袍在到達兵營時，和我們說：「她們才是最值得同情的。」

莉絲：一點不錯。

方欣：這要看情形。我可以肯定，有許多女人很能忍受這次戰爭。她們在丈夫或愛人休假回來時，穿著打扮得很有魅力。

羅柏：我無法想像，像這樣從前線回來八天是什麼感覺。

愛蒂特：十天。

莉絲：不算到家的那一天。

羅柏：從恐怖中短暫脫離……以後又得回去。

愛蒂特：這讓我想到一本小說：《這場戰爭，夫人》，可以送給你讀，裡面正是敘述一個人從前線休假回來的故事。

喬：對我們來說，所有這一切都令人難以置信。

莉絲：一場夢魘。

7　譯註：黑衛士兵團（Black Watch）或簡稱為黑衛士，是英國陸軍的一支步兵部隊。1914 年第一次世界大戰爆發後，英國向德意志帝國宣戰，並籌組英國遠征軍，黑衛士主要部署到歐洲西方戰線的戰壕。1918 年十一月十一日簽訂康邊（Compiègne）停戰協定（l'armistice de 1918），第一次世界大戰停火。四年中黑衛士有大量傷亡。

喬：你們會看到，大家都會忘掉這一切。

方欣（指羅柏）：他們也忘得掉嗎？

喬：他們畢竟是從戰爭中逃過一劫的倖存者……需要聽到
的應該是其他人。就因為亡者不出聲，一切總是從頭來
過。

莉絲：或許人們不太記得更好。這是自然的安排，讓巨大的痛
苦很快就被人忘掉。總之，我們還得再見到他們，也還
要到他們那裡去。

方欣：我們，去德國佬那邊？絕不！

莉絲：不然妳想怎麼做？這行不通的。

羅柏：說到底，你們對我們的事不太有興趣，大概因為我們就
像很彆腳無趣的備忘錄吧？

喬：羅柏，你有沒有寫日記的習慣？

羅柏：為什麼寫？

喬（聲調略變）：讓這些事保存下來，讓大家知道。一切
都在消逝中……好可怕。（對愛蒂特）親愛的，請原諒
我。很晚了，我本來早就該離開的。不必送我。（對
站起來要送她的愛蒂特說，說話時飲泣，聲音顫抖）。
不，不，不用麻煩。（她出去了）。

第四場

　　同樣的演員，只少了喬。

方欣：可憐的年輕太太！

莉絲：對不起；我太晚才想起來……（向羅柏）你弟弟失蹤了？

羅柏：是的，在五月二十七日那次進攻之後。

莉絲：但有他的消息嗎？喬曾說他被俘虜了。

愛蒂特（局促不安地）：我們沒有確切的消息。我可憐的小嬸願意相信……在無法相信的情況中。

莉絲：太令人悲痛了！她有一個嬰兒，不是嗎？

愛蒂特：孩子沒有活下來。（靜默）

方欣：而她假裝……？我不會有她那樣的勇氣。

愛蒂特：或許那個不是勇氣。

莉絲：每個人都盡其所能。我們也該告辭了。家裡有人等我們。（她起身，方欣也站起來）

愛蒂特：謝謝。（她陪她們）

第五場

　　　　愛蒂特，羅柏。

羅柏（非常煩躁地）：終於都走了！這些太太真令人厭煩。

愛蒂特：我看得出來，她們把你搞得很火。看你的手就知道了。

羅柏：有什麼辦法，我總是無法控制好我自己。你不覺得蘇珊
　　　今天彈奏鳴曲已經夠久了？

愛蒂特：她只彈了半小時。但如果你不喜歡，我去叫她不要彈
　　　了。

羅柏：好啊，這種聲音讓人欲哭無淚……

愛蒂特：她彈的是貝多芬。

羅柏：什麼貝多芬！彈成這個樣子！……喔，我忘了她才九
　　　歲……

愛蒂特：我去和她說了再回來。（她出場。羅柏走到窗邊，吹口
　　　哨，兩手插在褲袋裡）

愛蒂特（回來）：好了，你可以享受安寧了。

羅柏：很好。現在，妳說：為何喬用這種態度說話？她總不能
　　　騙自己到這個程度！

愛蒂特：這我不清楚。我很小心，不和她說太多。

羅柏：在那裡時有人和我們說：法國有些人相信……但我認為
　　　這是在一種完全不同的氛圍中才有的事。至於我，我不
　　　再對毛利斯寄予任何希望已經好幾個月。當妳寫信告訴
　　　我：他被列入失蹤的名單……妳又告訴我，他同連的一
　　　個傷兵所說的情況……

愛蒂特（緊張起來）：喬不知道這些。

羅柏：但是究竟為什麼妳不告訴她？

愛蒂特：你在說什麼！你期望什麼？我沒有勇氣。

羅柏：好，妳犯了個大錯。她在折磨自己。我相信她離開這裡
後一定大哭一場。沒有什麼比這種不確定性更糟的了。
從長遠來看，真相才能讓人恢復平靜。

愛蒂特：能不能讓我表示異見。如果有個領域你不能一概而
論……你曉得我那時在負責協尋失蹤的士兵。

羅柏：妳有這個想法真怪。還有很多工作妳可以去做的。

愛蒂特：不錯，有一大堆人寧願什麼都不知道。

羅柏（思索著）：我猜，那是對悲慟遭遇的一種特別的胃口
吧。

愛蒂特（發愣）：什麼？……啊！羅柏，你怎麼能？……

羅柏：我不知道。我在試著理解。你有孩子們要照顧……據我
所知，還有許多縫紉廠，診所！

愛蒂特：有時候感覺你是在故意讓我難受。就像剛才，你講你回
來的事。她們能想得到嗎？

羅柏：如果只有這個讓妳擔心，那還不太嚴重。

愛蒂特：討厭！你有意識到……

羅柏：妳要什麼？我不大穩定，是真的。我才去看了貝利哀醫
生。

愛蒂特：為什麼不叫我一起去？

羅柏：我寧願單獨和他相處。女人擅長把一切變成悲劇。

愛蒂特（含著淚）：羅柏，我也是這樣嗎？

羅柏：抱歉，親愛的。

愛蒂特：那麼，他和你說什麼？

羅柏：嗯，很顯然，我的胃報銷了。他給我開了新處方。我告訴他上次他給我開的藥對我沒啥作用。

愛蒂特：你幾乎沒有試用過。四天！

羅柏：妳這樣想？對，其實，妳說得對。

愛蒂特：接下來你打算怎麼辦？

羅柏：我要混用。

愛蒂特：你真可笑。

羅柏：貝利哀和我講到小朋友的事。我都不曉得這次的腸炎如此嚴重。總之，沒有人告訴過我。

愛蒂特：你因為我不想讓你擔心而怪罪我？

羅柏：沒有什麼怪罪的問題，我只是敘述一個事實。其實……

愛蒂特：什麼？

羅柏（急促地）：妳發現我變了，不是嗎？對，我瘦了些，我曉得。這不是我要問妳的。

愛蒂特：你變得容易生氣。在你經歷那些事以後，這很自然。

羅柏：我們沒有受那麼多苦。在壕溝裡那群可憐的傢伙旁邊……妳知道嗎，或許我只是一個微不足道的軍人。在歐蒙（Hautmont），我第一次看到兩軍駁火……

愛蒂特：我知道。這證明什麼？

羅柏：顯然，這不證明什麼。妳說對了！但人們迫切需要相信：我們經歷的痛苦是為了在今天支持我們。這點令我們頗不好受……抱歉。

愛蒂特：我不懂。對不起……你們全都被俘了。

羅柏：我們團裡有些人找到辦法逃走了。其他的就關了進去，

或許……我本來應該逃的。

愛蒂特：從西里西亞[8]逃出來！羅柏！

羅柏：我不在萊茵蘭[9]真是走運，嗯？但畢竟，有些人重獲自由了（gagner la Bohême）。（靜默）

8　編註：西里西亞（Silésie）是中歐一個歷史地域的名稱，目前大部分地區在波蘭西南部，小部分屬於捷克和德國。

9　編註：萊茵蘭（Rhénanie），舊地名，德國萊茵河左岸地帶。

第六場

　　　　上一場的二人，羅母，古斯。

羅柏：早安，媽媽。嗨，古斯！

羅母：你弟弟在午餐後出現令我意外。

古斯：我會在這裡待二十四小時。

羅母：這個可憐的喬從我家出來時，心情……我還是很困惑。
　　　　她該不會……但她自己沒有意識到。可憐的孩子！我們
　　　　又不能問她在考慮什麼……

愛蒂特：您和她說了什麼？

羅母：我不知道是什麼事情把她弄得這麼傷心。（向羅柏）剛
　　　　才她講到毛利斯，你的表情。她以為你知道些什麼。

羅柏：我？

愛蒂特：喬要您去問羅柏什麼問題嗎？

羅母：不。但她嚇到我了。我想或許她是對的，你向我們隱瞞
　　　　了一個壞消息。

羅柏：我可憐的媽媽……但我講的都是實情。我們不能自欺欺
　　　　人。想想吧！停戰協定已經在十一月十一日簽訂。[10]

羅母：但有人告訴我還有一些士兵不能回國。畢竟，現在我們
　　　　還不清楚確實的情況……

羅柏（向愛蒂特）：但是不管怎樣，愛蒂特……

羅母：二天前住在隔壁的男人回來，他被俘時一直無法給家人

10　譯註：1918 年十一月十一日簽訂康邊停戰協定。

寫信。

羅柏：妳知道他的名字和軍營地址嗎？

羅母：我可以去打聽。

古斯（說教式地）：好消息的可能性極小。然而我們不該失
　　　望，在還沒有得到任何確切的消息之前……

羅柏：愛蒂特，我不懂妳說的……鼓勵我們可憐的媽媽保持這
　　　種希望，沒有什麼意義。

羅母：你傷透我的心，喬是對的。你沒有人性。還有，當我想
　　　到……

羅柏：想到什麼？媽媽？

羅母：他那麼愛你，那麼心疼你……愛蒂特，妳記得有一次
　　　他休假，在夏房松的花園裡，他站在那裡說：「可憐的
　　　羅柏！被關在鐵絲網後面！」他心疼你到無法衡量的程
　　　度。他說：「我啊，我無法忍受這種生存處境。還好，
　　　他比我更勇敢。」（飲泣）

古斯：堅強一些，媽媽，不要讓自己陷進去。

羅母：當他知道你參與報復行動，妳記得他的信嗎，愛蒂
　　　特？「這些土匪，」他說，「我要殺了他們，殺了他
　　　們……」他怕你回不來了。我不知道如果你死在那裡，
　　　他會做出什麼事。

羅柏：可憐的媽媽！妳會想讓他做什麼？

羅母：然後你還維護他們！

羅柏：我維護他們？

羅母：他們殺了你的兄弟，而你卻維護他們！昨天晚上……

羅柏：我說了什麼？喔！有關審訊！然而非常確定的是，我們

的所做所為和他們也差不多，我們用盡一切手段讓囚犯開口……不是每次，但是經常。

羅母：就是這樣！你把我們和這群怪物相提並論。

愛蒂特：媽媽，如果您過來給孩子說聲晚安，我肯定您會平靜一些。

羅母：對啦。至少他們不會傷害我，他們不會。

第七場

> 羅柏、古斯，（稍後）愛蒂特。

羅柏：我們可憐的媽媽有根筋不大對。

古斯：從警報施放那時起就更明顯。

羅柏：但她立刻要去維利哀（Villers）。

古斯：德軍架設大炮對準巴黎的頭幾天她留在這裡，她甚至還一直擔心我的下落。你知道國防部是他們的首要目標。還有毛利斯的失蹤！你似乎不大注意講話前先考慮要用什麼字眼。你回到的是一個正在復原的國家。

羅柏（冷冷地）：謝啦。（協奏曲的琴聲又傳了過來）挺好的，音樂會又開始了。我相信我看到我們的國家似乎有一個蠻愉快的復原期。

古斯：你還想要什麼？生命的確應該重上軌道，即使單從經濟角度來看。這不阻礙我們繼續思考和受苦。

愛蒂特（返回舞台）：回來了。媽媽很明顯願意單獨和孩子在一起。（大家聽得到羅母在隔壁房內大聲數著：一，二，三，四；不要那麼快，蘇珊。）

古斯：你有某種教育工作要去做，你們不可避免地都要。

羅柏：「你們」指誰？

古斯：從德國回來的所有的人。這裡，我們過了一段充滿焦慮的日子……我向你肯定地說，我啊，我不再認識自己了。

羅柏：奇怪！我啊，我很認識你呢。

古斯：你這麼認為？但慢慢你會看到我改變了多少。我們經歷過極度焦慮的時刻，在聖日爾曼大道！不，你無法想像。舉一個例子來說，三月二十一日，當我們知道他們已突破時，我必須奔向總司令部。不，你無法想像我們當時的處境。對你們來說，這一切必然比你們所經歷的要輕微得多。然而這裡卻大不一樣！不是嗎？我們甚至是在這場大戲的中心。有一些時刻，我還會嫉妒那些在戰壕中的士兵，我講的是實話。他們只看到自己的防區，他們並不驚恐，而我們其他人，我們知道從俄羅斯回來那些人的遭遇。

羅柏：我們也想像過，你知道。

古斯：是的，可是你們不清楚我們佈署了多少兵員，我們。訓練有素的兵力。當然，我不是說這對你們其他人是滑稽的事，但……首先，至少，你們並沒有什麼責任。

羅柏：哇塞，你的理想就是沒有什麼責任？

古斯（沒在聽）：那真是可怕極了，你知道……

羅柏：你是否背負過沉重的責任？我一無所知。

古斯：多得你無法相信，老兄。有太多事只有到後來別人才知道。

羅柏（站在舞台遠方）：我一直以為你只是一個傳送員。

古斯：有很多傳送的方式，你知道，而我記得某些與香堤伊（Chantilly）的通話……

羅柏：這張照片上的人是誰？是毛利斯嗎？

愛蒂特：這是他一位朋友在他最後一次休假時拍下的。

古斯：在他失蹤前三個星期。

羅柏：我看這張照片時會懷疑是他。戰爭把他改變成這個模樣？這是那個活潑可愛的小夥子的照片嗎？

愛蒂特：沒有人想過寄毛利斯的照片給你嗎？

羅柏：一定有人怕德國人會沒收它。但我覺得也好。照片上的他看起來像個戰士。當我回想他從前那個瘦小的樣子！甚至他的眼神也變了：他是那麼的堅定。他以前常逃避直視，還有些憂鬱。這張照片裡的他生氣勃勃……有種喜悅感。

愛蒂特（沉重地）：毛利斯在部隊裡一直很高興。

古斯：不得不說他有一群了不起的夥伴和一個傑出的指揮官。

愛蒂特：除了幾個殘酷的階段，特別是在凡爾登，也或許是在索姆河，他為自己的好運慶幸不止。

羅柏：真的嗎？

愛蒂特：我確定如此。

羅柏：這些訊息我都不知道，因為我們沒有得到許可和外界通訊。媽媽和妳，妳們給我寫的是：毛利斯很好……毛利斯得到勳章……毛利斯受了輕傷：這是幾個星期裡的事情。這些話能使另一個人了解某人的生命嗎？

古斯：愛蒂特沒錯。毛利斯不只非常有尊嚴地活著，他還很走運，一直到五月底那該死的事件。

羅柏：誰會料想得到這樣的事呢？他在我們三兄弟中最不像是當兵的。你們不會從他那裡收到很多信。他極少寫信。我不是說他妻子會收到的那些。

愛蒂特（簡捷地）：毛利斯給我寫了很多。

羅柏（驚訝地）：給妳？

愛蒂特：他常常會委託我為喬做件差事……特別因為喬那時懷孕。

羅柏：是的，但到底，除了那個……

古斯（看掛錶）：我要告訴媽媽如果她還要留下來，我不能等她了。（出去）

第八場

　　　　羅柏，愛蒂特。

　　羅柏：就這些？

愛蒂特（勉強的聲調）：毛利斯不想告訴他太太有關他的近況，
　　　　免得她害怕不安。他給我和他母親寫較長的信，當然，
　　　　尤其給我。

　　羅柏：當然？……妳沒有給我看那些信。

愛蒂特：如果你堅持要看，我可以給你看幾封。

　　羅柏：為什麼不給我看所有的信？

愛蒂特：不是所有的信都……有趣，並且有些信我不知道我是否
　　　　有權利給你看。

　　羅柏：開什麼玩笑！

愛蒂特：這不是玩笑，相信我吧。

　　羅柏：但既然這個可憐蟲寫到我，還帶著關心……

愛蒂特：這不是一個理由。你……（她打住了自己的話）

　　羅柏：什麼？

愛蒂特：我發現你講毛利斯不像你應該講的那麼多。有時你作
　　　　弄他，想到你開他的玩笑，我覺得很不舒服……即使現
　　　　在，我也不覺得你對他有……為了紀念他……表示足夠
　　　　的敬意。

　　羅柏：究竟什麼東西讓妳放不下？

愛蒂特：當我想到他活的那些歲月，並在那個夢魘結束前不久經
　　　　歷這個恐怖的死亡……曾經有過的想法……

羅柏：這樣想太幼稚了。難道我那時能預見他要變成⋯⋯一個
　　　英雄？

愛蒂特：不要用那個字，不要用那種聲調，請你別⋯⋯是，我們
　　　　的確能這麼懷疑。

羅柏：多大的讚揚！（靜默）

愛蒂特：當然，我不會讓你看他的信。你有一種挑剔的本領，叫
　　　　我無法忍受。非常不幸，你沒有認識毛利斯，真正的毛
　　　　利斯，但⋯⋯

羅柏：這些信倒給我一個機會可以好好認識他。

愛蒂特：風險太大了。

羅柏：什麼風險？

愛蒂特：我重覆一次。我無法原諒你的某些言論。而你無法向我
　　　　保證你不發出這類的言論。你太不容易自我控制。我知
　　　　道，這不是你的錯，而我也不會因此而責備你⋯⋯古斯
　　　　的缺乏敏感叫我受不了。

羅柏：他是愚笨透頂：至少在這一方面，大家都同意。

愛蒂特（稍停一下）：請原諒我，羅柏⋯⋯

羅柏：原諒什麼？

愛蒂特：你應該首先重獲生命的喜樂，我們的生命。只在那之
　　　　後，人們才能要求你活得像樣⋯⋯在此之前，你有自行
　　　　思考的一切權利。

羅柏：除了閱讀毛利斯信件的權利以外⋯⋯讓人覺得妳努力
　　　不懈地提醒自己那些妳加諸給我的痛苦。妳緊緊把它抓
　　　住，像抓住一塊石頭使自己不要跌倒⋯⋯這真令人難以
　　　忍受啊。

愛蒂特：不是這樣的，這不是那種努力。

　羅柏：對，對，這就像妳按一個鈕，當妳覺得妳對我忍無可忍
　　　　　之時。

第九場

同樣的人，羅母。

羅母：我和孩子們度過了一段美好的時光。蘇珊彈得不錯，但她分不清楚音節。耶谷好可愛，至於魯魯……

羅柏（生氣）：啊，不，請妳不要叫他魯魯，他叫路易。

羅母：所有的人都叫他魯魯，習慣這樣叫，就行了。

羅柏：不，應當改正。

羅母：專制霸王！

愛蒂特：您知道我也不喜歡這些小暱稱。

羅母：路易，聽起來像會計師。（轉向羅柏）我警告你，你會嚇到他。

羅柏：無聊。

羅母：依瑪對這看法很肯定；還有，昨天午餐時我和她談過。你要小心，有些印象留在人們的心田會比我們所以為的深刻得多。例如我記得瑟拉芬阿姨……為魯魯生日，我要給他什麼禮物呢，愛蒂特？

愛蒂特（轉向羅柏）：後天他將滿五歲。

羅母：我要代替毛利斯給他做一個蛋糕。（情緒激動地）毛利斯那麼愛他。他把……轉給了他。（向愛蒂特）孩子們有時講到他嗎？

愛蒂特：常常，特別是耶谷。

羅母（轉向羅柏）：你無法想像他對孩子們的重要性。每次休假回來，他都全心全意與他們玩在一起，就像他們的父

親……有一次他堅持要帶蘇珊去看眼科醫生……

愛蒂特：這樣講有些誇大。但他的確以為自己有責任這樣做。

羅母：他休假時帶孩子們去散步！他一直是喜氣洋洋。

羅柏：毛利斯喜氣洋洋？好出奇……

羅母：他為這個家付出了那麼多！當娃娃去世時，我不猶豫地要說，他比喬更傷心難過。

愛蒂特：那是因為她筋疲力盡，又有病在身……誰在那種情況下都不再有感覺。

羅母：你記得他在娃娃誕生前寫的叮嚀。他對每件事都有關照。他非常希望喬親自給孩子餵奶。然而，他錯了。她的健康！……還有他選的名字！（向羅柏）他發來一個電報，叫我們在「安德－方濟」前加一個「羅柏」。

羅柏：我不知道。

羅母：妳沒有寫信告訴他？

愛蒂特：當然，我寫了。我好像聽到有人在搖門鈴？

羅母：那可能是塞衛雅克神父。

愛蒂特：什麼？

羅母：他寫信給我說他要來看我們，他也想認識羅柏。

羅柏：他是誰？

愛蒂特：毛利斯那個部隊的隨營司鐸。我記得，我曾和你提過。

羅母：這是一個聖人。

愛蒂特：媽，不要這樣講；您會讓他在羅柏眼中顯得可笑。

第十場

同樣的人，加上塞神父

（穿神父的長袍，有勳章，南方口音很重）。

塞神父：夫人，妳好！

愛蒂特（低聲）：神父，好可惜您沒有早一些通知我您的光臨。
我給您介紹我的丈夫……我相信我們這裡的氣氛有點混
亂。我多麼希望我能與您安靜地談談。至少您要留在這
裡用餐，一定的，一定的，應該如此。

羅母：總之，不是我要擾亂你們的氣氛；我先走一步了。

愛蒂特：喂，媽，我不是指您那麼說的。（把羅母送到門口）

羅柏（向神父）：神父，我知道您和我那可憐的兄弟毛利斯很
熟。

神父：我們非常親密，先生……三年多之久，我們天天見面，
他的失蹤帶給我極深的悲傷。

愛蒂特（帶著她的三個孩子回來）：快給神父問好。

神父：啊，夫人，他們都變了！（向路易）我可以肯定路易已
經不認識我了。我最後一次看到他時，他還好小好小。
夫人，妳記得那次我經過沙奉松（Chavançon）？應當
已有一年了吧。

愛蒂特：是的，就在我的小叔休假那時。

神父（向羅柏，指著耶谷）：先生，他太像你啦！他有和你一
樣的額頭。這個小女孩模樣靠媽媽最近。她有一雙如妳
一般美麗的黑眼珠，夫人。

羅柏（明顯地被觸怒）：嘿，愛蒂特，小鬼們今天還沒有散步過，或者我帶他們出去走一圈？

蘇珊：喔，媽媽，我比較喜歡留下來和神父在一起。

神父：再說吧！

小路易（指著神父的十字架）：它就像我叔叔毛利斯的一樣。

神父：啊，你的記憶超好！

羅柏：走吧！

愛蒂特：羅柏，你健步如飛，不要把他們弄得太累了。

羅柏：我保證不再像從前走得那樣快。妳放心好了。（他和孩子們一起外出）

第十一場

　　愛蒂特，塞神父。

愛蒂特：塞神父，可以看到您，跟您談談，真是再好不過的……

**　神父**：在嘈雜的里昂火車站，我們根本無法談話。大家聽不到
　　　　彼此的聲音。

愛蒂特：我有一大堆的事要和您說……

**　神父**：妳的信給我講了一些。妳提到這個返鄉者，他參與了上
　　　　尉生命的最後階段。而他可憐的太太喬，現在怎樣了？
　　　　她如何忍受這麼一個打擊？

愛蒂特：我沒有和她說什麼，神父……而我很願意您給我解釋一
　　　　下為什麼。

**　神父**：但妳為何要這樣問我？妳擔心會傷害她嗎？

愛蒂特：如果她知道實情，或許還能少受點苦。不，我知道這一
　　　　切比那更複雜。

**　神父**：是妳自己太複雜，夫人，我在沙奉松已和妳講過了。

愛蒂特：這不完全是我的錯，神父。

**　神父**：我不知道。我相信這些糾結讓妳很不舒服。它們幫助妳
　　　　度過這段時光……愛蒂特夫人，我們這個時代，女人有
　　　　太多的空閒。她們忙著刺繡及縫紉，或甚至於……但同
　　　　時，頭腦也在動，正面的和反面的思想都會出來！（他
　　　　的牙齒格格作響）妳更好學會不要思想，行嗎？心靈的
　　　　休息是靈魂健康所必需的。我看到從這裡開始妳要向我
　　　　傾吐一些可怕的事，從妳臉上可以讀得出來。

愛蒂特（低聲）：我在受苦。

　神父：我蠻肯定妳在宗教實踐上並不夠精進。我知道，這聽起來很愚蠢。但請妳看看，一個像妳這樣的女人，一個想太多的女人，精進修行是很重要的。

愛蒂特：因為它們阻礙我思考。

　神父：妳很清楚不是這樣。如果妳願意，用它們疏通一下思想。請不要說它們會讓妳變成機械化的祈禱者。

愛蒂特（悲哀地微笑）：我沒有說什麼。

　神父：太自由、太蹦跳的思想裡有危險的因子。

愛蒂特：神父，我的思想不是蹦跳式的。

　神父：蹦跳的人，頸上繫著韁繩，像隻草原上的小馬。這為我們有些丟臉，我知道……我用了很長的時間才明白我對妳說的這些。我想是巴斯加向我透漏的……然後一樣，這個生命在恐怖的戰場遭遇不測。即使妳機械式的禱告，也一定有它的價值，請相信我。

愛蒂特：我願意相信您，塞神父，雖然我聽不太懂。

　神父：這是唯一的方法使我們記得我們是有靈魂的……當小傢伙太累或不乖，大聲哭個不停……妳可憐的小叔知道得很清楚。我記得有天晚上在克勒利（Cléry）附近，我們知道部隊將在夜間發動進攻……（他未講完）。妳為何用這種眼神看我？

愛蒂特：神父，我在受苦……當我沒有受苦時，情況更糟……請告訴我，您從未回答過我，大約在二個月之前我在信中向您提出的一個問題。

　神父（單純地）：這是真的：我不想回答妳。

愛蒂特：您還清楚記得我問您的問題？

神父：記得。

愛蒂特：您本來可以回答我？

神父（有點生氣）：我相信妳在胡思亂想。妳以為妳的小叔會
向我吐露心事……而妳假定我會一五一十地告訴妳。

愛蒂特：所以，您剝奪了我試圖去了解他在最後幾個星期中可能
在想些什麼的權利。

神父：承認過失而心懷內疚，哪怕只有一瞬間，也已在這個英
雄的靈魂中萌芽了……

愛蒂特：求您了，請不要使用這些貶低人的詞彙。

神父：我說「承認」，妳不需要去了解我說的；妳應該首先控
制自己的念頭。他對妳有的情感是一種手足之情，他一
再向妳證明……

愛蒂特：您不懂：這不是知道他是否為我經歷過您所謂的內疚
感的問題。重要的是知道是否他愛過我，就是這麼一回
事。神父，我們在談的是一個亡者，他不可能在我身上
再激起什麼不潔的東西。

神父（難過地）：妳這樣想，但我，我不確定。大家只談及活
著的人，而妳要問的也是活人。我們為亡者祈禱，那完
全是另一回事。

愛蒂特：我無法形容您的話讓我驚嚇到什麼程度……您邀請我
作的這個祈禱，在我看，似乎把我祈禱的對象放逐到無
限遙遠的地方；在他們與我們之間，它不僅拉開擴大
了空間距離，它還把神也放了進來。我們只能為那些真
正缺席的人祈禱……但您又無法認為死亡是一種缺席！

有些時候，神父，他比他活著的時候還更直接地臨在於
我。在他與我之間，不再有對彼此懷有不潔思念的可恨
懼怕；不再有第三方令人不安的形像……也不再有第三
方。請不要用那麼嚴厲的眼神看我，神父，我很清楚您
並不懂我的話。然而，您應該記住，您應該明白……

神父：我知道妳的小叔是一個非常正直的人，我知道他就像
　　　善良本身一樣……妳有權利，和責任——我所賦予的責
　　　任，為他保有一個深刻的感激之情，因為他在妳丈夫
　　　出征時留下的空位上，仁至義盡地負起了手足照顧的責
　　　任。

愛蒂特：但現在他的替代工作已經結束了……神父，為什麼您談
　　　這一切好像在談死去的事物一樣？用傷人的話，講什麼
　　　責任和感恩，在這裡有何意義呢？……他對我很得體的
　　　情感、所表達的感謝，和正常的友愛，您為何要稱之為
　　　有過失的激情呢？這一切都很離譜，這一切和我所經歷
　　　的、活過的實情完全相反。

神父：說到底，其實很簡單，妳不會因為我坦率地告訴妳我
　　　的真實想法而生我的氣吧？期待太久的重逢會讓情緒動
　　　搖，並且一開始就覺得受到辜負。

愛蒂特（小聲）：親密之人的去世不會在我們身上喚起那種缺
　　　席的感受，這種感覺我卻在我的丈夫身上體會到，強烈
　　　到令我不寒而慄……他一直離我好遙遠——這還不夠說
　　　明——因為空間的距離甚至不會把二個親密相愛的人拆
　　　開。他和我不在一起，我們不在一條船上；我們……我
　　　不知道如何向您解釋……唉！就像二個東西放在那裡，

彼此靠近，卻永遠是在彼此的外面。然而您可以想像，
我多麼渴望我們的關係不是這樣！

神父：但從前……在大戰前……

愛蒂特：我們小倆口相處得還不錯，是的，神父。但又怎樣？而
且，「小倆口」這個詞本身確實的意義又是什麼？在我
們之間從來沒有過什麼能記得起來或可以拿來說嘴的爭
吵。當我回想那些年，我的思想陷入灰暗……我的丈夫
全力以赴地投入工作。我的二個孩子又十分難帶，自從
生了耶谷以後，我變得體虛力弱……我的生命就只有這
些。如果沒有那些難以忍受的意外，我們會變得怎樣？
我們需要那些來填滿我們貧乏的人生。沒有那些……

神父：愛蒂特夫人，妳讓我害怕。

愛蒂特：有時候，我看到自己那麼清明，也會害怕起來。

神父：或許妳正處於極度折磨自己和他人的時刻。但是，得
了，讓我們看一看！如果妳那時更操心的是妳的丈夫，
還有他那四年的可怕歲月是怎麼過的，而不是沉溺在自
己的得失……即使這些遭遇稍微改變了他的性格，這難
道不是很自然的嗎？

愛蒂特：要是您知道我是怎樣體諒他的就好了！我太體諒他啦。
當一個人那麼容易地去體諒，就最能證明他沒有……

神父：妳還要說什麼？愛蒂特夫人，同樣的事我不想聽了。

愛蒂特：我能向您告解嗎？

神父：勉力去講一些話，相信這些都是正確無誤的，這不是告
解。有些話我們不應該說……況且，究竟這一切有什麼
意思呢？，重要的事只有一件，就是盡好妳的責任，這

　　是非常清楚的。妳要用力驅除那些不良的思想。這些思想會毀掉妳，致妳於死地……妳告訴我妳正在經歷的這種感覺不是罪，妳和丈夫坦白過嗎？

愛蒂特（直截了當地）：我仔細思考過。或許最後我會告訴他。

神父（明確地）：妳會犯一個不可彌補的錯誤。

愛蒂特：怎麼會？

神父：妳這樣做會犯一個大錯。妳會讓妳的丈夫痛苦不堪，而對妳自己來說，妳會讓這種癡迷更強烈、陷入更大的煩惱。妳的感受，沒有任何外在事物可以回覆妳。它是否繼續發展，或像發燒一樣升溫；或者相反，它是否慢慢消退，都取決於妳。我知道妳會回我什麼：妳就是喜歡這種感受，妳不要它消退，妳向它投降，懷著一種秘密的喜悅。這不就是欲念嗎？

愛蒂特：我和您說的不只是這個，神父。您和我說沒有任何外在事物可以回應這種感覺。我不知您要對我說什麼。或者不如說，我想我懂。（邊講邊飲泣）其實，對您而言，亡者已經不在；您和那些沒有信仰的人想法一樣。不論您賦予他們的存在以何等的光榮和難以置信的色彩……為您，他們不再是活人。但為我……真正的亡者，只是那些我們不再愛的亡者。

神父：還有他的夫人……妳會這樣告訴她？

愛蒂特：我知道她不會了解我。她宣稱自己持有一切；就好像在那個世界還有份額似的，好像還有什麼特權！

神父：妳有什麼權利用妳那自我標榜的睿智去拒絕她？

愛蒂特：或許正因為我們在世上並不相屬，所以我才能這麼清楚

地理解……

神父：妳是一個神祕家，愛蒂特夫人！

愛蒂特：是什麼讓您鄙視我？

神父：妳為此變得意的。

愛蒂特：您試圖從您的經驗給我一個定位：看起來您在設法接受
我的觀點，就像讓船順利前行一樣。

神父：但看看妳的表達方式！很顯然妳太習慣在所有困難和危
險的事情上強詞奪理。

愛蒂特：請不要給我任何道德讚語，我求您了，神父；沒有人知
道自然的狀態能發展到這麼複雜的結果。推理的能耐就
只是把小事化大……

神父：在妳剛才說的話中，沒有一個字是與基督信仰相關的。

愛蒂特：正統派的心靈是可以靠我自己得到的嗎？

神父：妳認為信仰所加持的意志無力對抗正在損害妳的惡嗎？

愛蒂特：我覺得，您設法提供給我的東西，就像沒有生命的幽靈
一樣。

神父：妳把宗教說成幽靈！

愛蒂特：您用來反對我的宗教只是一種道德；但，對不起，這種
道德，我完全不能接受。對我唯一有價值的宗教，是引
領我進入另一個世界的宗教。在那個世界，一切將血肉
之人分隔開的悲慘障礙，都在愛和慈悲中雲消霧散。對
啦，他和我，我們是緊密地結合在一起的；是的，我感
覺到他和我在一起，離我越來越近。而若要把這種感受
看成是罪惡，我要堅決反抗。因為這是生命；其他的一
切在我眼中都只是……

神父：其他的：妳稱之為「其他」的東西就是考驗。不論那種連結眾生到另一生命中的紐帶是什麼……對我們其他尚在生活中奮鬥的人來說，從今天起就要知道這個危害是能致人於死地的，這個預許的極樂（強勢地）和所有的迷信正是妳所面臨的危害。

愛蒂特：我無法像您這樣思考……請不要揮舞教條來打擊我，神父……您講考驗、選擇、危害。那麼是必須通過會考的窄門，我們才能進天國？功德真的那麼重要？您方才徒勞地向我召喚的信仰，我靈魂深處不可抑止且根深柢固的信念反抗這個唯一觀點。如果功德已夠，如果只有功德有價值，那麼，我們在沙奉松的那位可憐的老師是對的……我們不必相信天主。

神父：愛蒂特夫人，妳不覺得嗎？妳那……嚴重道德淪喪的……

愛蒂特：您跟我談迷信，您控告我道德淪喪……我很確定您不了解我。然而，您曾見過那麼多人死在您的懷裡……為何您的思想不曾追隨他們的腳步，到那個超越我們見聞的彼界……？為何您半途而廢？……

神父：我對無限仁慈的天主有信心，祂會接待一切的靈魂，給他們救恩。

愛蒂特（鏗鏘有力地）：把一切推給祂，對您來說就夠了，您就完成任務，您就可以洗手不幹了。當那些垂死的人嚥下最後一口氣，留給您的，我不知道是否就像是一天結束時，認真完成任務的公務員在成堆的文件前面心滿意足地搓手……但，和他們一起活著，從他們那裡汲取可

以安慰和支持自己的鼓舞，這些，您說是迷信，這……
（她痛哭失聲）。

神父（忽然溫和起來）：原諒我吧，愛蒂特夫人……我意識到
自己對妳講話太粗暴了。因為我對妳有恐懼感。

愛蒂特（諷刺的口吻）：為我的靈魂？

神父：請告訴我：妳相信妳和妳的小叔有著幽冥相通的關係
嗎？

愛蒂特：您要假設什麼？您想像我在一些孤獨的夜裡把手放在一
張通靈用的神桌上？……

神父：沒有比這更危險的……甚至沒有比這更荒謬的。（愛蒂
特打了個寒顫）

愛蒂特：當我以一種確定的方式想他──非常溫和、集中、凝
斂──它在我身上引發一種更豐富、更深邃的生命，我
知道他也在其中。這個生命不是我，也不是他：是我們
二個。我要向您坦承嗎？我蠻希望您也能有參與這種無
言交往的經驗，其中的美妙……（情緒激動）。為什麼
我覺得我在向您講這些的同時，我在違反一個神聖的約
定呢？我們不該向局外人說這些（嚴肅地）。說到底，
是我辜負了（這種經驗）。

第十二場

　　　　同樣的人，羅柏。

　　　　（羅柏看到神父時，毫不掩飾地露出驚訝的表情）

愛蒂特：我覺得你在外面待了很久。

羅柏：沒錯。

愛蒂特：孩子累了吧？……你看起來很蒼白。

羅柏：妳知道我已經不習慣走太多路。

神父：你被俘那幾年的嚴酷歲月肯定重重摧殘了你的身心。
喔，當然，或許你並不同意我的想法；我知道你很堅
強。令弟和我說過，所以我對你並不陌生。

羅柏：我的弟弟可能對我的情況不盡了解，就像我對他的看法
一樣。

神父（驚愕）：真的嗎？

羅柏：別人和我說的有關他的事，與我記憶中的他差別很大。

神父：我相信過去他一直對你抱持著膽怯的心情；他對自己全
無信心……

羅柏：您說的這些對我來說是一個真正的啟示。所以，您看，
神父，所有這些遲來的發現都讓我很不舒服，所以我請
求您不要再透露他的消息。我可以想像我太太和您談的
是一個她非常了解的人，我想，她一定感到很滿足，至
於我……

神父（站起來）：我很理解你。不過，我在這裡待得太久了。

羅柏：可是，神父，還有其他的話題可以聊。

神父（沒有回答，向愛蒂特）：再見，夫人。（愛蒂特起身送客）。

羅柏：妳留下，我來送神父。

第十三場

> 愛蒂特，羅柏稍後進入。

羅柏：終於！……啊啊！告訴我，毛利斯也變成這種虔誠信徒了嗎？

愛蒂特（酸酸地）：毛利斯在最後這幾年非常虔誠，這我可以確定。

羅柏：這種虔誠他向妳吐露了多少？我不懂，五年前妳與塞神父長談了一個半小時：是怎樣的長談！當我回來時，我以為我看到……

愛蒂特：你真的以為五年前你對我的思想瞭如指掌？

羅柏：拜託，不要裝出這種神祕兮兮的樣子，我向妳保證，我非常不耐煩去容忍這些。戰爭能改變很多事情，但它肯定沒有抹掉我的記憶，妳當時的樣子我現在還一清二楚……在這次夢魘以前。

愛蒂特：樣子……或許你是說我的外表。但……還有別的呢，羅柏。對那些，我不相信你會有什麼印象。

羅柏（帶著某種沮喪）：似乎，說實話，你們所有的人都試圖在我周圍製造一個真空……我不知道這是不是為了讓我感覺自己更像是一個鬼魂。

愛蒂特（同情地）：羅柏，聽我說……

羅柏：不，最好不要解釋。如果妳要跟我說我錯了，只會給我火上加油。如果妳承認我有道理……我太清楚了，這只是同情使然。我更喜歡的是妳剛才毫不留情的談吐，還

有妳的沉默。

愛蒂特（難過地）：所以，我離開比較好。（她慢步走向門口，就在她握住門把時）

羅柏（突然地）：妳認為這種情況會一直持續下去嗎？告訴我……因為如果那樣的話，會讓我逃開，或者，我不知道，我……

愛蒂特：但無論如何再想想吧。如果你不堅持把所有我講的話和沒講的話做出如此解釋，如果你把我講的話看成是來自……

羅柏：當大家對某個人固執己見太久，愛蒂特，有一天又見到他時，應該重新解讀所有他說的話和全部的舉止。因為大家已經習慣把他說的話、做出來的舉止當成另一個意思……我知道妳不懂。這不重要。

愛蒂特：不，親愛的，我願意了解，並且我會去了解。

羅柏：所以，當我們重新發現這個變得不同的人……特別發現他是不斷變動、無常不定、難以理解的。

愛蒂特：我們會為此前的陳腔濫調感到懊悔。

羅柏：即使懊悔也不能了。陳腔濫調也已不可得。在我們等待之時，陳腔濫調還能派上用場……但是當沒有什麼可以等待的時候……

愛蒂特（痛苦地）：可憐的羅柏！

第十四場

　　同樣的人，加上女僕邵郎琪。

愛蒂特：邵郎琪，那是什麼？

邵郎琪：一封給您的電報。（她出去）

愛蒂特（看電報）：康士坦丁。這是愛倫阿姨寄來的。（念電
　　報）「欣聞羅柏終於回國，這是天大好事。我們與你們
　　同歡。」

註：此部劇本獲得馬賽爾家族授權收錄於本書中文版，以饗讀
　　者。特此致謝。

【附錄】
《無底洞》劇本導讀 [1]

林靜宜 [2]

《無底洞》揭露一戰後法國人的心境

　　法國籍耶穌會士、著名黑格爾專家加斯頓・費薩德（Gaston Fessard, 1897-1978）曾說：馬賽爾對形上學的直覺寓居於戲劇之中，了解此直覺才能領悟劇本的深義，在品味劇中人物對話時，才能明白《形上日記》內完全而真實的意義，這些形上思想在角色口中好似首次盛開的花。本文將透過《無底洞》各場戲的角色對話，略窺人物心境與馬賽爾繽紛怒放的思想。

　　1919 年三月寫出的《無底洞》，描寫該年春天法國巴黎巴克路一幢相當陰沉的屋子——勒席瓦利哀公館的客廳，家族親友相聚在此，展開關於一戰前後眾人生存處境的交談。置身滿目瘡痍的首都，連最真誠的對話都無可避免地冒出火藥味。

1　本文有關馬賽爾生平與哲思資料，參考下列書籍與影片：

　　馬賽爾著，陸達誠譯，《是與有》，台北：心靈工坊，2021。

　　陸達誠著，《馬賽爾》，台北：東大，1992。

　　馬賽爾著，項退結編訂，《人性尊嚴的存在背景》，台北：東大，1993。

　　陸達誠著，《存有的光環：馬賽爾思想研究》，台北：心靈工坊，2020。

　　呂格爾著，陸達誠譯，《呂格爾六訪馬賽爾》，台北：台灣基督教文藝，2015。

　　由兩位法國人士 Isabelle Clarke 與 Daniel Costelle 為紀念一戰爆發百年拍攝的紀錄片 Apocalypse: World War I，2014 年開播。

2　本文作者就讀於輔仁大學中文系博士班。

1918 年十一月，戰勝的協約國、戰敗的同盟國宣布停火，翌年一月，在巴黎凡爾賽宮召開會議，經過七個月的談判，於六月簽署條約，第一次世界大戰正式結束。1920 年一月，《凡爾賽條約》正式生效，迫使德國承認發動戰爭的全部責任。而一戰後的國際政治格局則由美、英、法等主要戰勝國領導，深深影響未來的國際關係與世界局勢。

勒席瓦利哀一家人劫後餘生，在客廳重聚的日子，正是巴黎和會召開期間，也是馬賽爾寫《無底洞》的季節。戰爭四年中馬賽爾也在被炮擊的巴黎居住，劇中人物的心情與他自己的處境分不開，他和親友在戰前戰後的經驗催生這些角色，甚至可以說劇中人物與馬賽爾在同一時間、同一地點一起活著。

《無底洞》角色心境分析

第一場戲

大嫂愛蒂特與弟媳婦喬這對姒娌都在編織毛線，比手上的結更複雜的，是彼此心中的糾結。

愛蒂特與小叔毛利斯的關係透過數年頻繁通信加深，毛利斯擔心病弱的妻子喬憂慮自己安危，很多事只告訴大嫂，而愛蒂特的丈夫羅柏在俘虜營中待了四年，對小弟與妻子心意相通的情況全然無知。身為大嫂的愛蒂特竟然比喬更知道小叔毛利斯的情況，那是連羅柏也感到陌生的弟弟。

喬的嬰兒已經夭折，劇烈的痛苦使她感覺麻痺，開始幻想毛

利斯跟大哥一樣被關在某個監獄裡,在等待丈夫返家期間她打算去照顧戰爭遺孤。喬一方面認為生還的羅柏很清楚哪裡還有未獲釋的俘虜卻不告訴她,是向她說謊,一方面認為大嫂不支持自己有關毛利斯在坐牢的推測,批評愛蒂特對毛利斯生還從未抱持過希望,使她感到辛酸,她希望大嫂和她一起等待毛利斯回家。喬不知道愛蒂特已從毛利斯的隊友那裡得知小叔已陣亡,並且愛蒂特還不敢告訴喬這個秘密。羅柏對愛蒂特向喬隱瞞小弟死訊的行為感到訝異,因為這對喬而言並非最好的作法,羅柏已對毛利斯生還不抱任何希望,他認為「失蹤」代表的「不確定性」終究只是帶來折磨而已。

與喬同樣處在困惑與混亂狀態的愛蒂特,滿腦子想的卻是毛利斯死後比生前還深刻的留在自己身邊,她焦急地寫信去問小叔的摯友塞神父:毛利斯生前是否表態愛過自己,並等待回音。

戰前的羅柏已對戰爭爆發有預感,並表現出焦慮與悲觀。但他不能預知小弟毛利斯的死亡,以及妻子對毛利斯雖死猶在的特殊感受,那是這對夫妻無法跨越的鴻溝。戰禍衝擊羅柏的身心,返家後身邊的人只發現他外形變瘦了,雖然妻子察覺羅柏變得易怒、無法控制情緒,或是不發一言,卻不願向喬透露這個事實,因為戰前喬已不理解也不信任羅柏,恐怕引起更多對毛利斯情況的猜測。連愛蒂特也不理解羅柏內心發生的變化。羅柏發現自己和家人對彼此內在的認識有太多落差。

第二場戲

愛蒂特的朋友莉絲、方欣來訪,向姒娌二人打聽羅柏和毛利

斯的近況。

　　幾天前愛蒂特已給莉絲打電話告知羅柏活著回來了，但不能滿足兩位軍眷想聽新鮮事的渴望。莉絲、方欣迫不及待要來「增廣見聞」，她們想親耳聽聽羅柏這個待在敵營四年的俘虜怎樣提供「第一手報導」。由於莉絲、方欣兩位「包打聽」各自得到的消息都與對方立場相反，她們需要羅柏的言談證明自己從丈夫在部隊聽來的情報才是正確的。直到兩人上門前，羅柏都未告訴愛蒂特四年牢獄生涯的情況，夫妻找不到話題可說，頂多提到1918年十一月十一日法國太急著簽署康邊停戰協議而已。健忘的莉絲早就知道毛利斯失蹤，卻又不經心的問起喬「妳的先生在哪裡」，方欣又加問一句「他回來了嗎」，喬只模糊答道「他在俘虜營」，猜測毛利斯跟羅柏一樣成為俘虜的想法，使喬心裡比較好受，兩位太太卻不知道自己問了不該問的事情。

第三場戲

　　羅柏出來接待客人，也問候莉絲與方欣的丈夫。

　　方欣的丈夫活著並且待在精銳部隊享受戰勝的光榮，使她得意洋洋，她不加收斂的愉快與喬思念毛利斯的痛苦形成強烈對比。喬只感覺消逝的一切人事物都是戰爭造成的破壞，即使百般不願意，她夭折的嬰兒和失蹤的丈夫都讓死神無情掠奪。莉絲見狀趕緊安慰喬，說毛利斯不會太晚獲釋，但她還是沒想起來毛利斯已經失蹤將近一年的事實。愛蒂特為了打圓場，故意表現熱絡活潑，附和莉絲所說「毛利斯正等待回國」，明明在第一場戲中她對喬把丈夫想成俘虜的念頭保持沉默，使喬因不受大嫂支持而

感到辛酸。

　　此刻喬趁機向羅柏打聽毛利斯的情況。莉絲、方欣是外人，只看出羅柏面孔消瘦，未察覺他對訪客和戰場的話題感到不耐煩；而羅柏的九歲女兒蘇珊在隔壁房間把貝多芬奏鳴曲彈得零零落落、魔音傳腦，也只有妻子愛蒂特發現他開始無法控制情緒。但莉絲、方欣卻正要打開話匣子，問羅柏被囚禁的感受、在戰場的經歷等等。喬以為羅柏生還就能從此與家人開心度日，羅柏卻回答：在他想像中重獲自由的興奮程度，遠比他到家後親身經驗到的還多得多，因為在監獄裡對獲釋後會有的喜悅指望太高，人被關久了感情就麻木了；反而戰場上的一切影像、聲音、血腥味與屍體腐敗的惡臭、倖存的殘破身軀都會保存在腦海裡，延續在日常生活中，並不因返家就消失。

　　愛蒂特卻把羅柏的異常解讀為：丈夫因為想到能回家，期盼過度、血氣上湧導致心跳過快，傷了身體；加之長期受損的胃無法吸收營養，常令他疲憊不堪。眾人都沒有意識到羅柏有創傷後遺症，還要追問更多細節。當羅柏說出自己的經驗，如德軍並未虐待俘虜，還使囚犯飽餐，並且審訊手法德國與法國同樣兇殘時，真實性卻受到質疑，不為在場眾人理解。甚至羅柏批評法國的報紙比德國的報紙更使他懷疑、祖國報章宣傳不能盡信、法軍向人民掩蓋的醜聞同時也是德軍的捷報等等。方欣忍不住指責羅柏思想被德國人下了毒。

　　羅柏在戰場被俘虜，所以知道法軍吃下敗仗乃因錯誤的戰術使然，但莉絲與方欣的消息來源都是丈夫和報紙等「事後諸葛」，她們高談闊論：法軍怕死傷人數太多、沒有足夠勇氣徹底犧牲、要一次與敵軍做個了斷等等；這些不必到前線犧牲性命的

太太們，僅靠道聽塗說就對戰術品頭論足，使羅柏認為她們活得相當可悲。兩位太太並不知道：法軍將領的戰術有時只是要下屬白白送死而已，有些士兵察覺戰術無效而拒不服從，甚至直接被上級以叛國罪槍決。法國子弟不是死於敵人槍下，而是被控不愛國，死於祖國之手。[3]

兩位高級軍官的太太仍不相信這位身歷險境的當事人的說法。羅柏已經對膚淺的兩人感到煩躁與不耐，但莉絲、方欣卻毫無所覺，方欣甚至調侃許多女人很能忍受戰爭，因為她們在丈夫或情人休假回來時，會將自己打扮得很有魅力。羅柏則難以想像從恐怖的前線返家，短短八天休假究竟有何感覺，畢竟收假後自己很可能成為下一具屍體。[4]

喬問逃過一劫的羅柏戰場記憶的問題，問他寫不寫日記，保存這些戰禍中消逝掉的人事物，好讓別人知道這些悲慘心情？她認為死者已不再能發言，倖存者則會忘掉一切痛苦重新開始過日子。但羅柏當然不會寫，以免每次回憶時都要再經歷一次創傷。喬在失望中痛哭離開。如果羅柏被囚四年有獄中日記，喬或許可以藉此與幻想中的俘虜丈夫同在，繼續癡癡地等待毛利斯回家。喬不知道毛利斯在前線給大嫂寫的信比寫給自己的還多，知道的話恐怕忍無可忍，因為毛利斯是「她的」丈夫；愛蒂特也因這點，向神父批評弟媳婦對小叔有的只是一種佔有性的愛。

3　編註：當士兵生命陷於危機，卻還以為自己在為國家衝鋒陷陣；然而當整個系統為了自身運作，可以全面排除與背叛這些士兵。關於法國士兵在戰爭中進退維谷的處境，以及戰爭體制的荒謬，讀者可參考史丹利・庫柏力克（Stanley Kubrick）的電影《光榮之路》（*Paths of Glory*），該片在法國長期遭到禁播。

4　編註：電影《未婚妻的漫長等待》（*Un long dimanche de fiançailles*）對這種休假的荒謬性有生動的描述，讀者亦可參考。

　　當時法軍上級唯恐士氣遭打擊，軍中慣例是報喜不報憂，士兵叛變的消息更是嚴加封鎖，以免震動後方。成為敵營俘虜則片紙隻字都遭查禁，以免洩漏敵情。羅柏無論在祖國或敵國都不能說真心話，何況留下文字紀錄。這是喬所不知情的。

　　羅柏的情緒變化愛蒂特都看在眼裡，連九歲的女兒蘇珊彈的不協調的貝多芬都成為欲哭無淚的噪音。從未去過前線的婦女們不明白：戰場上的槍炮地雷毒氣……即使沒有殺死本人，爆炸產生的巨大震波、高分貝巨響的衝擊也能使士兵身心受創。

　　由於法國始終對 1870 年普法戰爭後德國奪走亞爾薩斯和洛林的恥辱充滿怨恨，因此想透過 1914 年的大戰收回兩地雪恥並復仇。法德兩國不只在 1870 年結下樑子，雙方過節也牽動兩次大戰的發生。法軍制訂「第十七號計畫」要搶回亞爾薩斯和洛林，在其中一役取得小勝後，法軍舉辦慶祝遊行並拍攝宣傳片，刻意放大亞爾薩斯人熱愛法國的印象，不過數天法軍就被德軍反攻驅逐，當地居民再受德軍戕害。婦女們從法國政府的各種宣傳品看到的只是勝利的表象，卻不知道前線的家人在法軍將領戰術失敗時只能慘無人道地受到屠戮而已。這就是抽象文字和具體經驗的對立。

　　抽象與具體更殘酷的對立，僅以毛利斯參與過的凡爾登戰役為例，1916 年德軍決定打下凡爾登以通往巴黎，僅二月二十一日數小時內德軍就以一百萬顆炮彈轟炸法軍陣地，加上火焰噴射器與致命毒氣等攻擊。法軍總司令霞飛（Joseph Jacques Césaire Joffre, 1852-1931）任命貝當（Henri Philippe Pétain, 1856-1951）為指揮官，採取防禦策略繼續挖掘壕溝並死守陣地，阻止德軍前進，使戰場一變為屠宰場。羅柏的二弟古斯就在霞飛手下奔波，

毛利斯則在貝當手下進行壕溝戰。

　　交戰雙方為活命而挖掘壕溝自保，分為三條線：第一線壕溝承受敵我彼此的炮擊和爆裂，每當進攻的哨音響起就必須爬出壕溝，闖入猛燒的炮火之中。毒氣彈製造的濃霧使人死亡、失明或內臟灼傷；法軍的防毒面具技術落後德軍，沒有保護效果。一張張俊美的法國臉孔被大量噴射的榴霰彈或是打爆腦袋或是終生毀容，倖存者頭顱與面骨的缺損慘不忍睹，醫師不但對肉身的傷口束手無策，還有各種精神傷害的後遺症如恐懼、顫抖、癱瘓等症狀無法緩解。可想而知這些人即使返家也很難受到歡迎與理解，失去的青春與愛情更無法補償。羅柏正是一個有著這樣後遺症的倖存者，毛利斯則已死在戰場上，連屍體都沒能找到。羅柏在歐蒙戰場初見兩軍交戰之慘酷，曾動過當逃兵的念頭，在第五場戲中他向妻子坦言自己的一些隊友已脫逃，而他和其他人沒辦法離開，遂成為戰俘。在凡爾登戰役中被德軍俘虜的法軍有四十多萬，當中不乏暗中慶幸能夠遠離壕溝地獄之人。少有法國人能像戴高樂（1890-1970）那樣在戰俘營中不斷嘗試越獄。羅柏因成為俘虜，緩解了他在戰場精神崩潰的速度。1917年參與戰爭的各國都有士兵叛變，因為早已厭倦無意義的白白送死，在俄國與德國陸續爆發的革命更影響戰局。

　　由於凡爾登戰役死亡人數太多導致兵力不足，僅僅是戰馬一天就要損失七千匹，軍方建立輪調制度，迫使法國各軍團都進入「凡爾登絞肉機」。馬賽爾寫於《無底洞》之前一年的劇本《一個正直者》就透過士兵賓納與平民雷蒙的對話，思考「人」在無意義的殘酷殺戮中面臨的種種問題。賓納與雷蒙對叛國與忠貞的爭論引導馬賽爾思索、深掘：何為「忠信」。

　　1916 年四月凡爾登因大雨成為沼澤，炮彈炸出的坑洞大量積水，壕溝中滿是泥流寸步難行；法軍在勉強向前推進一小段防線後，為宣傳愛國的不屈不撓形象，攝影師拍下士兵搭建有刺鐵絲網的身影，未入鏡的卻是德軍天黑時剪斷鐵絲網逆襲殺死法軍的事實。1917 年夏天對德軍的進攻也在大雨中失利，躲在彈坑中的傷兵因水位高漲活活被淹死，倖存者要在屍體中爬行以免被德軍射殺。羅柏在獄中閱讀德文報紙，從而得知英法兩軍因高層錯誤決策醜態百出；預計數小時內攻下的德軍防區費時三個月才成功佔領，士兵徒然喪亡——這是無數曾愛過也被愛著的生命。但莉絲、方欣、愛蒂特、喬等女眷只接收得到政府的正面宣傳，認為羅柏被德軍洗腦。這也是抽象與具體之間的落差。

　　在雙方炮火攻擊的間歇期，士兵在潮濕的壕溝中除了等待還是等待，累了去睡覺，或是寫信、玩牌，每天忍受不洗澡不換衣服的惡臭，天黑就遭老鼠和跳蚤攻擊。惡劣衛生條件下的污穢，造成嚴重腹瀉。擁擠在坑道中的人們不能隨意離開，但士兵需要吃、喝、拉、撒、睡；曾有人急於大小便爬出戰壕，卻遭到射殺，隊友連前往收屍都不可能。剩下的人記取教訓不敢輕舉妄動，屎尿就放在背包裡。曠日費時的凡爾登持久戰期間甚至要用手承接屎尿，睡覺的地方則充斥痢疾導致腹瀉的穢物。壕溝內沒有水，渴了就喝自己的尿。或是把軍方提供的廉價劣質酒當水喝，藉此麻痺恐懼死亡的感受，此外再加上軍中神父提供的宗教慰藉，以便在進攻前打起精神。毛利斯和隨營司鐸塞神父之所以能成為摯友，就是因為打仗三年多他還僥倖未死，兩人有「時間」慢慢交往。

　　士兵在第一線駐守一週後才由第二線的支援部隊前來換防。

傷兵則由炮擊生還者從狹窄通道運往第三線的預備處，在此第一線的軍人可以盥洗和休息，重新體驗自己是人，暫時忘記那種彼此相殘的動物性殺戮。當時歐洲的階級制度使權貴不必進壕溝，而由農民、工人等為將領們送死。當士兵沒收德軍戰俘的信，才發現對方跟自己一樣絕望，開始認為戰爭是愚蠢的事，被迫上陣的德軍跟被迫上陣的法軍一樣是受苦的可憐人。

　　坑洞中的日子並不好受，1914 年就開始的戰爭，持續到 1916 年仍陷入膠著，後方的法國人根本無法想像士兵在壕溝中的生活，因此第五場戲中羅柏告訴妻子自己「在壕溝裡那群可憐的傢伙旁邊」並沒有受那麼多的苦。不但溝裡有很多咬人使人不得安眠的大老鼠，連食物和武器都被吃光、啃壞，人在溝裡活得比老鼠還像老鼠。法軍裡有人已想離開壕溝當逃兵，繼續待在坑裡只有兩個原因：前進會被德軍射殺，後退則會被上級視為臨陣脫逃槍斃。當時軍方為確保士兵執行進攻計劃而設立督戰隊，只要發現士兵怯戰就加以處決。

　　敵對雙方互相攻擊卻也難有進展，於是前線繼續僵持，後方則努力運用人類特有的智能，研發怎樣能使對方死得更多更快的武器。兵工廠和資本家大發戰爭財，遙遠的美國在參戰前也向歐洲出口戰爭用品而獲利。1915 年十二月，法、英、比、俄、義在巴黎附近的香堤伊（Chantilly）開會，決定英法兩軍從索姆河攻擊德軍，卻被德軍搶先進攻凡爾登，在第七場戲中古斯告訴大家他記得某些將領們有關作戰會議的通話，感到龐大壓力，就是因為法軍誤判凡爾登情勢，減少駐防人數，卻沒料到德軍近在眼前。1916 年的索姆河戰役礙於當時的通訊效率，無論前線形勢如何變動，傳到指揮部的消息都已過時；同樣，無論指揮部發出

什麼指令，傳回前線時也不再適應當下的戰局了。索姆河戰役之目的是減輕法軍在凡爾登的壓力並削弱德軍，無論索姆河或凡爾登都是血腥、慘烈、恐怖的消耗戰，交戰雙方超過百萬人傷亡，而如此龐大的犧牲也沒能突破德軍防線。毛利斯即參與過兩地戰鬥並倖存下來，對於命運的眷顧感到慶幸之外，也對生命更加敬畏。來自英國殖民地的澳洲、加拿大、印度、紐西蘭、南非、辛巴威等地士兵，以及法國在西非殖民地如塞內加爾的士兵，都是默默無名的年輕生命。特別是從非洲出發者，經過艱辛的長途旅程，一抵法國就被送上戰場，不但從未打過仗，也對現代工業化戰爭的殘酷殺戮始料未及。他們被拋擲進去，旋即被世人遺忘。毛利斯終究是特例，許多人不覺得自己生還是幸運的事，因為無意義的戰爭還要繼續打下去。1917 年交戰國雙方的男丁不是死了就是滯留在壕溝裡，後方的老人無法工作，只好由婦女們和傷殘的退役士兵頂替兵工廠缺乏的勞動力。

第四場戲

第四場戲開始時，喬已不在客廳，喬離開前流的眼淚使莉絲終於想起毛利斯是失蹤狀態而非等待歸家的俘虜。

莉絲繼續向愛蒂特追問毛利斯的下落，早已知道毛利斯死訊的愛蒂特表現得侷促不安，只說毛利斯坐牢的想法是弟媳婦一廂情願。莉絲以為喬還有一個嬰兒，撫養遺孤多少可以得到慰藉，但愛蒂特說喬的孩子已經夭折。兩位太太打聽完需要的情報就告辭了，她們的來訪看似體貼，其實漫不經心的談話已給羅柏和喬帶來折磨。

第五場戲

兩位婦女滿足求知慾後離開，羅柏、愛蒂特小倆口相處，但無任何親密感可言，羅柏在煩躁中說了更多真心話：訪客與女兒的琴聲都是令人厭煩的干擾，即使只有半小時他也度日如年，內心安寧求之不可得，弟媳婦認為丈夫是俘虜的想法自欺欺人。

羅柏對小弟生還不抱希望：妻子在信中已說小叔被列入失蹤名單，加上毛利斯同隊傷兵的證言，他質疑愛蒂特為何不對喬實話實說？沒有人知道愛蒂特對毛利斯有特殊情感，只有塞神父為此不倫之戀感到害怕。愛蒂特參加尋找失蹤軍人的工作使羅柏感覺古怪，妻子既不在家照顧三個小孩，亦不選擇縫紉廠或診所的工作，是否對失蹤家屬的悲慟有特別喜好（說難聽點就是幸災樂禍）。愛蒂特被丈夫誤解而難受不安，當她得知丈夫寧可自己單獨去看病而不願妻子陪同時，更覺傷心。她無法理解自己的關切造成羅柏更多的壓力。馬賽爾在另一劇本中說過：妻子希望丈夫的驚悸能被醫生治好，可以像人們拭去礦工身上的污穢和煤屑一樣容易，是想得太簡單了。此劇沒有明示羅柏患有創傷後遺症，但他有不少情緒變化上的徵狀已出現。

羅柏從醫生處第一次聽說自己的孩子有嚴重的腸炎，他感到又被妻子蒙在鼓裡，愛蒂特卻認為隱瞞孩子病情不增添丈夫的焦慮才是對的。羅柏在戰後變得易怒，愛蒂特認為這是在俘虜營中受苦的關係，羅柏卻說自己和身處壕溝的部隊相較並沒有受那麼多苦，他只是個第一次在戰場看到兩軍駁火的微不足道的軍人而已。愛蒂特和大多數平民一樣，認為法軍受苦是為了祖國犧牲，但其實士兵中有不少人想要叛逃，並且不乏成功者。羅柏坦承自

己也有此念頭，不想送死的他在祖國軍營或敵軍監獄都只是一個不自由的俘虜而已，但後方的婦女們不可能懂這種心情。

戰時逃兵的下場是被祖國槍決，這些被宣判膽怯畏戰的軍人可能身心原就已遭受重創，然而創傷後遺症只會被當作懦夫的藉口。叛兵被處刑後家屬也領不到軍方的補助金，只能等待家破人亡。執行槍決的士兵更可能是被迫射殺自己同隊的戰友，自己人殺自己人的後果就是劊子手也精神崩潰。

羅柏離開德國戰俘營，在一戰中立國丹麥的哥本哈根等待返鄉，當時丹麥也有許多德軍逃兵。羅柏戰前已有的悲觀，戰爭期間在死亡的強迫性恐懼下被激強化，無怪乎他對小弟生還不抱任何希望，而妻子更無法理解羅柏不想參戰卻被迫捲入國際鬥爭的心境。叛逃的德軍和叛逃的法軍心情都一樣：戰爭中非正常死亡的下場是不分敵我的，不消滅敵國（而為此送死），自己就成了祖國的敵人（而被槍決）。

1916 年法國經歷凡爾登與索姆河兩場傷亡慘重的戰役後，尼維爾（Robert Georges Nivelle, 1856-1924）取代霞飛成為法軍總司令。儘管他在凡爾登戰役中被指控強行進攻德軍防線造成法軍大量傷亡，卻無意改變作風，1917 年發動尼維爾攻勢（Nivelle Offensive），認為法軍可在四十八小時內獲勝，傷亡控制在一萬人左右，但兩項預估都錯誤，士兵無謂犧牲，英法兩國付出了數十萬人命的代價才換來佔領德軍一小塊陣地。軍隊意識到：與敵軍交戰前自己就被判了死刑，聽命前進無異死路一條。1917 年春天，尼維爾攻勢的主要戰場貴婦小徑（Le Chemin des Dames）之戰悲慘地失敗後，數以千計的法國軍人拒絕前往戰場投入自殺式襲擊。該戰法軍死亡十八萬七千人，德軍死亡

十六萬三千人，陣亡者包括從法國殖民地塞內加爾調來的非洲士兵。

如同監獄的壕溝，即使抽菸也很難抵消大量腐屍的惡臭，士兵們無法忘記一起參軍的親友死在克拉奧訥村的悽慘樣貌，一首充滿反戰情緒且質疑軍方高層指揮能力的歌曲《克拉奧訥之歌》（La Chanson de Craonne）開始哀傷地傳唱，人人都是被將領推出去待宰的羔羊，日復一日徒勞的進攻，大量傷亡有增無已，戰爭卻看不到盡頭。

開戰以來的種種壓力——休假申請被長期擱置無法回家、後勤部門貪污軍費導致前線無法獲得補給品、令人筋疲力竭卻無助於作戰的演習——使瀕臨精神崩潰邊緣的士兵瞬間暴動；他們只要和平不要戰爭，開始出現個別逃兵或集體失蹤或槍殺上級的案例，法國軍方逮捕不服從者加以處決，在此兵變危局中改由貝當取代草菅人命的尼維爾擔任領導，以避免法軍在接下來的進攻不堪一擊，甚至崩潰。貝當暫停無效自殺式攻擊後，著手鎮壓反叛者，以終止兵變，並開始改善軍隊飲食品質及相關待遇。數千名叛兵的處罰包括長期監禁與死刑。士兵向家人報告近況只要被視為抗議或厭戰，不但信件會被攔截沒收，甚至要遭軍法審判；然而後方婦女們不知道戰場實況，始終相信軍方高層的正面宣傳，因此《無底洞》第三場戲中羅柏說女眷們「才是最值得同情的」一群，因為她們完全被蒙在鼓裡，男人們只能認命，繼續看不到盡頭的漫長戰爭。

馬賽爾有位深信和平主義的同學在 1917 年春天被牽連入叛變事件中，這位獻身哲學的友人鼓勵叛變，導致許多士兵被槍決，馬賽爾因此悲劇性的矛盾思索了長達一年，反省的結果就是

寫於 1918 年四至五月的劇本《一個正直者》，隔年春天他又寫出《無底洞》。

羅柏向四位婦女指出法軍高層錯誤的精密預測，被懷疑是在俘虜營被德軍洗腦，才說謊詆譭法國。莉絲與方欣以為法軍沒有足夠的勇氣做出徹底犧牲、質疑為何不一次解決敵人；莉絲甚至說「在戰爭中，人道主義的成本太貴」。羅柏因婦女們的無知和愚蠢不發一言，畢竟多說無益。各國將領好大喜功，為爭權奪利而漫無目的地以犧牲士兵性命為攻城掠地的代價，此中真相婦女們不可能知道，假使有人膽敢說出真相，就會視同叛國而遭到槍決。

1917 年軍隊因厭戰而發生叛變的情形不只發生在法國，春天時俄國爆發革命推翻沙皇，法國有所忌憚，對不願作戰者加以處罰。當美國遠征軍在德軍潛水艇威脅下橫渡大西洋參戰後，美籍非洲裔士兵就接替傷亡慘重的法軍作戰，[5] 而法國有些女子則以美國大兵為結婚對象。

第六場戲

羅柏、愛蒂特夫妻與母親共進早餐，本該是溫馨愉快的劫後餘生同歡，卻又因為毛利斯的失蹤引發母子之間的衝突。

羅柏的二弟古斯第一次出現在舞台上，母親看到喬傷心的模

5　美國遠征軍總司令潘興（John J. Pershing, 1860-1948）堅持美軍獨立作戰，不併入英法兩軍，卻將美籍非洲裔士兵交由法軍指揮。由於美國實施種族隔離政策，非洲裔士兵原本在軍中擔任非戰鬥職務，但與法軍共同作戰之後，其英勇的表現受到法國人的敬重，袍澤情誼反而使非洲裔士兵感到驚訝。

樣受到驚嚇，懷疑羅柏對自己隱瞞了什麼壞消息。羅柏再次向母親表達家人不應活在毛利斯還生還的幻想中。羅母也相信毛利斯還在某處當俘虜的說法，羅柏才發現愛蒂特沒有告訴婆婆毛利斯隊友傳達的實情，責備妻子讓母親保持希望是沒有意義的事。羅母感到傷心，說羅柏沒有人性，開始向大兒子叨念小兒子的種種好處：當羅柏被俘囚禁，小弟為他打抱不平一至哭泣的程度。毛利斯認為大哥坐牢失去自由的處境是自己無法忍受的，衷心以為大哥比自己勇敢，並害怕羅柏不能生還。羅母不能接受羅柏所說德軍與法軍的審訊過程同樣殘暴的事實——德國就是傷害毛利斯、害他失蹤的罪魁禍首，而羅柏的發言聽來像是偏袒德軍，使她氣急敗壞。她指控羅柏維護敵人，令他覺得納悶。羅母怨恨已深，對大兒子的真實經歷置若罔聞，羅柏儼然是個不愛國不愛家不愛兄弟的人。

三兄弟都從軍，但命運大不同。母親非常擔憂三個兒子的安危，特別小兒子在戰場上失蹤後，更對德國人深痛惡絕，以致關於德軍的任何平衡報導都會引起她的憤怒，在她眼中，德軍是不折不扣的殺人魔；他們除了是殺死愛子的劊子手以外，什麼也不是。但她忘了自己的兒子也在戰場上殺人不眨眼，兒子軍服上披掛的勳章，也是殺死德國母親的愛子換來的。

愛蒂特出來打圓場，請羅母去看三個寶貝孫子轉移注意力，對羅母而言，德軍和大兒子羅柏都是帶給自己內心重創的人。但羅柏何嘗不覺得家人聯合起來孤立他？

第七場戲

母親離開後，羅柏與古斯兩兄弟談起各自在軍中所負任務的艱苦。

古斯在國防部擔任總司令部的傳令兵，當時法軍總司令是霞飛。1914 年，德軍執行速戰速決的「施利芬一小毛奇計劃」，攻入法軍防備薄弱的邊境；九月，霞飛領導法軍在馬恩河一役成功阻止德軍，保衛巴黎，但此戰亦導致西線長達四年的持久壕溝戰。

古斯必須隨時收發軍情最新動態以供將領沙盤推演，局勢的一得一失都造成他莫大壓力，因為貽誤軍機是要被槍斃的，這被上級處死的壓力竟使他羨慕起壕溝戰的部隊生活。成為俘虜的羅柏還以為二弟的任務很輕鬆，兄弟倆都不能理解對方作戰時的恐懼與憂慮。

羅柏不明白為何母親對德軍有那麼深的敵意，古斯解釋：第一個理由是巴黎國防部成為德軍首要轟擊目標，被德軍架設大炮對準，而她的二兒子在此服役，每次施放警報羅母就焦慮愛子安危。第二個理由就是小兒子的失蹤，這也是德軍造成的惡果。古斯認為大哥講話前並未顧及母親的感受。羅柏只注意到大女兒走音的貝多芬協奏曲又開始刺激自己的情緒，並嘲諷法國人看似愉快的戰後復原。古斯以說教的口吻回道：生命應該重上軌道，這不阻礙法國人繼續思考和受苦。他不知道羅柏已經高度敏感到無法思考和受苦了。

愛蒂特把羅母送到孩子房間後回來，那是老太太和孫子們共處得到療癒的時刻，本來這種療癒也屬於羅柏和他的三個孩子。

大家能聽到羅母大聲數著節拍，耐心陪伴蘇珊練琴，但羅柏耳中只接收得到噪音而已，心靈受創的他比女兒更像個小孩子，更需要家人的耐心陪伴。

古斯說羅柏有教育工作要做，因為大哥是從德國回來的俘虜。留在巴黎的人經過一段充滿焦慮的日子，古斯說自己已不再認識自己。但羅柏未察覺話中深義，很輕率的說出「我很認識你」這樣的話。事實上羅柏也不再認識自己了。

古斯解釋自己為何極度焦慮，他在國防部負責隨時傳送最新軍事情報給總司令，而此地被德軍大砲集中火力進攻。古斯任重而道遠，必須自我要求，確保軍事首腦根據戰況即時做出有利的軍事判斷；每當戰況吃緊或落敗時，他恐怕自己無法使命必達，一但失誤就會影響大局。1918 年三月二十一日德軍的大砲持續攻擊巴黎塞納河碼頭（Quai de la Seine）十五分鐘，法軍以為是齊柏林飛船進攻，但巴黎上空並無飛船出現，於是猜測德軍可能藏匿在附近，卻又不見蹤影。古斯在此時狂奔於聖日爾曼大道，就是誤以為德軍突破防線，必須向總司令部緊急傳送情報。即使只是個傳令兵也要背負沉重責任和高度壓力。他甚至嫉妒戰壕中的士兵，因為只要固守防區就好，不像巴黎是法國的心臟，時時都處於驚恐緊張之中。三月二十九日德軍瞄準巴黎的大炮（德皇威廉二世的秘密武器巴黎炮〔Paris-Geschütz〕）擊中聖傑維聖波蝶教堂（St-Gervais-et-St-Protais），造成嚴重死傷，並成功威嚇法國軍民。羅柏的母親憂慮古斯的安危，留在巴黎沒有前往外地避難，空襲警報使她嚴重精神緊張。此外古斯也知道東線的俄羅斯在 1917 年列寧發動的十月革命後退出戰爭，沙皇尼古拉二世遭共產黨軟禁。德軍集結所有兵力往西線要擊潰英、法、比利

時聯軍，對古斯而言，知道每一次要佈署的兵員，都意味著接下來要死傷的人數，並且法國已無多餘戰力可供消耗。1918 年法國福煦將軍（Ferdinand Foch, 1851-1929）要求美國潘興將軍把兵力投入戰場，但潘興不想讓美軍在壕溝戰中白白犧牲，因此讓美國、法國、加拿大的飛行員以戰術在空中與德軍纏鬥，當時他們要面對德軍的王牌飛行員，也是擊落最多敵機的「紅男爵」里希特霍芬（Manfred Albrecht Freiherr von Richthofen, 1892-1918），直到四月二十一日里希特霍芬在法國上空被地面部隊擊落陣亡。這位德國飛行員贏得敵手的尊敬，安葬於法國，享年二十六歲。此事也使德軍士氣深受打擊，戰場上開始蔓延西班牙流感（Spanish flu），青壯年由於免疫力最強，反而引起強烈免疫反應而死亡，導致各國軍隊無力作戰。流感期間馬賽爾正在寫劇本《一個正直者》，反省他的友人因提倡和平主義而導致法軍叛變及高層鎮壓的悲劇。五月正是毛利斯在戰場上失蹤的關鍵時刻，他可能逃不過流感的侵襲。十一月十一日簽署了康邊停戰協定。如果早一點停戰，許多人可能生還。

　　以上都是在俘虜營中藉德文報紙獲悉時局的羅柏所無法想像的危急，他早已遠離前線了。古斯並不知道羅柏見識過壕溝戰的恐怖，也因此羅柏自認受俘的他已經比戰死壕溝的那些士兵少受很多苦。羅柏沒有說出來的是壕溝戰後的倖存者可能面臨毀容截肢的慘況。在傷癒後這批沒有臉、沒有手、沒有腳的人們，還要進入兵工廠，與婦女們合作趕製各式殺人武器，在「愛國」的名義下苟延殘喘。

　　毛利斯失蹤前三個星期，也是最後一次休假所拍的照片，羅柏竟然認不出來：戰前活潑可愛瘦小的弟弟，逃避與人直視，還

有些憂鬱；照片上的人卻變成了眼神堅定的戰士，生氣勃勃，煥發喜悅的光彩。反觀自己，則是個曾有過逃兵念頭的蹩腳軍人。

妻子與二弟在羅柏面前描述毛利斯：愛蒂特沉重表示毛利斯在部隊裡一直很高興，這沉重來自於她對小叔心態的掌握多於家中任何人，毛利斯知道自己隨時有可能死亡，所以全力以赴，在家庭或戰場都盡心盡力。古斯則稱讚小弟的部隊有傑出的夥伴和優秀的指揮官。

愛蒂特指出：經歷凡爾登和索姆河兩次殘酷的戰役，毛利斯都倖存下來，他悼念無數陣亡的弟兄，也慶幸自己活了下來。命運的眷顧讓他更加堅定地投入生命。

毛利斯的部隊驍勇善戰，使他立軍功、得勳章、獲光榮；關於他的一切，羅柏成了什麼都不知道的局外人，因為德國監獄不允許俘虜與外界聯絡。母親和妻子僅僅在幾週內寫信提到「毛利斯很好」、「毛利斯得到勳章」、「毛利斯受了輕傷」，羅柏說這些輕描淡寫的內容不能使自己了解小弟在戰後轉變的生命境況。愛蒂特與古斯向羅柏強調毛利斯活得非常有尊嚴，直到在戰場上失蹤為止。這更刺傷了羅柏的「尊嚴」（他曾想逃亡）。羅柏料想不到小弟有此悲慘結局，因為毛利斯在三兄弟中最不像是個當兵的，體型瘦小的他在精神上已成為巨人，羅柏望塵莫及。

瘦小畏怯的毛利斯為何能夠快樂的從軍？馬賽爾沒有明示，但參考一戰開打時曾因瘦小而被法國陸軍拒絕入伍的某位凡爾登空戰英雄的經驗，飛行員可憑智力與技巧進行戰鬥而不受限於體型，化身為國奉獻的楷模並榮獲勳章。毛利斯被稱為英雄也得過勳章，也許他在大戰中扮演以智取而不以力鬥的角色。毛利斯在軍中還體驗到比手足之間更深刻的袍澤情誼，如在軍中結識日日

相伴的塞神父以及其他人等。

　　羅柏判斷小弟不會給喬以外的人寫太多信，愛蒂特卻乾脆宣布「毛利斯給我寫了很多」，這使羅柏大為驚訝：常在生死關頭的毛利斯，為何給大嫂寫那麼多信，甚至超過寫給妻子喬的？

　　愛蒂特只解釋道，這是小叔委託自己為懷孕的喬做事而已。她沒有告訴丈夫：自己對毛利斯懷有特殊感情。

第八場戲

　　毛利斯在前線得知大哥被德軍俘虜時，由於生死未卜，不是大哥先死於德軍虐囚行為，就是自己先死於壕溝戰中，因此他每次回家，即使只有短短幾天，也都盡心盡力照顧嫂子和姪兒。毛利斯也拜託大嫂照顧自己懷孕的妻子喬，常常寫信與愛蒂特保持聯絡，為怕增加喬和母親的憂慮，很多使人害怕不安的事只向大嫂透露，因為他不敢保證下次休假自己還活著，特別是從凡爾登戰役死裡逃生後。

　　羅柏獲釋回家，因心靈創傷和戰爭壓力，性格大變，他被迫成為一個局外人。當知道小弟給愛蒂特寫很多信，並且妻子從未給自己看時，他質疑為何不能看那些信？信裡寫的如果是戰場見聞或各種負面情緒，羅柏也不感到意外，畢竟毛利斯戰前就給人憂鬱和沒自信的印象，也避免與人目光接觸。

　　愛蒂特不確定是否有權利給羅柏看毛利斯的信，若丈夫堅持非看不可，倒是可以拿出幾封來。羅柏對妻子這種將他排擠在手足交情以外的行為很反感，明明母親說小弟信裡都在關切大哥的事情。此時羅柏仍把毛利斯看成是一個在前線面臨死亡威脅不知

所措的「可憐蟲」，這引起了愛蒂特的不悅。從戰前羅柏就愛作弄小叔、開他玩笑，現在毛利斯已成為亡者，羅柏也未曾表示足夠的敬意。但愛蒂特對毛利斯的掛懷與紀念使丈夫感到困惑，妻子對小叔之死有什麼好放不下的？愛蒂特差一點就要說出心中的秘密：「當我想到他活的那些歲月，並在那個夢魘結束前不久經歷這個恐怖的死亡……。曾經有過的想法……。」這個隱晦的敘述，要等到第十一場戲愛蒂特情緒激動地告訴塞神父什麼是「當我想到他」的意思時，觀眾才能稍稍明白這是叔嫂之間的幽冥相通、無言交往的美妙經驗，但並非神父所誤會的通靈交鬼迷信行為。

羅柏當然不知道妻子內心在想什麼，只感覺她想法太幼稚，他反問她：自己在戰前怎麼可能預見小弟要變成一個英雄，尊敬他，並加以大大的讚揚？

戰前的毛利斯憂鬱、沒自信，對大哥有些膽怯，羅柏叫他「活潑可愛的小夥子」，常嘲諷他，這教大嫂看不下去，二弟古斯也被羅柏視為愚笨透頂，缺乏敏感。

羅柏沒說出口的是毛利斯瘦小好欺負，何況手足相處又不一定要「兄友弟恭」。愛蒂特決定不讓丈夫讀信，因為她無法忍受羅柏對小叔的輕浮，並且戰後的羅柏已經失去自我控制能力，如果他讀信後開始挑剔這個毛病指謫那個錯誤，是對愛蒂特心中有關毛利斯的美妙回憶的褻瀆。因此她說：「你沒有認識毛利斯，真正的毛利斯」，但羅柏反而覺得讀信是一個好好認識小弟戰後心境的機會，畢竟自己在德國當了四年俘虜，對家族的記憶有了斷層，被隔絕在眾人之外。妻子不但拒絕給他看小弟的信件，還教訓說：「你應該首先重獲生命的喜樂」，羅柏何嘗不想找回戰

前那樣平安無事的生活態度？但景物依舊，人事已非。

第九場戲

　　羅柏的母親由於受不了大兒子對德軍的中肯評論，到隔壁房間逗三個孫子玩，與孩子們度過一段美好時光。即使蘇珊彈琴分不清楚音節，在祖母眼中還是很可愛。這本來也是羅柏身為父親理應享受的親情，但蘇珊演奏的貝多芬在他聽來卻是噪音；母親把小孫子路易暱稱「魯魯」也使羅柏動怒，要她改正，使她很不痛快，抗議羅柏是「專制霸王」，會嚇壞小孩子。羅柏只感到母親的做法很無聊、可笑。羅母不死心，仍為私心喜歡的「魯魯」一詞辯護：「有些印象留在人們的心田會比我們所以為的深刻得多。」這是指小孫子被喚作「魯魯」比「路易」更能表達親密感。她沒想到隨口說的這個「留在心田的深刻印象」不經意地指出了羅柏心中的戰爭印象，和愛蒂特心中的毛利斯印象；前者的痛苦使羅柏戰後性格大變，後者則奇妙地讓愛蒂特從此成為另一個人。

　　羅母對兒子與媳婦二人的心結渾然不覺，只想到魯魯後天要過五歲生日，她要以毛利斯之名給小孫子做蛋糕。婆媳回憶起毛利斯多麼疼愛大哥的三個孩子，以至於姪兒們常常講起叔叔。母親對羅柏說：「你無法想像他對孩子們的重要性。每次休假回來，他都全心全意與他們玩在一起，就像他們的父親。」這又一次傷害羅柏的心：自己的小孩愛叔叔比愛爸爸還多！爸爸還活著耶！就在你們眼前！羅母繼續誇讚小兒子有多好：帶孩子去看醫生、去散步……毛利斯認為自己對姪兒有一份責任，並且回家

時始終喜氣洋洋。「快樂」是羅柏無法想像的事,之前他已對莉絲、方欣說過:短短休假八天再回戰場,只是暫時脫離死亡的恐怖而已,根本不可能快樂。他無法了解憂鬱的毛利斯竟能快樂得起來?羅母解釋:毛利斯為家人付出很多,卻並非總是快樂,他在嬰兒去世時,比妻子更傷心難過。喬有病在身,筋疲力盡,對孩子夭折已然麻木。而毛利斯關愛大哥的所有作為裡最讓羅母念念不忘的,就是在嬰兒的名字「安德-方濟」前頭加上「羅柏」,為此還特地從前線發電報叮嚀喬。大哥被關進了俘虜營,這麼做是向羅柏的苦難致敬。毛利斯很期待孩子誕生,還非常希望喬親自餵母乳。這些心意羅柏都不知道。此時,門外出現一位愛蒂特始料未及的訪客,就是毛利斯的摯友、部隊隨營司鐸塞衛雅克神父。神父來信告知,要來探望羅母和羅柏,實則他擔心喬承受不住毛利斯死亡的打擊——喪子之後又失去丈夫,換作是誰都無法振作起來。然而,神父卻未想到愛蒂特對喬隱瞞了死訊。

羅柏夫妻為毛利斯信件而爭論,顯示愛蒂特即使心中有話想講,也不敢說,因為羅柏挑剔別人的本領高強(比如羅母稱讚塞神父為「聖人」,羅柏會當成可笑的事)。化身於字裡行間的亡者毛利斯,比近在眼前的羅柏更貼近愛蒂特的靈魂深處。有誰知道毛利斯失蹤近一年後,他的大嫂究竟捧讀過幾次他的信?又有多少次愛蒂特從這些信裡得到丈夫所不能給的慰藉?這條叔嫂之間不能逾越的倫理界線,在愛蒂特心中並非最優先考慮的項目,以至於她在第十一場戲中膽敢當面追問塞神父:毛利斯死前是否表態愛過她?尋遭神父訓斥是她自作多情的危險思想。

第十場戲

　　神父向羅柏表明自己是毛利斯的摯友，在戰場的三年多兩人天天相處，故毛利斯的失蹤帶給他極深的悲傷。想當然毛利斯家人的痛苦一定更甚於神父，此所以他要親自造訪——他想來安慰他們。

　　愛蒂特從隔壁房間帶三個孩子來問候神父，上次神父到訪已是一年前了，那是毛利斯的最後一次休假。當時路易四歲，塞神父以為孩子太小，應該不記得自己是誰，小路易卻指著神父的十字架，一眼就認出「它就像我叔叔毛利斯的一樣」，使神父非常驚喜。塞神父友善地稱讚耶谷長得像爸爸，蘇珊像媽媽，不想觸怒了羅柏，他與神父不過初次見面，此人卻與他的妻子、三個孩子非常親近。被俘期間他到底錯過多少好戲？妻子甚至表明與神父有秘密要講，不願意丈夫聽到。一次又一次，羅柏感到自己被排擠。

　　關於毛利斯，愛蒂特心中隱藏著不可告人的心事，當神父突然大駕光臨，她難免感到混亂。此前她寫信問神父：毛利斯是否吐露過對自己的愛意？但神父刻意不答。這次神父再出現，她最想知道的是毛利斯死前的心意，但婆婆與丈夫都在場，她不便再追問此事。她不禁說，希望能和神父獨處交談。她的態度被羅母和丈夫察覺，羅母感到不愉快而離開，羅柏也生氣的以帶孩子散步為由走掉，不想蘇珊卻說「比較喜歡留下來和神父在一起」；爸爸嫌棄女兒的鋼琴演奏，不讓她彈琴，孩子怎麼會想跟他去散步呢？羅柏在家人心中的好感不如毛利斯也就算了，連神父的人緣都贏過自己？

愛蒂特滿心都是毛利斯，還隨口對丈夫說「你健步如飛，不要把他們（孩子）弄得太累」，其實羅柏的健康大不如前，稍微過勞就會臉色蒼白。這再次突顯愛蒂特並未細心留意羅柏的變化，念念不忘的反而是：神父是否聽過小叔表態愛自己？如果小叔愛上大嫂是一種罪，虔誠的毛利斯必定會辦告解。塞神父對於愛蒂特這樣的胡思亂想非常反感，因此在第十一場戲中，不得不一再加以訓斥。

第十一場戲

愛蒂特對小叔的特殊感情在本場戲中表露無遺。馬賽爾認為她與塞神父的對話是自己所寫過最有意義的篇幅。

塞神父來訪首先是要關心喬的身心情況，因為愛蒂特寫信告訴神父：毛利斯的隊友在返鄉後告知，他見到了小叔生命的最後階段。神父以為喬也知道毛利斯陣亡的事實，擔心她難以忍受這個重大打擊。但愛蒂特說自己對喬隱瞞此事，是避免毛利斯的死亡使一切變得更複雜。神父以為愛蒂特隱瞞弟媳是擔心她受更多苦，但愛蒂特卻認為，揭露毛利斯的死訊反而能使喬少受點苦，因為愛蒂特特別體驗到毛利斯死後猶在。但這種「小叔與大嫂的關係比夫妻之間更親密」的主觀感受，可能使喬覺得更難堪，更痛苦。

神父於是根據十誡糾正這位信徒的思言行，他被愛蒂特違背倫理的舉止激怒，訓話時牙齒格格作響。神父所理解的愛蒂特，是一個過於悠閒的家庭主婦，在刺繡與縫紉之外也依靠幻想度日；特別在戰爭期間，總要找點事打發苦悶，而亂世中最奢侈的

就是愛情了。身為大嫂，一直追問小叔是否愛過自己，對神父而言毋寧是褻瀆摯友、糟蹋英雄毛利斯在自己心中神聖回憶的錯誤思想。神父告誡愛蒂特最好學會不要胡思亂想那些可怕的不倫之戀，因為太自由、太蹦跳的思想總有危險。他規勸她要勤行神業，對宗教事務要更熱心一些。

愛蒂特卻低聲抱怨自己正在為毛利斯受苦，而神父說的祈禱、守齋、刻苦等等反而會阻礙自己思考，這使塞神父以為愛蒂特批評宗教修行是機械化的順從和遵守紀律而已，神父仍堅持即使是機械式的禱告（如不斷重複的玫瑰經）也有其價值，他強調自己花很多時間去理解愛蒂特所說，關於她和毛利斯親密結合的情況。神父認為祈禱是使人記得自己有靈魂的唯一方法，順從私慾偏情（concupiscence）而活則與禽獸無異。毛利斯的虔誠在於努力戰勝自己的私慾偏情，這可能是比德軍更可怕的敵人。他面對隨時可能死亡的威脅，必然會在下一次進攻前向神父妥善辦好告解，加上戰場三年多的朝夕共處，塞神父必定相當清楚，毛利斯是最能體會愛蒂特僵化疲憊主婦日常的人：孩子不乖、大聲啼哭不止……。可憐的是毛利斯連自己嬰兒的哭聲都沒能聽見，孩子就夭折了。大嫂對於日復一日帶小孩所感到的枯燥乏力，卻是毛利斯這種衝鋒陷陣的小卒所渴望的最大幸福。

對於神父的指責，愛蒂特只能以悲哀的微笑回應那「恨鐵不成鋼」的怒氣。但她不死心，一定要神父回答自己在二個月前寫信提出的問題。神父表態拒絕回答，因為愛蒂特假定毛利斯把心事都告訴神父，並且神父將一五一十地轉告她。愛蒂特卻說神父剝奪她「了解毛利斯在生命最後幾個星期中可能在想些什麼」的權利。這話若由喬來說，一點都不奇怪，因為她是毛利斯的太

太，並且從未放棄尋找他，等待他回家。而愛蒂特卻把毛利斯隊
友傳達的實情按下，對喬秘而不宣，如今還說自己對小叔的特
殊感情「是在受苦」，甚至到了「沒有受苦時，情況更糟」的程
度。

塞神父對於這位信徒無可奈何，只能指出愛蒂特內心的這種
感情是錯的；她必須控制自己的念頭，不應誤解小叔愛屋及烏的
手足之情——愛大嫂、更愛大哥。愛蒂特仍為自己辯護，說神父
不懂她想問什麼：愛蒂特只想知道毛利斯是否曾愛過她，但這種
愛不等於毛利斯心中曾有神父所判定的「有過失的感情」。愛蒂
特理直氣壯道：毛利斯已是一個亡者，他不可能在大嫂身上再激
起什麼不潔的東西。

塞神父感到難過，因為與愛蒂特無法溝通，他表示：要愛蒂
特為亡者毛利斯祈禱，與回答愛蒂特追問的毛利斯生前內心隱
私，是完全不同的事情。毛利斯已不在此世，而愛蒂特還有丈夫
和三個孩子的生活要打理，喬更缺乏親友支持和安慰。為何愛蒂
特那麼自私？

愛蒂特有所抗辯不能忍，在她心中為死去的小叔祈禱，跟面
對一個活生生的毛利斯，並非是兩回事；若照神父所言，用祈
禱把神放進亡者與未亡人之間，亡者早已被流放到無限遙遠之
處，成為「真正缺席的人」。愛蒂特質疑：身為神父，根據信
仰，絕不可能認為「死亡是一種缺席」。因此她更大膽宣稱：小
叔「比他活著的時候還更直接地臨在於我。在他與我之間，不再
有對彼此懷有不潔思念的可恨懼怕；不再有第三方令人不安的形
像……也不再有第三方」。如果愛蒂特所言不假，這種「彼此
懷有不潔思念」的深情，正是神父要她嚴加防範的，而他們各自

的配偶羅柏、喬，反而成了叔嫂之間的第三者，這是什麼邏輯？根據十誡來指導信徒的神父，當然要嚴厲地注視愛蒂特，並捍衛摯友毛利斯美好的人格。神父勸告愛蒂特既有權利也有責任為小叔保留深刻的感激之情，因為他在大哥被俘期間仁至義盡地照顧嫂嫂和姪兒。愛蒂特不應誤解一個非常正直善良的人對落難者所表達的溫情。

愛蒂特一再試圖澄清自己的想法，她認為神父聽不懂自己所說的話。確實，小叔生前是丈夫羅柏的替代者，為她照顧孩子，陪孩子就醫、散步等等，愛蒂特不否認毛利斯生前對自己表達的是得體的情感、感謝及正常的友愛，因為大嫂也曾替他照顧過懷孕的喬。愛蒂特認為這不是神父所說的「有過失的激情」。

毛利斯與愛蒂特的互動使她認為自己「還活著」，這是丈夫羅柏從未帶給她的體驗。丈夫給她的感覺是強烈到令她不寒而慄的「不再臨在」，但小叔卻是一個關係親密的去世之人，其臨在較諸生前反而更加強烈，死亡的無形距離並不能拆散二人親密相愛的靈魂。愛蒂特明白，同住一個屋簷下的夫妻卻如參商之遙隔，那是心靈上的隔閡，她向神父喊冤：羅柏「和我不在一起，我們不在一條船上。唉！就像二個東西放在那裡，彼此靠近，卻永遠是在彼此的外面。我多麼渴望我們的關係不是這樣！」而最不可思議的是毛利斯死了，卻仍使大嫂感受到他「還活著」；聽到神父把亡者說得像是死去的事物一樣，這是愛蒂特最不能接受的。

塞神父誤以為大戰前羅柏夫妻感情融洽，但愛蒂特承認那只是表面上看起來的「小倆口」而已。這對夫妻從未有過爭吵，相敬如賓／冰。羅柏埋首工作，全力以赴投入，愛蒂特則苦於孩子

們難以調教，並且生下第二胎後就變得體虛力弱。「當我回想那些年，我的思想陷入灰暗。我的生命就只有這些。」戰前那些單調重複、尋常無奇亦無激動的日子，教愛蒂特難以忍受，而毛利斯在戰爭期間源源不絕的善意，成為帶給大嫂歡喜的偶發事件，暫時填補她「貧乏的人生」。

愛蒂特越來越坦誠地開放自己，反而使塞神父感到害怕。但身為神職，還是只能根據十誡勸導信徒，他不希望愛蒂特堅持錯誤的判斷而迷失方向，而更應該關注羅柏的身心健康，畢竟她是羅柏的妻子，而不是毛利斯的太太。愛蒂特反而抗議說自己「太體諒」丈夫了。神父表明不願再聽下去，畢竟他不是專程到這裡為愛蒂特做心理諮商的，愛蒂特的暢所欲言在神父看來只會摧毀兩對夫妻對神聖婚姻的信任感。

愛蒂特請求神父讓她辦告解，神父拒絕，理由是愛蒂特相信自己所言一切正確無誤，這不是基督徒辦告解的態度。他認為只有一件最重要的事，就是盡好她身為妻子、母親與大嫂的責任，並且用力驅除所有不良思想，以免犯罪使靈魂醜化，終至喪亡。

塞神父雖拒絕為愛蒂特舉行和好聖事，卻試探這對夫妻和好的可能性；他問她，是否把對毛利斯的特殊感情向羅柏誠實坦白過，如果這感覺並非有罪？愛蒂特很直截了當地說自己曾仔細思考過，或許最後會告訴羅柏。

而神父只能警覺到這真誠告白會是一個不可彌補的錯誤，「毛利斯死後更存在」將成為羅柏的苦惱，使他痛苦不堪——小弟陰魂不散橫亙在自己與妻子之間？這原本是愛蒂特所喜歡的、打破平庸日常的特殊感受，是她沾沾自喜保存起來的一個秘密（在第八場戲中，愛蒂特拒絕讓丈夫看毛利斯寫給自己的信，已

使羅柏受傷），在神父眼中這就是私慾偏情而已。

愛蒂特飽受神父指責，邊講邊哭，她只想傳達「亡者仍在」，但神父對亡者的理解是「已經不在的人」、「不再是活人的人」，這與無信仰者想法一樣。但愛蒂特從毛利斯身上體驗到「真正的亡者，只是那些我們不再愛的亡者」，被活人遺忘才是小叔真正的死亡與毀滅。在第三場戲中喬已指出「亡者不再能發聲」的事實，所以倖存者應透過語言文字傳述戰場記憶。

神父最惦記的還是喬，因為這是摯友毛利斯的夫人，他問愛蒂特是否同樣會向弟媳婦坦白她對毛利斯的特殊感情。愛蒂特認為喬不了解自己，並且霸佔著毛利斯不放，因為毛利斯是「她的」丈夫，自己與小叔在世上並無婚姻關係，互不相屬，卻反而親密無間。神父只看到愛蒂特得意洋洋地自豪此種「密契」，無視十誡對於聖潔的要求，對她升起一股鄙視感。愛蒂特則覺得被神父冤枉，因為塞神父只能在自己的經驗中尋找愛蒂特經驗的定位：在十誡的要求和規範下，大嫂對小叔有如此熱烈的感情當然是件很危險的事，遑論雙方的配偶都不知道這個秘密。神父認為愛蒂特的真心話沒有一個字與基督信仰相關，關於「亡者仍在身邊」的想法應被看成迷信，是正在損蝕愛蒂特靈魂的惡，神父要愛蒂特在信仰加持下以意志力對抗犯罪的誘惑。

愛蒂特卻認為神父所建議的宗教對策都是沒有生命的幽靈，她完全不能接受只有道德的宗教：「對我唯一有價值的宗教，是引領我進入另一個世界的宗教。在那個世界，一切將血肉之人分隔開的悲慘障礙，都在愛和慈悲中雲消霧散。他和我常緊密地結合在一起。我感覺到他和我在一起，離我越來越近。而若要把這種感受看成是罪惡，我要堅決反抗。因為這是生命。」

　　愛蒂特強調小叔和自己之間是一種「緊密結合在一起的友愛」，是生命而非罪惡。但神父卻誤解為愛蒂特不但有嚴重的道德淪喪問題，還能通靈，這更是聖經所禁止的迷信行為。

　　愛蒂特認為神父對自己的誤會越來越深，宗教信仰對她而言，絕非只是依靠功德、勉力通過窄門以求進入天國，功德跟信德相比沒那麼重要，如果基督信仰只承認功德的價值，那麼她不必相信天主。

　　愛蒂特質疑：戰場上，那麼多人在塞神父的懷裡嚥下最後一口氣，為何神父不曾想過追隨亡者，到那個超越我們見聞的彼界？這是半途而廢。神父的回覆彷彿標準公式：「我對無限仁慈的天主有信心，祂會接待一切的靈魂，給他們救恩。」愛蒂特只想到神父陪伴不少人度過臨終時刻，卻未想到他在戰場上已經應接不暇，僅僅毛利斯參與的一場凡爾登戰役，在十個月內就超過二十五萬人死亡，即使神父有眼淚，也可能早就乾涸了。失去摯友毛利斯更是令神父悲痛至極。愛蒂特卻只想知道毛利斯愛不愛自己，更不顧慮丈夫和弟媳婦對此事的感受，神父實在難以容忍她的自私。

　　愛蒂特反擊地鏗鏘有力：把一切推給天主，對神職人員來說就夠了，任務已經完成，可以洗手不幹了。當垂死者吐出最後一口氣，神父該有一種滿足感，好像一天結束時，認真完成工作的公務員在一堆文件前面心滿意足地搓手。這是愛蒂特猜想的司鐸日常。她認為自己不一樣，她與亡者活在一起，從亡者身上汲取可以安慰和支持自己的鼓舞，然而這些卻被批評是迷信，教她不禁痛哭失聲。愛蒂特未說出口的是：毛利斯不間斷的友情，安慰、支持、鼓舞她繼續捱過與丈夫羅柏和三個孩子的平庸日常。

　　塞神父態度變得溫和，並請求愛蒂特的原諒。愛蒂特的委屈使他意識到自己因恐懼而粗暴發言。他擔心愛蒂特是用某種通靈方法聯繫毛利斯，才有如此特殊的幽冥相通感受。通靈之舉既危險又荒謬。

　　愛蒂特不得不情緒激動地再次宣告：

> 當我以一種確定的方式想他——非常溫和、集中、凝斂——它在我身上引發一種更豐富、更深邃的生命，我知道他也在其中。這個生命不是我，也不是他：是我們二個。我要向您坦承嗎？我蠻希望您也能有參與這種無言交往的經驗，其中的美妙……

　　愛蒂特所謂與亡者毛利斯「無言的交往的美妙經驗」，已經觸及內寓於人際關係中的隱密臨在——「神／絕對你」——了。愛蒂特嚴肅表示後悔向神父和盤托出這個神聖的臨在：

> 為什麼我覺得我在向您講這些的同時，我在違反一個神聖的約定呢？我們不該向局外人說這些。說到底，是我辜負了（這種經驗）。

　　馬賽爾在形上日記《臨在與不死》中解釋這種「不應當向局外人講的事」說：

> 然而把對他寄予希望的人的仰慕關切之情集中到他身上，此人的本質就由他喚起的先知性希望所組成。

　　我們能否想像這個曾為大家把「整個的未來」
（tout avenir）寄望於他者會否有一天成為「一切都過
去了」（tout passé）呢？這種思維有何形上涵義呢？這
意味著為我或為我們這個存在的形上性格叫我們相信
他還存在著，而此刻他那單純質樸的存在（l'existence
pure et simple）已終止了。……因為這個存在的本質不
是揭穿，它是一個秘密，而我們厭惡把這個秘密向一陌
生人公開，換言之，把它糟蹋。身為此秘密的持有者的
我們或許用這個比喻來講可以把我們的經驗傳譯得清
楚一些，譬如說，我清醒地守候在一個熟睡者身邊。
這等於說，我們希望這個熟睡者會醒過來。守候在一
個沉睡者的身邊：這意味著沉睡的某人不要受入侵者
（intrus）的干擾，使他的睡眠不被中斷。但在這裏我
們應當保全我們愛的人不受什麼入侵呢？此處所謂的
入侵從各個角度看指「不信實」（infidélité），而「忘
了」或「疏忽」、甚至「冒昧」是用得最多的藉口。我
不相信我曾寫過能更直接地傳達一個如此親密而經常發
生的經驗，但這只是一個濫觴而已。

　　……發生的一切就像透過一扇窗簾去看那個入睡
者。我們無法確定這個昏睡者是否還在呼吸。他已逸出
我們的控制範圍，他已不可能以任何方式提供給我們訊
息使我們可以偵察他而能宣告他的實況，或更確當地
說，這類掌控（manipulation）只能在逐漸消失的虛擬
之物（simulacre）上有其作用（發掘一個屍體）。這個
虛擬之物對我們有強制性，除非我們能克服從它流出的

糾纏，我們才能持守我們間的秘密，並尊重那個不讓自己可以與之分離的誓約。

　　但是那位滿足於尊重一個記憶的人，分析到最後，會向從虛擬之物逸出的恫嚇之力（puissance d'intimidaton）讓步，因為久而久之，他會把那個虛擬之物視為一個正在日益褪色中之物，就像我們給放在壁爐上的照片拭去灰塵而已。……[6]

　　馬賽爾要說的是他對「持續地臨在」經驗的思考，而對一個圖像執著則有被它套牢的危險。我與「他者」的關係應當超克這個執著，因為涉及我與亡者之間各種活生生的溝通與交流。馬賽爾完全排斥有關記憶的唯物傾向的表象，就是把對「他者」的記憶同化成一些相薄內的照片，我可三不五時地翻閱一番。這位我愛的人不應被說成只是一個圖像，我人對亡者的記憶雖以圖像的形式切分開來，但它自己並不因此而成為圖像。馬賽爾認為人對永生的渴望不是瀕於死亡邊緣時的虛幻妄想，而是人類神祕存在中神性的範疇。

　　毛利斯在生命的最後幾年成為虔誠教徒，他與大嫂二人因著信仰，越來越靠近「基督之光」。馬賽爾創作此劇時尚未領洗皈依，以後他才能明白指出：存有即「同是（co-esse）」，是人與人間的內在聯結以及在真愛中可全部給出自己的能力。「絕對你」這種主體際關係的最深邃的底層的聯結，連馬賽爾自己在1919年創作劇本時都還未有足夠的理解，何況是塞神父呢？愛

6　編註：參考本書頁193-194。

蒂特和毛利斯一起發現了新大陸，並且她希望透過開誠布公、直抒胸臆，能使神父、羅柏、喬也看到這樣的風景。可惜神父只看得到十誡的規範，更不能指望羅柏和喬會有此等美妙體驗了。

深愛的亡者之臨在是奧祕，要點在於不用生理意義看「生」與「死」。馬賽爾的一位摯友在二戰中陣亡，這是在母親去世以後，另一次深刻的互為主體性經驗：

> 此刻我記起了愛彌兒 M，他在 1940 年五月一場戰役中喪亡。有人會向我說：「他絕不可能臨在於你，你保存的只是一小卷有關他的膠卷；一個錄影或者錄音，你可以使它轉動，沒有別的了；然而把這卷錄影或錄音看成是亡者本人，這是毫無意義的事。」對於這種還原，從我內心深處會湧出一股抗議之氣。抗議來自我對他的愛，抗議本身即愛。……
>
> ……我會回答說：真正活過的生命的一部分，決不會跌入純粹幻覺的境況中去的。
>
> ……當我宣稱：「這不單是我攜帶的愛彌兒的一張像而已，這是他自己」，我究竟要說什麼？這幅像只是一個工具（moyen），藉著它一個實體繼續與我共融，這是一個在懇禱（invocation）和祭儀（culte）根原處之超越行為。……[7]

這種彼此繼續共融的超越行為是滿懷虔誠之心的禱告或追思

亡者的敬禮，使我人記得他們，並在另一光明中看到他們；這一位存有不再在這裡，但他同我的關係（曾與我的生命親密相處過）還是鮮活的。因為亡者是參與我的生命、使我成為今日之我、並繼續在如此作的人。深愛的亡者是臨在於我的存有，一個我們所愛的對象（我為他去世而哭泣的存有）的存在，並不以某種機能形成的效果向我們呈現他自己。但在「臨在」（互為主體性）的啟迪下，一切都有了新的面貌：亡者的臨在不是一個瞬間的臨在，不是一個陳列在我眼前的臨在，而是一個存有的臨在，意味著從我一方面的「投入參與」，我為了歡迎此存有而願意開放我自己。那張毛利斯最後的照片令羅柏感到陌生，羅柏只有被俘虜前腦海中選擇過而保留下來的那些印象而已，他感受到的只是戰前有關小弟的情緒，照片上的毛利斯已是一個無法交流、與他絕緣而難以認知的東西，毛利斯不再存在。

戰前的毛利斯在羅柏看來是軟弱的，但小弟得知大哥成為俘虜後，在無助的大嫂與三個姪兒身上看到可以關愛的「你」，他找到可以綻放臨在和愛之光芒的對象，原先平凡且憂鬱的小子有了充滿光澤的純潔微笑，毛利斯與塞神父成為至交，也因此懷著信心把自己交託給超越的存在，並甘願忍受大戰期間的痛苦與死亡，他逐漸屬於基督的王國。而羅柏返家後失去了愛心與信心，獨自沉落在孤獨寂寞的精神壕溝中苟延殘喘，他的婚姻生活比戰前更像是墳墓，但妻子已在毛利斯的友愛之情中復活。戰爭與家庭的悲劇生活驅策叔嫂二人回到天主面前重新超越。如果羅柏像小弟和妻子那樣有恩寵經驗，就能越過有形無形的墳墓，與所愛者共融。戰後的毛利斯除了照片中那張陌生的笑臉以外，什麼也沒有留給羅柏，而愛蒂特拒絕他閱讀小弟的信，更教他封閉在精

神的僵化中。在懷疑和失望的纏祟交織下，一種靈魂內在的枯萎使整個家庭陷於苦惱，羅柏成了與自己和他人都疏遠的陌生人。

第十二場戲

　　由於這場殘酷的戰爭，毛利斯成為一位虔誠的教徒，隨時準備好去見天主。在這位聖人神父眼中，毛利斯即使代替受俘的大哥照顧妻兒，也從未踰矩。但大嫂愛蒂特所體驗的小叔心意，毋寧更近似愛情的親密而非手足的友誼；無奈這是只可意會、不可言傳的神祕境界。羅柏結束散步返家，看到神父跟妻子的對話猶未結束，毫不掩飾自己的驚訝：這不是我的家嗎？為何我被迫成了要迴避的外人？

　　塞神父告訴羅柏：毛利斯過去全無自信，面對大哥始終有著膽怯的心情，他自認不像羅柏那麼堅強。塞神父在軍中聽聞過羅柏的事，即使和羅柏是第一次碰面，也並不陌生。他察覺數年的俘虜生活，讓羅柏的身體與精神都飽受摧殘。但羅柏不同意神父從毛利斯那裡聽到的話：「我的弟弟可能對我的情況不盡了解，就像我對他的看法一樣」，這使神父不免一驚，身為一家人，怎麼彼此的認知竟會有如許落差？羅柏說了真心話：「別人和我說的有關他的事，與我記憶中的他差別很大」，因此羅柏請神父不要再透露小弟的任何消息，這些「遲來的發現」讓他很不舒服，他越來越像個不相干的局外人。羅柏認為愛蒂特已然非常了解毛利斯，與神父暢談想必心滿意足，自己則彷彿是個缺少四年家族記憶的人，家人和自己都不知道對方是誰……。神父不願插手羅柏夫妻的嫌隙，此時最好離開。當愛蒂特要送客時，羅柏攔阻

了她，親自送走神父。

第十三場戲

戰爭對羅柏而言是危及生命安全而心有餘悸的夢魘，身為俘虜受到的審訊必然也傷及自尊，但他無法說出這些痛苦，只想遺忘。羅柏需要安寧療傷的時間和空間，但在家裡他得不到喘息。

愛蒂特和丈夫羅柏的關係並未如她和小叔那樣親密。實情是，從戰爭爆發之前小倆口就過著貌合神離的平庸日常；羅柏只顧著上班，愛蒂特拖著病體看顧三個難以調教的孩子。這種連架都吵不起來的夫妻關係，使她窒息。

毛利斯在壕溝與戰場多次與死亡擦身而過，這是早早被關進俘虜營的大哥所無法想像的恐怖。因此羅柏認為，跟壕溝裡的其他人相比，自己並未受更多苦。但他在監獄中對毛利斯的內心經歷一無所知，家人四年中發生的許多變化，都是停戰以後，他從德國獲釋回法國，才由妻子愛蒂特那裡得知。羅柏患有創傷後壓力症候群，眾人卻未察覺；而關於毛利斯在戰場或家庭的各種前所未聞的創舉，羅柏在驚異之餘，只覺得難以忍受：這個小弟令大哥感到陌生，整個家庭的人，包括母親、二弟、妻子，對羅柏而言都是陌生的。

小弟毛利斯戰前鬱鬱寡歡、膽怯、無自信，卻在戰爭洗禮下改頭換面——變身為眼神堅定的戰士、虔誠的天主教徒，予人開闊爽朗、喜氣洋洋的印象；更因為陣亡，成為眾人致敬的英雄。對羅柏而言，最難忍受的是小弟成為一個他不認識的陌生人，但妻子卻與小弟親密無間、相知相惜。羅柏活著回家了，但真正活

在大家心中的是毛利斯；大家不是在想念他，就是在尋找他。而羅柏就像勒席瓦利哀家的陌生人，母親、妻子、二弟、弟媳婦喬都不理解他，甚至母親和喬都懷疑羅柏隱瞞了有關毛利斯的壞消息不講。

愛蒂特把持一個不能說的秘密：小叔死了，但跟自己更親密的結合在一起。此種毫無隔閡的感覺，與毛利斯生前活躍在自己眼前和心中的感受相比，更加強烈也更難以形容。

羅柏記得戰前妻子能與塞神父長談一個半小時，因此刻意在外面待了很久；沒想到五年後，自己轉了一圈進門，發現妻子與神父竟有那麼多的話可說，為何自己在家時都沒有人當他是傾訴對象？

愛蒂特不甘示弱，對丈夫道：「你真的以為五年前你對我的思想瞭如指掌？」畢竟她才剛被神父嚴厲責備，如果連神父都不懂她的感受，更不可能指望羅柏能懂。

羅柏仍認為自己在戰前很理解妻子，「妳當時的樣子我現在還一清二楚」，現在是妻子自己掛上了神祕的面具。愛蒂特批評丈夫只記得自己的外表，對枕邊人的內心世界卻不曾留下什麼印象。羅柏沮喪地說出最真實的感受：「你們所有的人都試圖在我周圍製造一個真空……。我不知道這是不是為了讓我感覺自己更像是一個鬼魂。」毛利斯才是真正的鬼魂，但每一個人都懷念他，好像他就活在眼前；而同住一個屋簷下的羅柏，儘管所說的話都是出自真心，仍被迫變成幽靈——無法被眾人察覺的存在。

愛蒂特對此表示同情，卻使羅柏自尊受傷，更加難堪。同情不代表她能感同身受，理解丈夫真正的痛苦。羅柏更喜歡聽到妻子毫不留情的談吐，還有沉默，他要重新認識這個女人。就在愛

蒂特難過得離開，手握門把之時，羅柏突然叫住她：「妳認為這種情況會一直持續下去嗎？告訴我……。因為如果那樣的話，會讓我逃開。」愛蒂特曾向神父抱怨自己和丈夫連架都吵不起來，當羅柏想認真與她吵架時，她又為避免衝突選擇走開，看似委曲求全，保持受害者的姿態，其實是不願和丈夫溝通。羅柏向她表達回家後他所予人的異樣感：「當大家對某個人固執己見太久，有一天又見到他時，應該重新解讀所有他說的話和全部的舉止。因為大家已經習慣把他說的話、做出來的舉止當成另一個意思……我知道妳不懂。」這是說戰爭改變了羅柏整個人，那是很想遺忘卻無法遺忘的地獄，使他不穩定、不透明，他無法向家人傾訴自己。戰爭讓他與妻子分離，但妻子與小弟卻越走越近……種種感受實難以言詮……羅柏提到「當沒有什麼可以等待的時候……」，透露出即使脫離戰爭也無法恢復平靜生活的失望。愛蒂特聽不懂丈夫的話，只是覺得反感、痛苦，她的口頭禪永遠是「可憐的羅柏！」無論是母親、妻子、二弟、弟媳婦，對羅柏發言的反應都是不信任、不接受。羅柏需要大家，但大家需要的是死去的毛利斯。那麼羅柏即使活著回來，意義何在？

馬賽爾認為一種疏遠會產生另一種補償性的親近，當羅柏與愛蒂特的夫妻關係疏遠時，毛利斯則與大嫂建立了親密關係。由於毛利斯對自己在戰場的命運——包括負傷、俘虜、生還、死亡等不抱任何幻想，因此在結束休假返回戰場前，都會幫助大嫂和姪兒，盡力使愛蒂特堅強起來。毛利斯已是虔誠教徒，這使他相信拯救來自天主。愛蒂特則因毛利斯的幫助而能面對現實，她在與所愛之人的共融中，尋找繼續奮鬥的勇氣。

333

第十四場戲

馬賽爾的筆停在一封祝賀羅柏平安抵家的電報，這原來該是一個同樂同歡的家族聚會，但誰也高興不起來。本劇當時尚未寫完，但透過對話，觀眾當能夠更深入理解劇中各角色的衝突與矛盾。馬賽爾認為，人為了躲開日常生活中足以造成傷害的接觸，就在觀念界建立一個避難所；而「愛的缺乏」就是人沒有能力以人的方式去對待活生生的其他人，反而代之以一些概念和抽象名稱。

註：本文作者的另一篇深入導讀詮釋，讀者若有興趣，可至本公司網站下載閱讀。

網址：www.psygarden.com.tw/MA079appendix/02.pdf

或從心靈工坊官網《臨在與不死》書籍頁面上連結下載（書摘：〈《無底洞》劇本導讀貳〉）

人名索引

延伸閱讀

馬賽爾著作：

哲學

Gabriel Marcel-Gaston Fessard: Correspondance (1934-1971), Paris: Beauchesne, 1985.

Vocabulaire philosophique de Gabriel Marcel, Paris: Cerf, 1985.

L'existence et la liberté humaine chez Jean-Paul Sartre, Paris: J. Vrin, 1981.

Percées vers un ailleurs, Paris: Fayard, 1973.

En chemin, vers quel éveil, Paris: Gallimard, 1971.

Coleridge et Schelling, Paris: Aubier, 1971.

Être et avoir, Paris: Aubier, 1968 (La première édition: Aubier, 1935).

Pour une sagesse tragique et son au-delà, Paris: Plon, 1968.

Entretiens Paul Ricœur- Gabriel Marcel, Paris: Aubier, 1968

Paix sur la terre-Deux discours. Une tragédie, Paris: Aubier, 1965.

La dignité humaine et ses assises existentielles, Paris: Aubier, 1964.

Regards sur le théâtre de Claudel, Paris: Beauchesne, 1964.

Le mystère de l'être, vol. I, Réflexion et mystère, Paris: Aubier, 1963. vol. II, *Foi et réalité*, 1964.

Fragments philosophiques, 1909-1914, Paris et Louvain:

Nauwelaerts, 1961.

Présence et immortalité, Paris: Flammarion, 1959.

L'Heure théâtrale de Giraudoux à Jean-Paul Sartre, Paris: Plon, 1959.

The Philosophy of Existentialism, N.Y.: The Citadel Press, 1956.

L'homme problématique, Paris: Aubier, 1955.

Le déclin de la sagesse, Paris: Plon, 1954.

Les hommes contre l'humain, Paris: La Colombe, 1951.

Position et approches concrètes du mystère ontologique, Paris: Vrin, 1949.

La métaphysique de Royce, Paris: Aubier, 1945.

Homo viator: Prolégomènes â une métaphysique de l'espérance, Paris: Aubier, 1945.

Du refus à l'invocation, Paris: Gallimard, 1940.

Journal métaphysique, Paris: Gallimard, 1927.

劇本

Cinq pièces majeures, Paris: Plon, 1974.

Le fin des temps, Réalités, 1950. Dans Le secret est dans les îles, Paris: Plon, 1967.

Un juste dans Paix sur la terre, Paris: Aubier, 1965.

L'insondable, dans Présence et immortalité, Paris: Flammarion, 1959.

La dimension Florestan: comedie en trois actes suivie d'un essai le crépuscule du sens commun, Paris: Plon, 1958.

Mon temps n'est pas le vôtre: pièce en cinq actes avec une postface de l'auteur, Paris: Plon, 1955.

Croissez et multipliez: pièce en quatre actes, Paris: Plon, 1955.

Rome n'est plus dans Rome, Paris: La Table Ronde, 1951.

Vers un autre Royaume, deux drames des années noires: L'émissaire, Le signe de la croix, Paris: Plon, 1949.

Théâtre comique: Colombyre ou le brasier de la paix - La double expertise - Les points sur les I - Le divertissement posthume, Paris: Albin Michel, 1947.

L'Horizon: pièce en 4 actes suivie d'une postface, Paris: Aux Etudiants de France, 1945.

La Soif: pièce en trois actes, Paris: Desclée de Brouwer, 1938.

Le Fanal: pièce en un acte, Paris: Stock, 1936.

Le Dard: pièce en trois actes, Paris: Plon, 1936.

Le Chemin de crête: pièce en quatre actes, Paris: Grasset, 1936.

Le Monde cassé, Paris: Descleé de Brouwer, 1933.

Trois pieces: Le regard neuf, Le mort de demain, La chapelle ardente, Paris: Plon, 1931.

Le quatuor en fa dièse: Pièce en cinq actes, Paris: Plon, 1925.

L'Iconoclaste: pièce en quatre actes, Paris: Stock, 1923.

Le cœur des autre: trois actes, Paris: Grasset, 1921.

Le seuil invisible: La Grâce et Le Palais de sable, Paris: Grasset, 1914.

馬賽爾相關著作

Plourde, S., *Gabriel Marcel, Philosophe et témoin de l'espérance*, Montréal: Université du Quebec, 1987.

Plourde, S., etc., (ed.), *Vocabulaire philosophique de Gabriel Marcel*, Montréal: Edition Bellarmine, 1985.

Schilpp, Paul Arthur, (ed.), *The Philosophy of Gabriel Marcel*, La Salle Illinois, 1984.

Spiegelberg, Herbert, *The Phenomenological Movement: A Historical Introduction*, The Hague: Martinus Nijhoff, Third revised and enlarged edition, 1980.

Colloque Centre culturel international, *Entretiens autour de Gabriel Marcel*, Neuchâtel: La Baconnière, 1976.

Devaux, A. A., Charles du Bos, "J. Maritain et G. Marcel, ou peut-on aller de Bergson à saint Thomas d'Aquin?", *Cahiers Charles du Bos*, n° 19, 1974.

Davy, M. M., *Un philosophe itinérant: G. Marcel*, Paris: Flammarion, 1959.

Gilson, Etienne, (ed.), *Existentialisme chrétien: Gabriel Marcel*, Paris: Plon, 1947.

馬賽爾著作中譯

《人性尊嚴的存在背景》（1988），馬賽爾著，項退結編訂，東大。

《呂格爾六訪馬賽爾》（2015），呂格爾（Paul Ricœur）、馬賽爾著，陸達誠譯，台灣基督教文藝。

《是與有》（2021），馬賽爾著，陸達誠譯，心靈工坊。

《臨在與不死》（2021），馬賽爾著，陸達誠譯，心靈工坊。

中文馬賽爾相關著作

《馬賽爾》（1992），陸達誠著，東大。

《愛、恨與死亡》（1997），關永中著，臺灣商務印書館。

《存有的光環：馬賽爾思想研究》（2020），陸達誠著，心靈工坊。

Master 079

臨在與不死
Présence et Immortalité

馬賽爾（Gabriel Marcel）—著　陸達誠—譯

Cet ouvrage, publié dans le cadre du Programme d'Aide à la Publication « Hu Pinching »,
bénéficie du soutien du Bureau Français de Taipei.

本書獲法國在台協會《胡品清出版補助計劃》支持出版。

出版者—心靈工坊文化事業股份有限公司
發行人—王浩威　總編輯—徐嘉俊
執行編輯—徐嘉俊
內文排版—龍虎電腦排版股份有限公司
通訊地址—106 台北市信義路四段 53 巷 8 號 2 樓
郵政劃撥—19546215　戶名—心靈工坊文化事業股份有限公司
電話—02）2702-9186　傳真—02）2702-9286
Email—service@psygarden.com.tw　網址—www.psygarden.com.tw

製版・印刷—彩峰造藝印像股份有限公司
總經銷—大和書報圖書股份有限公司
電話—02）8990-2588　傳真—02）2990-1658
通訊地址—242 新北市新莊區五工五路 2 號（五股工業區）
初版一刷—2021 年 9 月　ISBN—978-986-357-210-7　定價—630 元

國家圖書館出版品預行編目資料

臨在與不死 / 馬賽爾 (Gabriel Marcel) 著；陸達誠譯 . -- 初版 . --
臺北市：心靈工坊文化事業股份有限公司 , 2021.09
面；　公分
譯自：Présence et Immortalité.
ISBN 978-986-357-210-7(平裝)

1. 馬賽爾 (Marcel, Gabriel, 1889-1973)　2. 學術思想　3. 哲學

146.79   110005959